U0727201

◎ 中国现代文化世家丛书

黄 轶 著

# 风雨饮冰室

## ——新会梁氏家族文化评传

郑州大学出版社

**图书在版编目（CIP）数据**

风雨饮冰室:新会梁氏家族文化评传/黄轶著.—郑州：
郑州大学出版社，2013.12（2014.1重印）
（中国现代文化世家丛书）
ISBN 978-7-5645-1083-1

Ⅰ.①风… Ⅱ.①黄… Ⅲ.①家族-评传-江门市 Ⅳ.
①K820.9

中国版本图书馆CIP数据核字(2013)第210111号

郑州大学出版社出版发行
郑州市大学路40号　　　　　　　邮政编码:450052
出版人:王　锋　　　　　　　　　发行部电话:0371-66966070
全国新华书店经销
河南省瑞光印务股份有限公司印制
开本:710 mm×1 010 mm　1/16
印张:15.5
字数:251 千字
版次:2013年12月第1版　　　　　印次:2014年1月第2次印刷

书号:ISBN 978-7-5645-1083-1　　　定价:39.00 元
本书如有印装质量问题，请向本社调换

中国现代文化世家丛书
编辑委员会名单

◎

主　　编：詹福瑞　党圣元　张鸿声
执行主编：骆玉安
成　　员：（以姓氏笔画为序）
　　　　　马　达　王同毅　王莉娟
　　　　　王振羽　王　锋　孔庆茂
　　　　　叶　新　冯保善　刘士林
　　　　　刘成纪　刘运来　苏克勤
　　　　　李风宇　李道魁　吴　昕
　　　　　何晓红　沈卫威　张志林
　　　　　张鸿声　张　霞　赵金钟
　　　　　骆玉安　党圣元　徐　栩
　　　　　黄　轶　詹福瑞
主编助埋：丁玉红　侯晓莉

## ·代总序·
# 贯通时空的力量

◎

　　在中华民族五千年的文明史上，"家"与"国"总是作为一个不可分割的社会有机体相伴而存。历史的长河滚滚向前，更迭不已的朝代衍生的名门望族难计其数。这些显赫家族中的一部分在繁衍存续中以文化为纽带，形成独特的群体，成为文化世家。这些文化世家及其杰出人才为华夏文化的传承与发展发挥过巨大的示范作用，在一定程度上影响着中国历史与文化发展的进程。如，齐鲁大地上以孔子肇始的孔氏世家，享誉儒林两千余年，堪称"中国第一文化世家"；义宁的陈氏家族以陈宝箴、陈三立、陈寅恪而富盛名；杭州钱塘的钱氏家族，因千余年来文风昌盛、人才辈出而被誉为江南望族，安徽桐城方氏家族，自明末至今一直享誉文坛，有"中国近世三百年第一文化世家"之称。

　　改革开放以后，特别是20世纪90年代以降，中国进入新的文化复兴时期，国人比以往任何时代都更加重视科技、教育和文化，也更加珍视人才。事实表明，代表先进文化最高水平的社会群体，正是那些位居学术最高领域的专家、学者等文化精英。中国现代转型以来，那些文化、思想领域的领军人物，对推动社会变革和学术创新等方面贡献巨大。研究发现，这些专家、学者和精英人物，大都出身于文化世家，有着良好的家庭文化背景和丰厚的学养。文化世家所呈现的人才辈出的现象，成为中国现代史上一道亮丽的景观。

在我国文化典籍中，"世家"一词早有所见，其注解也多有不同。《孟子·滕文公下》中出现"仲子，齐之世家也"[①]之说；《史记》以"世家"记述王侯诸国大事，有《世家》30篇；欧阳修所撰《新五代史》，沿用司马迁《史记》的体例，书中也开举《列国世家》10篇。我国古代王侯开国，子孙世代承袭，所以称世家。后来，人们将世代显贵、以某种专业世代相承的家族或大家泛称为世家。《现代汉语词典》第6版对"世家"有如下三种解释："封建社会中门第高，世代做大官的人家"；"《史记》中诸侯的传记，按着诸侯世代编排"；"指以某种专长世代相承的家族"。

根据研究和多方因素理解，"世家"当指有特殊职业或专长、社会地位显赫，或代表某一领域、阶层特色并世代传承的家族。考虑到文化的特殊性，文化世家则是文化在家庭、家族中长期积淀，并经过多代人不断赓续、传承而形成的特有文化现象，是以家风、家训、家教等文化单元为标志，以家族杰出人物群体为代表的世代相传的家族体系。

现代文化世家则是源自19世纪末，成长于20世纪初，繁盛于20世纪中期并延续至今的，以家族文化传承为基本特色的不同家族的集成。中国现代文化世家总是以家族的一个或多个、能够影响或引领某一时代或某一领域发展的杰出人物为代表，进而形成一个具有浓郁的家族特色、对社会产生广泛而重要影响的群体。

中国现代文化世家的兴起和成长大致在19世纪末20世纪初至今100年左右的时间。历史地看，20世纪以来的中国文化留给我们许多值得深思的空间。1840至1949年这段充满屈辱的历史，国人经受的痛苦是空前绝后的；然而，这一时期的中国却呈现出文化多姿、人才辈出的局面，

---

① 《孟子》，中华书局，2006年9月北京第1版，第142页。

所谓"国破山河在，家脉代代传"。这是中国根亲文化的魅力和生命力之所在。

实际上，中国现代文化世家的家族脉络根须还可以上溯至更早300余年的明末清初。那时，中国开始出现资本主义萌芽。商业资本的发达不仅带来经济繁荣和人口大量流动，也促使人们思想的开放和转变。封建的小农经济依然占统治地位，人们在获取物质的有限满足后，也伴随着精神上更加新异的追求。特别是到了清朝末年和民国年间，西方列强的入侵和洋务运动的助推，让许多有钱人家对家族的振兴和子女的抚养有了颠覆性的设想。尽管"学而优则仕"的思想根深蒂固，但富家子弟求学读书并非单一的科举及第。由于视野的开阔，富裕人家往往不惜重金聘请名师对子女进行一对一的培养，或让年幼的子女体面地进入私塾，或挤进洋人的教堂，甚至远渡重洋，为的是让子孙后代冲出家门，获取更加宽阔的人生发展空间，去施展抱负，光宗耀祖。这样，官富子弟不仅躲避了战乱的袭扰，更能浸染异域文化，从而成就了大批人才。

晚清至民国时期，中国历史经历了前所未有的动荡局势。一方面，清廷的腐败无能引起民众造反，另一方面，外族入侵加剧了中国的贫弱。相对而言，社会贫富悬殊，阶层急剧分化。当时的局面应当是，寻常百姓不仅生活窘迫，甚至生死难测；富豪家族生活安逸，甚至花天酒地，更可破财消灾，让自己的子弟躲避人祸，享受现代优质教育。即使是落草为寇的军阀，也往往处心积虑地让自己的亲属弃武从文，期望发迹于文化世家。时局动荡，社会倒退，却难以遏制文化的萌动与繁荣。而乱世时期的富家子弟往往不乏有志之士，他们倾心文化功名，客观上造就了家族文化的繁荣，使文化世家风起云涌。

从人才学的角度进行考察，文化世家的整体成长往往又伴随国运兴衰而行，其历程也往往变幻纷呈，瑰丽多姿。中国的历史就是这么怪异，有时越是动荡不安，文化越是奇异多姿。春秋战国时期是这样，三国两晋南北朝是如此，近代的清末民国时期也概莫能外。

20世纪初，中国最后一个封建皇帝被赶出宫廷，伴随频仍的天灾和人祸（战乱和政治腐败），裹挟中西文化泥沙的巨浪席卷中国大地，中国彻底沦为半殖民地半封建社会。民国时期虽时局动荡，军阀混战，但文化却一直未能断裂，反而出现极度繁荣的景观。这一时期，军阀的利益、地盘纷争不断，文化的发展空间相对宽松；军阀的粗野庸俗，反而衬托出文化的精细高雅与尊贵，追求风雅成为时尚，文人地位也随之攀升，这在客观上促进了人才成长和文化繁荣的局面。现有史料足以证明，即使在1928年那样战火纷飞的动荡年月，成立伊始的国民政府"中央研究院"仍然做着遴选院士的长远计划，并终于在20年后的1948年成功地评选出中国首届81名院士。首届院士不乏文化世家子弟，如梁思成、梁思永兄弟，冯友兰、冯景兰兄弟等。这一现象值得我们研究和探讨。

1949年中华人民共和国的成立，标志着一个新时代的到来。由于时局稳定，加上国家恢复生产和经济建设都亟需大批各行各业的人才，许多流亡于海外的专业人才多为旧时代文化世家子弟纷纷回国。他们在参加新中国建设的同时，因为其卓越成就和高尚品德，成为科技文化领域的典范，从而使家族文化成为优化社会环境的重要因素，促进了家族文化繁荣时期的来临。随着时局的动荡变迁，特别是"十年动乱"，许多家庭遭遇灾难，甚至出现家族内部政治斗争，相互陷害，亲戚无存、文化割裂；加上中国计划生育政策的实施、家庭结构的变化，家族文化遭遇内外夹击，影响了家族文化的繁荣与发展。时至今日，已经难以见到中国传统家庭四世同堂、子孙满院的格局，而文化的一度断裂，也从根本上影响了文化世家的发展，我们也很难见到20世纪中期那样的文化世家了！

沉舟侧畔千帆过，病树前头万木春。20世纪90年代至今，随着科教兴国战略的实施，中国对科技和人才的重视程度前所未有，迎来了科技发展和人才成长的最佳机遇。同时，随着时局的稳定、和谐社会的发展，人们在享受现代科技带来的现代化便捷生活的同时，也渴望回归自然，怀念旧日民族文化传统。从20世纪乡土文学受热捧，到同乡会、同学会、恳亲会、姓氏寻根、家谱赓续等活动，无不带有浓郁的中华民族传统文化色彩，同时也为家族文化的凝练创造了良好的氛围。中国家族文化在和谐发展的当世焕发出勃勃生机。

随着人类社会的不断进步，家族文化必然也会有新的发展。虽然嫡亲家族还需等待时日，而松散的家族联系必然也能够成就新兴的文化世家，成为新的人才成长的独特环境。况且，随着国家计划生育政策的调整和综合国力的不断增强、人们生活水平的不断提高、和谐社会的健康发展，新时期中国文化世家也必然会以新的形态展现并在人才成长链中发挥出榜样和示范的作用。

中国现代文化世家根植于中华民族的肥沃土壤，浸润着民族文化的深厚根基，有着鲜明的特色。

中国现代文化世家中的家族文化根基源自中华民族传统文化。我们选入的所有现代文化世家，都弥漫着中华民族的文化氛围。不管是新会的梁氏家族，还是无锡的钱氏家族，或者是唐河的冯氏家族、湘乡的曾氏家族、义宁的陈氏家族，他们首先是以中国传统文化为主要特征的书香门第。这些家族的杰出人物不仅有着良好的家风和深厚的家学渊源，而且其中的杰出代表人物从私塾开始多有大师引路，并大都出国留学，深受异域文化的影响，可谓学贯中西，所以在他们身上总能闪现出新异文化的光芒，通透着文化的锐气。如东至周氏家族中的周一良，在其出生的次日，母亲萧琬即患急病猝然离开人世，幸被父亲周叔弢的德国朋友牧师卫礼贤抱回家让夫人用牛奶喂养了一年才送还周家，再由周一良的三姑母（旧式的文化女性、孀居而又无子女）扶养。周叔弢对儿子煞费苦心，不惜重金请来名宿大儒坐馆家塾。周一良的老师如张憨、毓康、温肃、唐兰等，或为当世鸿儒，或是文化名流，或与"大清天子同学少年"（陈寅恪语），还有外籍教师教学外语，使其通晓英、德、日等国语言，成为中国著名的历史学家。又如，义宁的陈氏家族中，陈寅恪是中国现代最负盛名的诗人之一，还是中国现代历史学家、古典文学研究家、语言学家，被称为清华百年历史上四大哲人之一。其父陈三立是著名诗人，"清末四公子"之一；其祖父陈宝箴曾任湖南巡抚。因陈寅恪身出名门而又学识过人，在清华任教时被称作"公子的公子，教授之教授"。

综观中国现代文化世家展示的家族文化，有着明显的世代传承特色。每一个家庭中的杰出人物都不是单打独斗的，而是呈现出群英荟萃、相映生辉的局面（这一点在梁启超的子女中展示得更加明显）。他们或是科举精英，或是乱世怪才，有人甚至当上了皇帝的老师（翁同龢曾是同治、光绪两代帝师）。这些家族成员文化层次极高，职业新潮，特色明显。比如东至周氏家族中的周馥为一品监生，周学海为两榜进士的良医，周学熙曾任民国时期的财政大员，周明燮（叔迦）为佛学大师，周绍良是著名的红学家、敦煌学家、佛学家、收藏家和文物鉴赏家，周一良是著名的历史学家。又如新会梁氏家族中的梁启超自然是国学大师，他的子女梁思顺、梁思成、梁思永、梁思忠、梁思庄、梁思达、梁思懿、梁思宁、梁思礼等，也都成为当世英才。再如唐河冯氏家族的冯沅君、冯友兰、冯景兰、冯宗璞，分别在文学、哲学、史学、地质学等方面成就卓著。这些代表人物堪称时代精英，他们从事的职业、徜徉的领域都留下了时代光辉；他们的成果都能够荣登当世的最高境界。他们身上的人文精神也成为时代楷模，激励了一代甚至数代人在人生的道路上健康成长，并在后人的追捧中不断发展、完善。

中国现代文化世家中的家族动辄几十甚至几百年的家族史，在当地声名显赫、德高望重，也大多恭行自律、家教严谨、讲究门风，形成独特的家训。如无锡钱氏家族的"姓钱但不爱钱"，常熟翁氏家族的"读书""为善"，湘乡曾氏家族的"耕读传家"等。中国现代文化世家以姓氏血缘为纽带，各个家族都有自己严格的宗祠家谱，家族特色明显，重视独特文化的凝练和世代延续，在传承中注重创新。如湘乡的曾氏家族能够在继承中兴名将遗风的同时，不仅人才辈出，还使良好的家风得以传承和创新。家族文化的兴衰与家族精英关系密切，一个家族的文化兴盛与衰落往往都离不开精英人物引领潮头、发扬光大。

中国现代文化世家的兴盛年代处于晚清、民国向现代转型时期，许多世家穿插了家学深厚、贤良德高的优秀女性。旧式中国社会，虽说女性的地位总体不高，但人们往往又把家风的树立、门户的筑垒寄望于良家女子，所谓"妻贤夫祸少，子孝父心宽"。这些家族中的女性不仅践行家族文化，而且以卓越的成就承担起家族文化的传承与创新。那时，相对稳定的大家庭模式和女性主内的家庭管理方式，客观上给女性施展管理才能提供了平台。殷实的家境使妇女可以免于生计所迫，让她们安心在家操持家务，教育孩子；有些女性从幼年即经受先进文化的熏陶，接受良好教育，成为女中豪杰。同时，女性受到的良好教育，形成更加浓郁的文化氛围，并通过生活中悉心关心幼年家庭成员，以其无微不至的人文关怀、女性崇高的品德和良好的言行举止，影响家族成员健康成长。

在家庭成员成长过程中，女性发挥作用最典型的当属曾氏家族中曾国藩次子曾纪鸿之妻郭筠（字诵芳）。郭筠一岁即由父亲郭沛霖（曾国藩好友）做主许配曾家，12岁不幸丧父，幼年已成曾家女主人。因忙于家务无暇读书，直到和曾纪鸿完婚郭筠才有饱读诗书的机会。更为不幸的是，郭筠34岁又丧夫成寡。令人钦佩的是，郭筠持家教子有方，成为曾家富厚堂拿得起放得下的第一夫人。在富厚堂，曾家子孙几十口人都听她的号令！郭筠写有《曾富厚堂日程》，并有以自己的艺芳馆书斋名目、王闿运作序而传世的《艺芳馆诗存》。郭筠晚年立有六条"家训"，策勉男女儿孙谋求自强自立，同时不要求年幼女性缠足，不赞成八股文章，也不愿孙辈去考秀才，却要他们学外国文字，接受新式教育。[1]正是曾家有了这位贤惠的郭夫人，使得曾氏家族能够在曾国藩等长辈中的晚清中兴名将虽过世经年，仍然呈现一派繁荣昌盛的景象，并且这种景象在传承曾国藩治家精神的同时，又有新的、与时俱进的历史性转变。

中国现代文化世家的精神动力来自兼容并蓄的开放心态和中西贯通的文化精神，这种精神催生人才的花丛枝繁叶茂，使得家族文化总能跟上时代的步伐，文化生命力强健。

中国现代文化世家开放的文化心态使得家族文化深受异域文化浸染，形成文化锐度，易于人才的脱颖而出。由于其时间跨度正处于中国社会的转型时期，时局的动荡、中西文化的碰撞，彻底颠覆了国人一贯的保守矜持、故步自封的性格，生存的需要逼迫他们在被动了解西方文化（其实早期更应该是科学和宗教文化）的同时，开始审视中国传统文化。他们发挥了自己的聪明才智，溅出奇异的光华，形成高锐度的思想和科学成果。这样，这些家族的子弟往往能够在同一时代、同一群体中

① 岳南《南渡北归·南渡下》，湖南文艺出版社，2013年第1版，第521~522页。

或特立独行，或鹤立鸡群，或脱颖而出。

中国现代文化世家宽阔的文化视野形成兼容并蓄的文化发展路径，使得家族文化总能跟上时代的步伐，文化生命力强健。经济实力的增强往往能够带动精神境界的进一步提高，国家是这样，民族是这样，家庭也同样如此。成长于跨世纪的中国现代文化世家，由于世代显赫，随着经济、政治地位的提高和家族影响力的增强，其文化心态也逐步开阔。其家族代表不仅对中国传统文化批判、审视和合理吸纳，也同时关注西方文化，做到兼容并蓄；同时，新的事物、新的思想也成为他们的关注对象，所以他们总能成为时代的弄潮儿，紧跟时代步伐，在守成的同时不乏创新，使家族文化具有极强的生命力。现代文化世家群体彰显的中国家族文化，是中国现代文化的主要组成部分。其涵盖的勤奋进取、艰苦奋斗、自强不息、爱国爱家、亲情友谊等人类先进文化的重要因素，将贯通时空，成为民族富强、家庭兴旺、个人成才的重要动力。

"中国现代文化世家"丛书已列入国家出版基金项目。根据策划者的总体目标，这套丛书要汇集20～30个在中国现代史上文化渊源比较深厚、影响力巨大的家族。这是一项内容丰富、任务艰巨的工程。为兼顾学术高度，丛书所选作者大都在各自承担家族的研究方面积累有丰富的史料和扎实的学术功底，具有较强的书稿撰写和文化品位把握能力。在承担丛书任务时，他们对前人已有的研究成果认真梳理，并多有创新。这些，都为丛书的品牌形成打下了坚实的基础。

"中国现代文化世家"丛书将影响中国现代历史进程的文化世家集中整理并大规模展示，以史学和传记文学的视角进行研究，意义重大。以家庭作为社会细胞进行文化解剖，以大量鲜活的中国现代杰出人物群体和翔实的史料展示跨世纪文化环境，表现健康向上、和谐进步的优秀文化，必将丰富和创新社会主义先进文化内容，对整个社会产生积极的影响。以展示影响中国历史的文化家族及其杰出人物群体为追求目标，不仅对国人产生示范效应，在世界范围内也会引起关注，从而丰富国际文化内涵，具有更加长远的文化战略意义。以时代、家族、人物作为研究、建设和传播中国文化的方法和路径，不仅创新了文化研究和文化传播的方法，也为民族文化的传承与创新提供了参考依据。 深刻挖掘家族文化的伦理内涵、凝练和传承家族文化中的传统文化、通过家族文化与现代文化的冲突与融会，能够全新缔造中国人文精神，丰富国学内涵，推动民族文化复兴。

文化世家中的家族文化是中华民族优秀传统文化的重要组成部分，它源自中国传统文化，又富于创新，是民族文化传承创新的重要典范。从目前关注的这些文化世家看，其之所以能够在所处时代世代显赫，最重要的原因是这些家族沉淀了最精华的民族文化，吸收了最富于生命力的民族精神；同时，这些家族往往又能够冲破中国传统文化藩篱，吸收异域文化精华，其家庭成员往往能够进取守成，跨世系、跨时代延续发展。可以毫不夸张地说，中国现代文化世家的存在和发展，最典型地体现了中国文化的传承与创新。

中国现代文化世家展示的人才群体及其依存的文化体态，是国家和谐文化建设的重要载体。文化世家在历史上的成长和发展，曾经为中国社会的和谐稳定以至崛起发挥重要作用，也是传统文化中不可或缺的构成要素。这些家族中优秀人物的荣辱沉浮以及家族的兴衰变迁，从一个侧面展示中国近代社会发展的痕迹，透视了中国知识分子忧国忧民的心路历程。我们完全可以通过中国现代文化世家的发展史去了解中国社会生态发展演变的梗概和脉络。

家庭教育、家族文化传承及其凝成的文化环境等对培养和造就杰出人才的重要作用，传承和创新民族文化，在更广阔视野下探寻优秀文化对人才的影响，都是当今不可忽视的文化命题。"中国现代文化世家"丛书首次以家族文化的形式作为切入点，系统挖掘中国传统文化和世界先进文化碰撞产生的独特文化，探究在这一背景下的中国家族文化及其对人才成长、家族兴起、国家富强的影响，推动我国学界对中国现代家族文化的重视和研究，其学术意义非同寻常。

党的十八大报告中明确指出，"文化是民族的血脉，是人民的精神家园。全面建成小康社会，实现中华民族伟大复兴，必须推动社会主义文化大发展大繁荣，兴起社会主义文化建设新高潮，提高国家文化软实力，发挥文化引领风尚、教育人民、服务社会、推动发展的作用。"中共中央十七届六中全会通过的《中共中央关于深化文化体制改革推动社会主义文化大发展大繁荣若干重大问题的决定》指出，"优秀传统文化凝聚着中华民族自强不息的精神追求和历久弥新的精神财富，是发展社会主义先进文化的深厚基础，是建设中华民族共有精神家园的重要支撑。"党中央高度重视包括中国优秀传统文化在内的先进文化建设，确定了文化大发展大繁荣的宏伟目标，肯定了优秀传统文化在"文化强国"战略中的基础性地位，倡导传承与创新文化。我们试图通过"中国现代文化世家"丛书的出版，并通过遴选出来的在中国现当代具有代表性的文化家族群体，挖掘中华民族传统文化中的精髓，展现中国文化在近代社会的传承与发展，理清中国传统文化血液流淌和分布的脉络，进而为当下的文化大繁荣大发展提供有益的借鉴和参考，为实现中华民族复兴的梦想发挥积极作用。

骆玉安

2013年10月，郑州

楔子　　　　　　　晚清国政，危若累卵 ………… 001
江山重叠争供眼　　逢缘时会，思潮纷呈 ………… 004
风雨纵横乱入楼　　伟人风范，家教启示 ………… 006


**上编**　由从政到向学：梁启超评传


第一章　　　　　　新会梁氏，流脉悠远 ………… 010
耕耘之余可读书　　耕读立世，家风淳朴 ………… 012
既做农家又为儒　　崖山史迹，感召后人 ………… 013
　　　　　　　　　嘉言懿行，时为家训 ………… 014


　　　　　　　　　教子之方，读书为要 ………… 017
　　　　　　　　　神童秀才，少年举子 ………… 018
　　　　　　　　　慧眼识才，成就良姻 ………… 020
第二章　　　　　　塞翁失马，焉知非福 ………… 022
岭南快意奇才子　　万木草堂，别有洞天 ………… 023
懵然识取天下事　　甲午丧师，"公车上书" ………… 027
　　　　　　　　　《时务报》：开启言论新时代 …… 029
　　　　　　　　　山雨欲来风满楼 ………… 030
　　　　　　　　　戊戌变法，风云斗转 ………… 033


第三章　　　　　　割慈忍泪出国门 ………… 038
尽瘁国事不得志　　家书抵万金 ………… 040
断发胡服走扶桑　　师徒分歧，自开生面 ………… 042
　　　　　　　　　《夏威夷游记》 ………… 044

"三界革命",开启民智……………046

多少壮怀偿未了,又添遗憾到娥眉

…………………………………050

满目山河空念远,不如怜取眼前人

…………………………………052

"双涛园"………………………057

风云入世多,日月掷人急…………060

武昌起义与"八字方针"…………064

万里乾坤,不如归去………………066

坐待春回,终当有东风?…………068

长恨此生非我有,何时忘却营营?

…………………………………071

田园将芜胡不归?…………………075

欧游心影…………………………078

杏林微澜…………………………083

"科玄论战"………………………086

《国学入门书要目》………………089

《祭梁夫人文》……………………093

清华导师…………………………096

协和割肾…………………………101

天丧斯文,伟者长逝………………104

第四章
献身甘作万矢的
著论求为百世师

第五章
建筑文化宗师
梁思成

梁家有男初长成……………110
清华八年，风华正茂…………112
拟出洋突遇车祸，梁任公勉以国学
………………114
徐林恋终成云烟，梁公子因祸得福
………………116
梁林相携同赴美，从此双双比翼飞
………………118
赴欧考察，共创新业…………121
患难李庄，相濡以沫…………123
面对救济，"感与惭并"………127
《中国建筑史》：病榻上铸就的辉煌
………………132
那样的岁月那些爱……………135
国徽·人民英雄纪念碑………137
北京城·大屋顶………………139
"反动学术权威"………………142
生命爱的另一章回……………144

第六章
考古界巨子
梁思永

梁启超的"定心丸"……………149
任公精心打造的"考古专门学者"
………………152
"后冈三迭层"的发现…………157
"硬人"在李庄…………………160

病榻上的"囚徒"…………… 163

李庄，李庄………………… 166

"最杰出的考古家"………… 169

任公宠爱的"老白鼻"……… 172

从南开到耀华…………… 177

异国八年实现乃父遗愿…… 179

人是要有点精神的………… 181

中国第一代"驯火人"……… 183

火箭导弹专家…………… 185

1966：辉煌与悲怆………… 187

伏枥仍存万里心…………… 191

"仰不愧，俯不怍"：德性与智识

………………………… 194

政治误人："择术不可不慎"…… 203

"兴会淋漓"与治学的专博……… 209

"优游涵饮，使自得之"与

健康的幸福………………… 214

"爹爹里寻妈妈"：情感与交流

………………………… 219

和睦家风，心境常泰……… 222

第七章
**火箭导弹专家
梁思礼**

结篇
**梁氏家族文化启示**

# 楔子

## 江山重叠争供眼 风雨纵横乱入楼

◎

## 晚清国政，危若累卵

只要学过中国近代史的人，对于中国自鸦片战争以后的国政，大略都会有相当了解。那是一个天朝倾颓、人心慌乱的时代，大清帝国差不多风雨如磐，危若累卵。吴其昌曾经在《梁启超传》中用了整整一大章的篇幅，详述了从鸦片战争至梁启超诞生前夕中国之命运，极尽了梁氏生前中国"陷落于绝望的深渊"的惨状。从社会一般情状而言，天灾人祸、道德堕落、思想颠倒、民智固陋、社会腐化、太后奢靡、朝廷昏庸、外交腐败、军队黑暗、实业丛弊、贪污成风……鸦片、八股、小脚、长辫、笞臀、杀头、吃花酒……实在是当时中国最普遍的存在。而中国当时的教育情状按梁启超《论女学》中所说的则是"没有半个学校的教育"，国之民众自童年以至青年最宝贵的光阴乃"习安房闼之中，不离阿保之手"，日常见闻乃"床箦、筐箧、至猥极琐之事"；杨深秀的奏稿《请厘定文体折》则谓莘莘学子"黄卷青灯，十年苦读"所下苦功的对象，则是"专讲排偶声病""但求按谱填词"，"陈陈相因，涂涂递附；黄苇白茅，一望皆同"，此等教育，实乃驱天下有用之才而入无用之地；而官办的"洋学堂"拉牛上树般拉到几个学生，却是但教方言以供翻译，不授政治，不修学艺，不事德育，不讲爱国，比较像样的学堂后来也有了督办、总办、会办、坐办等各级大员，类如官府，聪颖子弟皆以入学为耻。晚生于梁启超八载的鲁迅在《呐喊·自序》中写自己放弃科举而到南京进矿业学堂的话实在可作为一个旁证，他说，"那时读书应试是正路，所谓洋学务，社会上便以为是一种走投无路的人，只得将灵魂卖给鬼子，要加倍的奚落而且排斥的"，难怪他的母亲对于鲁迅"走异路，逃异地，去寻求别样的人们"的举措会难过得哭了。

总之，那时是"亡国景象"历历在目，梁启超《饮冰室自由书·希望与失望》一文有个说法是：

我国民全陷落于失望时代。希望政府，政府失望！希望疆吏，疆吏失望！希望政党，政党失望！希望自力，自力失望！希望他力，他力失望！忧国之士，溢其热血，绞其脑浆，于彼乎？于此乎？皇皇求索者有年，而无一路之可通，而心血为之倒行，脑浆为之瞀乱。

在小学的课本上，关于这一段历史，我们还屡次读到下面这句话：西方列强用坚船利炮撞开了中国大门。"坚船利炮"这一组意象像钉子一样嵌入当年我们幼小却莫名其妙会为国族感到疼痛的心灵——造船？我们曾学习过"郑和下西洋"，那时候，浩浩荡荡几百只的船队耀武扬威航过了南海、马六甲海峡、印度洋，直抵红海、地中海；造炮？火药不是我们老祖宗伟大的"四大发明"之一吗？！在对晚清国家危机的探源中，"闭关锁国"是历史书上给我们的答案。这四个字也曾让我们无知的心灵无限怅惘：如何"闭关"？何为"锁国"？如今，可以随便找出两个简单的例子。

一个例子是在19世纪60年代，清廷要公费向国外派遣一批留学生。曾国藩晚年做的一件重要的事情就是这件事。当时处于封闭之中的中国人对于西洋没有认识，认为到"蛮夷之地"去留学简直是去送命，而且会被社会视为"漂泊无赖，荒陋不学之人"。所以在招募出洋留学生时颇费周折，官宦之子都不愿意去，最后确定在沿海那些和洋人打过交道的商人之家选择，父母若同意要与朝廷签生死状，就是如果孩子到了西洋，要是真在"茹毛饮血"的洋人手里送了命，父母不追究朝廷的责任。下面是詹天佑的父亲当年立下的"甘结书"：

具结人詹兴洪今愿具甘结事：兹有子天佑情愿送赴宪局带往花旗国肄
业，学习技艺，回国之日，听从中国差遣，不得在外国逗留生理，倘有疾
病生死，各安生命，此结是实。

曾国藩临终也没能看到这些学生出发，直到1872年8月11日，首批30
个幼童才扬帆赴美。这次选派也曾经引起朝野议论纷纷，关于让这些学子
去留学是"偏重西学"还是"温习中学"，两种观念针锋相对，最终清廷
终止了选派计划。归国的学生最初的情况则基本上是学而无用，因为中国
当时还在进行科举选士，他们学到的西学本事实在还极少有施展拳脚的机
会。詹天佑作为当年选派生中的一个，也是为数不多的最终发挥才干的一
位。即便如此，这些最早有机会"睁眼看世界"的学子便以输入外国的自
然科学和人文科学，来推动中国经济和文化的改革。慢慢地自费出国留学
也成为风气，据有关方面的资料记载，到1905年，仅留日学生就达8 000多
人，到1906年又陡增至12 000人。

另一个事例出自梁启超《五十年中国进化概论》的记载：

光绪二年（1875年），有位出使英国大臣郭嵩焘，做了一部游记，里
头有一段，大概说："现在的夷狄，和从前不同；他们也有二千年的文
明。"哎哟，可了不得！这部书传到北京，把满朝士大夫的公愤，都激动
起来了。人人唾骂，日日奏参，闹得奉旨毁板，才算完事。①

而在美国，这时电话已经装起来了，留学西方的中国人学习的是拉
丁、希腊文化和数学、生理学、心理学、哲学等学科。

外扰不断，内患频仍，大清王朝的愚民政策还在继续推行，"满洲入
关三百年，我的奴才做惯了。……满奴做了做洋奴，奴性相传入脑胚"，
《因明集》中这首"奴才好"的古乐府诗，生动地刻画了清廷制造国民奴
性政策的恐怖淫威。但毕竟在历次御侮失败后，"天朝"曾经精心打造的

---

① 吴其昌：《梁启超传》，百花文艺出版社2004年版，第17页。

大清帝国在世界版图上的中心位置在国人心中摇晃起来，各种社会思潮、文化思潮蜂拥而来，在民族灾难和耻辱之阴影笼罩下，具有救国救民思想的一批人士第一次开始睁眼看世界，中国开始了艰难的追求现代化的历史进程，这批先进知识分子传达了中国人走向世界时最初的"立场"。中国历经战败，最早感到的是器物上的不如人，西方坚船利炮和声光电化等自然科学远强于我们。在种种危机的进逼下，一直占据中心的维护理想主义的政治和道德秩序的儒家学说以及一直垄断了教育和考试权利的人文知识开始受到文人学士的怀疑，他们认识到传统文化欠缺实效的弊端，对偏向实用知识的追求开始出现。尽快解决具体社会问题成为晚清士大夫的共识，明末清初的经世致用思想在社会上再度兴盛起来，所谓"师夷长技以制夷""中学为体、西学为用"，发动了各种新兴产业的洋务运动。洋务运动希望通过兴办西式学堂、开办实业等变革之举来实现国家的复兴。

但是1894年中日甲午战争的爆发粉碎了中国人的强国之梦。甲午海战，倾全国之财力创建的北洋海军不堪一击、全军覆没。甲午战争的失败，给中国知识阶层精神上所造成的影响远远超过了两次鸦片战争。梁启超在《戊戌政变记》中说："唤起吾国四千年之大梦，实自甲午一役始也。"这使中国知识分子认识到中国的弱败不仅仅在于器物，更在于政治制度、民主学说。于是在1895年"公车上书"之后，1898年发生了"维新变法"运动，渴望学习日本，通过自上而下的政治变革来实现救亡。老大帝国的变革再一次以失败告终，"戊戌六君子"喋血午门。但变革者的鲜血终有其"唤醒"的价值吧，谭嗣同"我自横刀向天笑，去留肝胆两昆仑"的豪迈感召了多少仁人志士的灵魂！

### 逢缘时会，思潮纷呈

按照梁启超的意见，并非每一个时代都必然性地存在"思潮"，但有"思潮"之时代，必"文化昂进"之时代。19世纪末到20世纪初，是一个确确实实的文化昂进的时代，中国思想文化界急剧变动的态势用"狂飙猛进"来形容可能最为恰切，异邦新知新观的传入与本土传统激烈交锋，本土传统在自身演进过程中所产生的裂变与重组日益明显，龚自珍的名句"九州生气恃风雷，万马齐喑究可哀"所揭露的沉寂一扫而去，天公骤然抖擞精神，"不拘一格"普降人才。一时间维新派、革命派争相竞起，进化论、唯意志论交相辉映，无政府主义、民族主义、激进主义、保守主义、自由主义、人道主义杂相共陈，西学东渐、佛学复兴、文学救国相继登场，使清末民初一代知识分子的宇宙观、社会观、生命观在潮起潮落中跌宕，新的人格理想的建构面临着转型期的各种困惑，新的文人群落也便在矛盾纠葛中酝酿萌生。严复、林纾、康有为、梁启超、谭嗣同、孙中山、章太炎、刘师培、王国维、陈独秀、苏曼殊、鲁迅……一时风云际会，万象纷呈。一种文化总是一个有普遍性和连续性的完整的生命，因其普遍性，它成弥漫一时的风气；因其连续性，它为一线相承的传统；同时，每个时代的人物都是历史发展过程中的交接带，但是并不是每一代人都可以成为文化史流变中真正意义上吐故纳新的"过渡的一代"。清末民初从洋务运动到新文化运动，这期间洋务派、维新派、革命派、文化启蒙派差不多四代历史风流人物，对于中国近现代史的意义在于其承接和变革的力量，在于他们于一个旧时代行将入木而一个新时代刚行孕育的历史阶段，以自觉的追求推动了中国新的政治、经济、文化空间的生成和发展，这种过渡者的卓越功勋和显现的才智以及探求新路的激情是足以和百家争鸣的春秋战国时代遥相呼应的，它对于中国未来走向的驱动是怎么充分肯定都不为过的。它所打开的历史的包容性、复杂性或多元化结构，丰富了20世纪中国政治史、文化史和思想史的丰富内涵。可惜，在以后政治革命和文化启蒙的史学模式中，我们过滤掉了中国现代转型之初这些很有价值的存在，长期以来的国家伦理输入给了我们惯性的思维，二元对立的结构模式遮蔽掉太多历史的细节。这些资源是历史"实在"存在的因素，是触及历史症结和脉络的关节点，但正因其"关节"位置所自然蕴含的"历史感"和"现实感"分量，它们曾经被疏忽了或者相反——是被挥霍了。

19世纪80年代末以来，知识分子的"晚清民国"想象猛然间丰沛起来。自然，自由吐纳对知识分子有着永恒的魅力，总归是"成也萧何败也萧何"，多少人因其鸡犬升天，也就会有多少人因言获罪吧。经过晚清民初到新文化运动，整个社会的文化价值取向开始走向开放，打破常规界限和生存限制，追求永恒无限的超越，渴望个人情感的宣泄和价值的张扬，越来越成为一种社会习尚。但是，新的文化模式的娩出也必将伴随着痛苦的挣扎和摸索，任何重建都包含解构和建设，也就意味着意义的增值或者丢失。一个多世纪以来的中国文化就是在这种中西冲撞、融合的过程中寻求并重建新的秩序，但在今天全球化与民族化拉拔的语境中，一个适合于中国的文化模式的涅槃并不可能一蹴而就。回头看历史，我们应该胸怀坦荡地承认，从维新派到革命派，再到北洋政府甚至蒋介石，其间温和地对文化推进的探索从未间断。我们通过聆听它们向历史所发出的逆向性追问，通过对它们所留下的文化资源的开掘，窥见了历史面目的多姿多彩、玄奥神妙，这也正是"现代转型"的历史观建构所看重的多维度因素介入的结构性意义所在。

## 伟人风范，家教启示

在易代之际，士人常常有两种人生目的：一者避世守节，虽无关于天下，但有关于后世；一者入世弘道，即为当世当时道德楷模。在明末清初经学家黄宗羲看来，这两种人都是"见道之大"者。仕与隐、通与穷，几千年来中国文人对生存生态的选择变化微弱，而在晚清时节外患日逼、内乱频仍、人心日非、世衰道丧的时空之下，这一代文人骤然遭遇了从历史惯性中被甩出的剧痛，历史的诗意与现实的荒唐结伴而至，缘逢时会的狂热和英雄失路的悲凉相映而生。面临急剧动荡和分裂的世界，他们不得不在困惑、迷惘、痛苦、焦躁之中建立起自己的价值标尺，社会上出现了各种各样的价值观、人生观，而任何形式的抉择都必然面临纠缠和围剿。

作为晚清民国时期有影响的"人物"之一，梁启超无疑是这个不断进取也需要不断反思的时代怎么也绕不过的一道山峰，"横看成岭侧成峰，远近高低各不同"，你损也罢，誉也罢，他都在那里，不离不弃；你追也罢，骂也罢，那旧日的光耀似乎能穿透岁月的磨蚀而通达未来。他在思想政治领域的敢为人先，他在学术文化领域的深远怀抱，都不由得让我们唏嘘感慨：这是精力多么旺盛、意志多么坚定、视野多么开阔、生命多么飞扬的一个人物！"梁启超的得天独厚之处在于，作为一个先觉者，他已能够率先立于新的历史进境之中，实现了对各种观念意识的综合性整合，尽管这种整合常常亦难以避免其粗疏及自相矛盾之处。"①而当我们根据以往

---

① 孔范今：《梁启超与中国文学的现代转型》，载《文史哲》2000年第2期。

道听途说所得来的对其家学家教的了解，进而沉浸在《梁启超家书》的阅读中的时候，我们又不得不承认：他不仅是一个成功的社会人物，也更是一个成功的父亲，他长大成人的九个儿女都乃人中龙凤。

梁思顺（1893—1966），长女，小名令娴，家人常称之为"娴儿""顺儿"，是梁启超最为疼爱的"大宝贝"。梁思顺自幼受梁启超亲炙较多，酷爱诗词音乐，是难得的女才子，选编有《艺蘅馆词选》，多次再版，流传甚广。早年居日期间曾在女子师范学校学习高级日语，也是梁启超在日时期的秘书，自日归国后曾在英文学校学习英语，也曾任教于燕京大学。其夫周希哲，外交官，驻外使馆领事，深得康有为、梁启超器重。

梁思成（1901—1972），长子，著名建筑史学家，近代建筑学的奠基人，早年曾留学美国宾夕法尼亚大学和哈佛大学。东北大学及清华大学建筑系的开创者，曾任主任、教授，1948年3月当选为中央研究院首届院士（人文组）。其妻林徽因，现代中国屈指可数的诗人、建筑学家、文学家及话剧创作家，也是中华人民共和国国徽的主要设计者。

梁思永（1904—1954），次子，著名考古学家，早年曾留学美国哈佛大学。考古界公认的中国近代考古学和近代考古教育的开拓者之一，是"后冈三迭层"的发现者，龙山文化研究的重要创立者，1948年3月当选为中央研究院首届院士（人文组）。

梁思忠（1907—1932），三子，早年曾留学美国弗吉尼亚陆军学校与西点军校，回国后任国民革命军十九路军炮兵校官。因病早殇。

梁思庄（1908—1986），次女，家人呼之为"庄庄"，是梁启超喜爱的"小宝贝"。早年曾留学加拿大麦基尔和美国哥伦比亚大学。著名图书馆学家，曾任北京大学图书馆副馆长，开创中国图书分类西式分类法。

梁思达（1912—2001），四子，小名"达子"或"达达"。南开大学经济研究所硕士毕业，长期从事经济学研究，是经济学家和工商管理学家。

梁思懿（1914—1988），三女，家人称之为"司马懿"。早年在燕京大学医学预备班学医，热爱社会活动，在"一二·九"运动中是"燕京三杰"之一，后留学美国南加州大学历史系。曾任山东省妇联主席。

梁思宁（1916—2006），四女，小名"六六"，投奔新四军参加中国革命，是一位"老革命"。中华人民共和国建立初期，陈毅元帅曾对梁思成讲"当年我手下有两个特殊的兵，一个是梁启超的女儿，一个是章太炎

梁启超塑像

的儿子",那个"梁启超的女儿"即指梁思宁。

梁思礼(1924—),五子,梁启超最为疼爱的"老白鼻",早年留学美国普渡大学和辛辛那提大学,获博士学位。我国著名科学家,火箭控制系统专家,中国导弹控制系统的学术带头人,中国航天事业奠基人之一,1993年当选为中国科学院院士,亦为国际宇航科学院院士、全国政协委员。

面对这样一份家世名单,我们内心的震撼是不言而喻的。如今,我们正面临一个表面温和平稳而内部冲荡此起彼伏的时代,同时这也是一个竞争极其激烈和残酷的"大教育"时代。一方面,时代空前开放自由,信息交流格外畅通,经济空前繁荣发达;另一方面,是发展中的世衰道丧,人心日非,消费文化、大众文化独擅胜场,各种无形的挤压改头换面神不知鬼不觉似的纷至沓来,让我们在"自由"的空间中却几乎窒息。

在文化教育领域,我们看到,由于我国目前的教育体制存在着不小的弊端,这导致了百年前的一幕:越来越多的家庭和学子感到对国内教育的失望,纷纷放弃国内学业,以不怕血本无归的劲头转身谋求出国读书,新的一轮走出国门的高潮到来。政府一方面通过各种优惠的创业政策吸引留学生学成归来,另一方面又在加强传统文化或曰国学教育。关于梁启超的研究成果或各类评传文字,可谓多矣,用"不可胜数"言之绝不为过,然而从"家文化"的视角立意,在评传的过程中侧重于家学家教理念的探讨以求其当下影响效应,这可能还是第一次尝试。在这里,我们温习探寻梁启超"文化世家"的生成历程,感悟总结梁氏家庭教育的成功得失,无疑对我们当下的文化教育具有启示意义,对于我们个人的家庭教育也有一定借鉴意义。这正是郑州大学出版社骆玉安副社长邀约撰述该书的初衷吧。

# 上编

## 梁启超评传 —— 由从政到向学：

◎ 作为近代政治史、思想史、文化史上卓有影响的一代伟人，梁启超（1873—1929）留下的精神遗产是极为丰富的，随着世事更迭，这个人物更成为后人常说常新的话题，因此，关于梁启超的研究专著和评传文字也层出不穷。但是，从"家文化"的角度来重新解读这个在从政与治学间游移的知识分子或许能看到一个不同的梁启超——作为旧式读书人向现代型知识分子过渡的代表人物，梁启超"居庙堂之高"或"处江湖之远"的诸多故事或许正是那一代"睁眼看世界"的文人的"心情标本"。

◎

## 新会梁氏，流脉悠远

在中国姓氏中，"梁"是一个非常古老的姓氏，其起源要追溯到周朝。据《山海经》等神话传说记载，少昊氏是传说中东夷部落的首领，有八个儿子，天下之人谓之"八恺"。"八恺"的后嗣中有皋陶，皋陶的儿子是伯翳。伯翳"能议百姓，以佐舜禹抚驯鸟兽，舜赐姓嬴"。《沈隐侯集·齐禅林寺尼净秀行状》云："梁氏出自少昊，至伯翳佐禹治水，赐姓嬴氏。周孝王时，封其十六世孙非子于秦。其曾孙秦仲为宣王侯伯，平王东迁，封秦仲少子于梁，是为梁伯。汉景帝世，梁林为太原太守，徙居北地乌氏，遂为郡人焉。"据《元和姓纂》记载，嬴姓伯益有个叫非子的后人非常擅长养马，得到周孝王的赏识，专职负责养马，由于马业兴旺，壮大了周的国力，周孝王非常高兴，就把非子封到秦邑，被称为秦嬴。周宣王为政时期，非子有个曾孙叫秦仲的，是周宣王大夫，奉宣王命征讨西戎，不幸兵败，被西戎所杀。秦仲的五个儿子为报杀父之仇，同仇敌忾，再征西戎，大获全胜，收复失地，受到周王封侯，其中最小的儿子被封在梁。他建立了梁国，史称梁康伯。据说，之所以叫梁，主要是因为这里有座古今闻名的"梁山"。"梁"字最早的含义就是和土木工程的营造紧紧连接在一起的。"梁"是流水小桥，也是捕鱼的坝堰，梁姓先祖居住的陕西韩城又有不少形似桥梁的"梁山"，七沟八梁，无梁不成山。《禹贡》上有"治梁及岐"。《诗经》卷之六《大雅·韩奕》则有"奕奕梁山，维禹甸之"。梁山古属同州府，即今天的陕西省韩城市。梁康伯奢侈腐化，时常大兴土木，建造奢华宫殿楼榭，人民怨愤而不敢言，只好纷纷外逃。秦国后来强大，穆公灭了梁国，改称梁地为少梁。亡国后的梁国子孙，大部分逃到了晋国，为纪念原母国"梁"，以"梁"为姓，这就是后来梁氏的由来。由此可见，少昊氏—伯翳—非子—秦仲—梁伯，血脉相承，在春秋时期形成梁姓。

顺便说到的是，梁姓还有另外几支。主要的支脉一是春秋时期，晋国惠公为了与秦国和解，就把解梁等五个城池割给了秦国，被封在这一地的后人就把封地"梁"作为姓氏。二是北魏的时候，不少少数民族改姓汉姓，《魏书·官氏志》也说，北魏时的鲜卑人中有一支姓拔列兰，在孝文帝改姓时被称为梁。王圻《续文献通考》认为："梁氏有二，伯益之后，封于梁，以国为氏。又有拔列兰氏改为梁氏，魏姓也。"在这一时期，也有一部分胡人改姓梁氏。清朝时期，世代居住在铁岭一带的满族良佳氏又改姓梁氏，给梁姓氏族增添了不少新鲜血液。

梁氏在广大区域的播散有一个从北到南漫长的历史迁变过程，据福州《梁氏族谱》记载，山西梁氏的开基祖是梁康伯的玄孙梁益耳；山东曲阜梁氏的开基宗祖是梁康伯的九世孙梁鳝，山东沂水梁氏的先祖则是梁鳝的儿子梁聪；甘肃梁氏则是西汉时梁益耳的二十世孙梁桥迁居后形成；到东汉时，梁氏流播到河南、江南等地。西晋时，以梁芬为代表的梁氏举族随离乱的晋室渡江，繁衍生息于浙江、广东一带。福建梁氏的始祖则是梁芬之孙梁遐，他在东晋桓玄篡位时跟随晋安帝逃到福建洛阳县三山里，并在这里定居繁衍。到唐代时，河北、青海、四川、湖南等地也都有梁氏后人居住。梁遐的二十五世孙梁熙嘏，在北宋时迁入广东顺德，梁熙嘏的四世孙又迁入福建宁化，梁氏于是在闽粤一带扩展开来。到清代，梁氏后代又远播台湾，在彰化、新竹和台南等地流传至今。

梁启超的先世即茶坑梁氏的家族流脉之源最早是自宋末由福州徙南雄，明末由南雄徙新会，定居于此，数百年栖于山谷。梁启超的高祖名上悦，号毅轩，其子炳昆，号寅斋，便是梁启超的曾祖。其曾祖生子八人，次子梁维清（字延后）便是梁启超的祖父，又号镜泉先生。梁氏族规慎严，族人耕作勤谨，尚学崇贤，奉先思孝，族风纯朴。梁氏族的"教家之道"可列为"十条"，即"奉祖先，孝父母，和兄弟，睦宗族，和乡邻，教子弟，戒习染，奖名节，慎婚嫁，急赋税"。

## 耕读立世，家风淳朴

新会茶坑处于崖门西江出口处一个小小的冲积平原上，茶坑人家多是以农耕为生，通过自填自围取得一些耕地，这些耕地也都属于自垦的农户私有。冲积平原土质肥沃，所以一般人家依靠农业收入可以维持基本生活。

梁启超1873年出生于广东省新会县崖山附近的熊子乡茶坑，那时正是中国昏暗无望、谋求新生的阶段。那一年，康有为16岁，孙中山8岁，这是将来会和梁启超以后的人生发生交集的两个重要人物。梁启超出生的家庭是一个以耕读为业的人家。本来，梁家历代以耕稼为业，整个村子从来没有人在科举选士上取得过什么功名。梁启超的曾祖梁炳昆曾受到邻乡一个在广州府当差的人的欺侮，为了"出人头地"改变这种受辱的境遇，他曾经在新会县买了一个粮差的小职位，但因不适官场中的贪污腐败、乌烟瘴气，终于愤而辞职返乡。这也足以说明这是一个耿介狂狷之士。像传统的农民家庭一样，梁炳昆将家里的几亩田地分给八个儿子，各个小家庭自耕自食，日子倒也妥帖。

梁启超的祖父梁维清除了分得其父的几分田地，还分得了一间砖屋，这是后来梁启超出生的地方。梁维清自幼苦练书法，学柳公权，字体刚健婀娜，很得柳氏风骨。梁维清过着"田可耕兮书可读"的生活，他考中了秀才，这是这个村子有史以来第一个秀才，茶坑没有正儿八经的读书人的局面猛然发生了改变，梁家自然感到荣光，也可见得当时的新会茶坑实在只是一个闭塞之所。梁维清忠厚仁慈，待人周延，治家严明，训子谨严，在乡里是一个很受爱戴的人物。当地曾经发生过大洪灾，城日以困，四乡蜂起混乱，但梁维清力为禁止，一乡无一乱民，而且大家听从他的倡议，募集捐献，疏通道路。在漫长的农耕时代，拥有田产的多寡是一个家庭贫富的标准，一般人家都渴望通过拼命劳作，最终挣些田产作为"祖业"，然后衣食无忧。于是梁维清在中了秀才之后，就购买了十几亩地，平均分给包括梁启超的父亲梁宝瑛（字莲涧）在内的三个儿子。

梁启超的父亲梁宝瑛是梁维清的次子，梁维清对其家教甚严，传家学独劭，幼年即传治举子业，但他在科举中连连不得志，后来就在乡里做教书的先生，自然是教授宋明义理名节之学。像梁维清一样，梁宝瑛也是一个仁慈方正之人，有着孝友睦邻、热心公益的盛德，也常常教授人们仪礼之学，排解乡间纷争殴斗、赌博盗窃。梁宝瑛一边读书，一边自种自耕，维持家计。如果比照中华人民共和国建国后按土地划分成分，梁家算得中农，但日子毕竟过得也还是不宽裕，甚至可称贫困，以致梁启超后来结婚时，还是借用梁姓家族共有书室的一个小房间作为婚房。

## 崖山史迹，感召后人

再谈一下崖山这个地方的历史人文。崖山，相传是宋亡之际，陆秀夫抱幼帝殉国之处，后有遗老遁迹崖山，建筑有三忠祠，祝发为僧，冀招大行皇帝之灵。这个历史故事所蕴含的忠贞气节对历代文人是有较深影响的。抗金名将张宪（1121—1142）曾作《崖山行》："三宫衔璧国步绝，烛火炎天随风灭，间关海道续萤光，力战崖山尤一决。"尤其是清军入关后，明移民恒念及崖山，以表对民族侵略的抗议，这一阶段文人墨客吟咏崖山的诗词很多。广东顺德陈邦彦之子陈元孝（1631—1700）有诗《崖门谒三忠祠》曰："山木萧萧风更吹，两崖云雨至今悲。一声杜宇啼荒殿，十载愁人拜古祠。海水有门分上下，江山无地限华夷。停舟我亦艰难日，愧向苍苔读旧碑。"晚清一代，清室无能，国运堕落，感怀伤世的知识分子又一次反刍崖山故事，感慨万千。苏曼殊《岭南幽光录》辑录有大量广东明末遗民反清抗清事迹；亦曾作《崖山题奇石壁图》（又名《陈元孝题奇石壁图》），有章太炎题录陈元孝诗《崖门谒三忠祠》；更作《断鸿零雁记》，第一章详述主人公剃度崖山为"发凡"，其风人之旨，令人黯然。《新会县志》记载当地风俗："士人尊师务学问，不逐虚名。仕者以恬退为乐，竞进为耻。尚门第，矜气节，慷慨好义，无所诡屈。"[1]

---

① 丁文江、赵丰田：《梁启超年谱长编》，上海人民出版社1983年版，第13页。

幼年的梁启超为崖山熊子乡镌留着的悲壮史迹而感愤在所难免，崖山记忆、亡国之悲潜移默化中也影响了梁启超的一生，或者可以说，崖山的光荣与悲痛、晚清时节亡国灭种的危机成为刺激梁氏一生命运的种子。梁启超在《三十自述》中写道：

余乡人也，于赤县神州有当秦汉之交，屹然独立群雄之表数千年，用其地与其人，称蛮夷大长！留英雄之名誉于历史上之一省。于其省也，有当宋元之交，我黄帝子孙与北狄异种血战不胜，君臣殉国，自沉崖山！留悲愤之纪念于历史上之县。是即余之故乡也。①

梁启超自称"多血多情多泪"之人。少年时就爱读《扬州十日记》《嘉定屠城记》，常常读到热泪溢涌，不能自制。爷爷常常给儿孙辈讲述晚明遗臣的抗清御侮事迹，对"三公祠"中供奉的陆秀夫等忠臣良将极为敬仰，兴致到来也常常给儿孙辈背陈元孝所书《崖山谒三忠祠》，其中的"海水有门分上下，江山无地限华夷"句总是惹起老先生无限伤怀，也曾撰联感喟"忠臣孝子，自古无多"。这种讲述既从道德人格立世为人，又从关心时势树立远志等方面形塑了梁启超幼小的精神世界，最直接的影响则是他早年主张"排满"，即便亲友劝责，亦不改初衷，甚至在他后来思想转向后，这种意识仍然盘结胸中，时不时就会冒出来。其实，光绪、宣统年间全国有智性、有血性的人，几乎都曾经有过这种"革命"的或"无政府主义"的倾向，不管是暴力革命也好，还是政治革命也好，这是当时"复仇""救国"的必然思路之一。

## 嘉言懿行，时为家训

梁启超所受的启蒙教育除了来自"国破山河在"的现实，家庭的教育熏陶则更是直接且深厚的。梁启超自幼聪慧，深得其祖父梁维清偏爱。梁《三十自述》中曾记述自己随祖父生活学习的情景："四五岁，在王父及母膝下授四子书、诗经。夜则就睡王父榻，日与言古豪杰、哲人嘉言懿

① 吴其昌：《梁启超传》，百花文艺出版社2004年版，第8页。

风雨饮冰室——新会梁氏家族文化评传

行。而尤喜举亡宋、亡明国难之事，津津道之。"耳濡目染，这既开阔了他的见识，又培植了他礼贤行孝的美德，且塑造了胸怀天下的意识，也培养了梁启超探索新知的欲望。另外，梁启超的父亲在立身行事方面表现出对于传统文化仁义、中庸的推崇，并以身作则，处处躬行。梁维清晚年抱病数载，常常经月卧床不起，梁宝瑛则终日伺候床前，衣不解带，从无怨言。其长兄早逝，梁宝瑛则照料兄嫂、教养子侄，其贤孝深得族人敬重。他对子侄辈言行举止的教诲则更为严格。首先是戒懒，其次是节俭，然后是发奋向上，光宗耀祖。总之是"扬家风、光祖宗"。梁启超的母亲赵氏则是慈悲宽容，深明礼义，谨守家风，相夫教子，德行俱佳。他们父慈子孝，夫唱妇随，和睦融洽。

梁宝瑛夫妇对长子启超寄予厚望，训诫极严。据《梁启超随感录》记载，梁启超日常言行稍有不当，父亲就会严厉训斥道："汝自视乃如常儿乎！"这句话梁启超铭记终生，并时时拿来作为自我励志的警句。在其父去世之后的《哀启》中，梁启超写有这样一段话："先君子常以为所贵乎学者，淑身与济物而已。淑身之道，在严其格以自绳；济物之道在随所欲以为施。"[①]梁启超六岁时有一次撒谎，以"诚实"为立身之本的母亲就令儿子跪下，鞭打数十下以示惩戒。在她看来，人无信则不立，一个人说谎一定是做了错事。做了错事本来已是罪过，说谎等于是知道自己错了仍然自欺欺人，如同盗窃，是明知故犯，所以罪加一等。由此可见梁家家风之严，也可见儒家传统的修身齐家治国平天下中的"修身"真乃立世之根基，梁启超"不敷衍，不说谎，厚重少文，表里如一"的品格正是在这种家教熏陶下形成的。

纵观古今，凡名流贤士，其家庭的良好熏陶常常对其成才是极其有效应的。"孟母三迁""岳母刺字"的故事自不必说，我们从晚清的"中兴重臣"曾国藩的家教家风中也可窥其一斑。曾国藩的先人祖祖辈辈也是勤劳节俭的农民，其祖父星冈公遗下"治家八字诀"："书蔬鱼猪，早扫考宝"，即读书、种菜、养鱼、喂猪、早起、扫屋、敬祖、睦邻；其住宅取名"八本堂"，即读书以训诂为本，诗文以声调为本，事亲以得欢心为

---

① 丁文江、赵丰田：《梁启超年谱长编》，上海人民出版社1983年版，第9页。

本，养生以少恼怒为本，立身以不妄语为本，居家以不晏起为本，居官以不要钱为本，行军以不扰民为本。曾国藩自小半耕半读发奋苦学，官至极品，更难得的是其四个弟弟曾国潢、曾国华、曾国荃、曾国葆皆受皇封，同做高官，真可谓满族荣华。但曾国藩一向谦卑自牧，更不断告诫子孙后人半耕半读，勤俭持家，不得仗势欺人。历史上的达官显贵长盛兴旺之家不多，其家族败落则常常因其子孙逐渐骄奢淫逸，过不了两三代，便门第没落，日薄西山。但曾国藩兄弟五人的家庭至今已历200年，绵延数代而人才辈出，在政治界、文化界、学界有名望的人才达200余人，古今中外实属罕见。这"八字""八本"加上不信僧巫、不信地仙、不信医药的"三不信"和"孝致祥，和致祥，恕致祥"的"三致祥"以及"勤俭孝友"四字要诀，实乃曾氏成为名门望族并能延续数代的精髓箴言。

可见得，儒家的"修身、齐家、治国、平天下"实在是环环相扣的。梁启超自小也就接受了其祖父和父辈立身为人的诸多教诲，潜移默化中树立了正确的人生观、价值观。顺便要说到的是，梁启超成年后对于曾国藩之家风家教也是佩服崇敬之至。

第二章
岭南快意奇才子
憕然识取天下事

◎

## 教子之方，读书为要

"教子之方，读书为要"，这是梁家到梁宝瑛这一代特别认识到的"真理"。读书自能明理、成器、立业，"修身、齐家、治国、平天下"，没有哪一样是能离开读书的。作为一个不能见到多少世面的"岛民"，梁启超孤栖山海，后来竟成一代人雄，家学时的"童子功"是至关重要的。就思想影响而言，家学启蒙对他的成才殊为重要。

梁启超十岁始拜蒙师为张乙星、周惺吾二位先生，这两位在当地并不怎么出名，也并没有多少新思想。在那样一处荒村僻野，想必读书已经算得比较奢侈的营生了，所以，家家户户也并不可能特别要为孩子邀约名师，或送入知名学堂。梁启超所习得之"四书五经"主要还是得自于其爷爷和父母讲授。梁启超后来回忆说："我之童子时，未有学校也。我初认字则我母教我，直至十岁，皆受学于我祖父。"他在二三岁时，母亲就教他认字。四五岁时，跟着祖父学习"四书"、《诗经》。六岁时，父亲开始教他学习"中国史略"，并读完了"五经"。

梁启超六岁卒业"五经"，九岁时即可做千言文章，是一个天资极为聪颖的孩子。佳木在《梁启超故乡述闻》中，记述有乡间传颂的梁幼年时诗词应答、聪敏过人的三件事情。第一件事是说梁启超小时候非常调皮，喜欢爬高上低，有一天他在家中玩耍，趁大人不防备就爬到了梯上去。他的祖父怕他失足跌下来，于是就站在梯子旁边以备防护。梁启超正在兴头上，不但不以为然，反而得意地说："有人在平地，看我上云梯。"祖父听到孙子这样顺口说出的话，不但不生气，反而感到有些快意，因为从这平凡的句子中体现出一种"先天的"出人头地的潜意识。还有一次，有客人来拜访其父梁宝瑛，梁启超很有眼色，赶快上前奉茶。客人打算试一试他的聪明如何，就出了一句"饮茶龙上水"的上联让梁启超作对，"龙上水"是新会俗语。梁启超不假思索，应声答道："写字狗扒田。"这下联对的"狗扒田"也是新会俗语。小小年纪能这样敏捷应对，客人不由得大为称赞。于是，客人又出了一句"东篱客采陶潜菊"命他对，他即随口答以"南国人怀召伯棠"，客人听了更为赞叹。第三件事是说梁启超十岁时，曾住在他父亲的朋友李兆镜家中，李以"推车过小陌"叫他对，他马上对以"策马入长安"，这更体现出一种不同凡俗的气概，李为之惊诧不已。[①]

## 神童秀才，少年举子

1884年，梁启超虚岁十二岁那一年，梁家真乃风光无限，因为这一年梁启超中了秀才，补博士弟子员，乡邻钦羡，呼之为"神童"。秀才的考取过程相当复杂，三层选拔，历时两年。1882年，梁宝瑛携子到新会县衙参加县试，梁启超在首场考试中第一个交卷。当时的主考官是知县彭君毅，以为其退交白卷，当取卷一阅，不禁拍案叫好。在复试、面试都通过之后，彭君毅在县衙特别单独传召梁启超，而且打开麒麟门让其入内。梁启超对知县提出的问题对答如流，最后被取为县试第一名。县试之后四个月，梁启超又在父亲陪同下参加了府试，轻而易举又获得第一名。光绪十年（1884）十月，又在父亲陪同下到省城参加院试，仍然位居榜首，成为秀才。梁启超得到广东学政叶大焯接见，纯孝而聪慧的梁启超想到祖父古

① 佳木：《梁启超故乡述闻》，见吴其昌编：《梁启超传》"附录"，百花文艺出版社2004年版，第110页。

稀之庆将至，便向学政大人索取祝寿之言，叶大焯为梁启超的孝心和聪慧感动，挥毫写下了《镜泉梁老先生庆寿序》一文。学政大员答应一个毛孩子的要求为其祖父七十大寿馈赠墨宝，此事轰动乡里，自此，梁启超便获取了"神童"的雅号。1885年，梁启超补博士弟子员。

中秀才当然可喜可贺，但是中了秀才依然是从事决舍帖括（即做八股以求仕进的老路子），梁启超依然不知道天下有什么学问，更不知中国闭关自守的局面已被西洋的坚船利炮所打破，天朝帝国的美梦日渐愚黯。从梁启超后来的发展来看，真正对其造成影响的，则是他终于走出孤岛村庄。他在补博士弟子员后先在广州吕拔湖大馆求学，翌年到佛山陈梅坪学习段、王训诂学，由此开了眼，"始知有段、王训诂之学，大好之"，逐渐对八股文有些厌弃之意。1887年，梁家简直是倾尽所能，送长子启超到省会广州入读当时广东最高的学府学海堂，同时在石星巢先生处受业。吕拔湖、陈梅坪、石星巢三位先生的旧学功底都是十分深厚的，梁启超获益颇多，尤其是石星巢老人，其学问更上一筹。而学海堂是由晚清朴学大师阮元所创立，他是乾嘉学派的代表性人物。在他生前身后，学海堂都曾汇聚一批批学有所成的学者来整理出版古代典籍文献，阮元除了撰述《畴人传》等著作以外，也辑刊大量文献，如主编《经籍纂诂》、汇刻《皇清经解》等。学海堂的这些文化积累，为就学的学子创造了一个学术训练的良好平台。梁启超在学海堂刻苦用功，如饥似渴，广泛涉猎书籍，"季课大考，四季皆第一"，因而获得奖学金。奖学金除用作日常花费外，剩余的钱用于购买各种儒家典籍，如《皇清经解》《四库提要》《四史》《百子全书》等。在此间，他结识了后来的挚友麦孟华、曾刚甫等人，互相切磋学问；同时又到菊坡精舍、粤秀书院、粤华书院旁听学习，广采众家所长。由此可知其精力之过人、求知之甚切。

所谓"穷秀才，富举人"，正是如此，范进中了举才会招来"老丈人"那么大的反响，也才会导致自己情感如此振动，以致"痰迷心窍"而近乎疯痴。好运也降落在这个聪明绝顶却眼界狭隘的"岛民"身上。1889年8月，在天下多少寒士坐断冷板凳、孜孜以求那遥不可及的"功名"的年龄，年仅17岁的梁启超与姑表兄谭镳在广州参加乡试，考中举人，与谭镳分别中第八、第九名。其时的正考官为内阁学士李端棻，副主考为翰林院修撰王仁堪，都极其欣赏梁启超的才识学养。梁启超"一举成名"，少年得意，年方舞象则游邑庠，被誉为"岭南奇才"。中举后，梁启超回到新会拜谢祖先，一番庆祝。尔后，即到广州学海堂刻苦攻读，准备入京会试。这时候的梁启超虽然在科举上步步高升，顺风顺水，但毕竟还是眼界不够宽广。在后来的《夏威夷游记》中，梁启超无限感慨："余自先世数百年，栖于山谷。族之伯叔兄弟，且耕且读，不问世事，如桃源中人。余生九年，乃始游他县。生十七年，乃始游他省。犹了了然无大志。梦梦然不知有天下事！"[①]

### 慧眼识才，成就良姻

说起梁启超的科场顺心，可能更让他春风得意的是因为中举而成就了自己的一桩好婚姻。由于在那次乡试中内阁大学士李端棻典试广东，对梁启超的才华、见识及胆略极为赏识，就委托副主考王仁堪殿撰执柯，想将其待字闺中的堂妹李蕙仙许配于梁。王仁堪将这个意见传给梁宝瑛，并派人到新会将梁宝瑛接来广州商谈这门亲事，但梁认为茶坑僻陋，自己家世寒素，不敢高攀，辞不肯受。李学问渊雅、仁心敦厚，他传话给梁宝瑛："予固知启超寒士，但此子终非池中物，飞黄腾达，直指顾间事。予第物色人物，勿以贫富介介。且予知予女弟固深明大义者，故敢为之主婚。毋却也！"于是，这门亲事就算订下了。1890年春天时梁启超进京会试，旅费即由李端棻资助，梁启超在其父亲陪同下住在宣武门外永光寺西街新会会馆。此次不中落第。也就是在这次落第后途经上海，他买到了那本我们下文将要谈到的《瀛寰志略》。

1891年10月，梁启超"奉旨完婚"于京师。因梁启超家境清贫，无钱娶亲，父亲要求他唯有按照入赘的方法，由女家张罗费用。康有为对于梁启超入京结婚，专门写有赠诗，以示对弟子的厚爱和期许，诗曰："道入天云际，江门风月存。小心结豪俊，内热救黎元。忧国吾其已，乘云世易尊。贾生正年少，诀荡上天门。"梁乘船北上进京，婚礼由李端棻亲自主办，他特意邀请了户部尚书翁同龢、散馆授编修徐致靖、翰林院编修文廷

① 吴其昌：《梁启超传》，百花文艺出版社2004年版，第38—39页。

式、刑部主事杨深秀等当朝有新思想的达官贵人，梁启超也大大增长了见识。但是，由于梁启超当时只会说广东新会方言，不会说北方"官话"，所以与人交流极其困难，这一点甚至也影响到他以后的事业发展。

1892年，梁启超祖父梁维清病卒，梁携夫人归新会谒祖，一居年余。李夫人年长启超4岁，虽然历久生活于都市，身为显贵之家小姐下嫁穷书生，但没有虚荣奢华，而是谨守妇道，有时家务也躬亲自为，乡人皆称贤良。要知道，享惯了荣华的李夫人到穷乡僻壤的广东新会，且不要说吃穿用度各样都非常不便利，就是广东的气候也并非长年居于京兆的人容易适应的。梁启超长大成人的九个儿女中，长女思顺、长子思成、次女思庄为李夫人生养。后来梁启超亡命日本，李夫人先在国内、后到澳门独自支撑家事，之后才辗转到达日本。夫人确实跟着梁氏受了委屈，吃了苦头。

李夫人性格有些内向，不多言辞，喜欢安静，经常沉着脸，家人都比较惧怕夫人。梁对于夫人是终生相敬如宾，甚至如外间传言其一生"惧内"。有一个例子可以援引，在1923年5月7日，梁思成、梁思永被金永炎（时任黎元洪总统府高等顾问，陆军中将）所乘汽车轧伤，金竟然连汽车也未下扬长而去，过了两天连名片也未到一张，其后知道被伤之人并非寻常人家子弟，乃亲自到府上道歉。本来梁启超见人已平安，也是看在黎元洪的面子上准备息事宁人，不欲再闹；另外也认为责任在司机，坐车人不过有道德责任而已。但是爱子之心甚切的李夫人仍然气愤不过，要诉诸法院，更亲自入总统府痛责，黎元洪只好替陪不是，同样爱子甚切的梁启超也只能听之任之，让染病在身的夫人发泄一通，以免因为压抑致病。这些足以透露梁氏对待李夫人的心迹。可能，也正是由于夫妻二人出身地位的悬殊，才能促进梁氏终生发奋图强，渴望出人头地，建功立业。这是后话。但是可以肯定的是，没有随同李夫人住在京兆、广结上层的机缘，梁启超在寻找报国之门的路上不知道还要摸爬滚打多少年。

李端棻比梁启超大40岁，可谓梁启超的知己恩人。戊戌政变时，梁氏寓居李家公馆，变法失利，梁逃亡日本时，蒙李馈赠赤金二百两，梁正是用这项赠予，创办了名扬海内外的《清议报》，成为宣传其新民思想之重要喉舌，梁对李感激不尽。李当时刚在礼部尚书任上两个多月，因为支持变法受到牵连，丢掉官职，被发配新疆赎罪，这对李是极其沉重的打击。10月中旬，年近七十的李端棻在往新疆行走的路上病倒，滞于甘州，1901

年被赦回原籍贵阳。回到贵阳后，他在严修创办的经世学堂讲学，介绍卢梭、《天演论》和梁启超创办的《新民丛报》，宣传自由改革思想。1907年，李端棻以75岁高龄逝世于故乡，梁启超获悉后悲恸抱愧不已，为之作《清光禄大夫礼部尚书李公墓志铭》，赞扬其一生的贡献和气节。

## 塞翁失马，焉知非福

梁启超1890年进京参加会试落第，这是一向自信自负的梁氏在学业致仕的道路上第一次失利。但"塞翁失马，焉知非福"！在途经上海返粤时，他购得了1848年福建抚署初刻、成书于1849年（即道光二十九年）的《瀛寰志略》。《瀛寰志略》由清朝的徐继畬所编纂。徐继畬（1795—1873），字健男，号松龛，山西五台县东冶镇人。徐是中国近代开眼看世界的先驱之一，又是近代著名的地理学家，在文学、历史学、书法等方面也有一定的成就。《瀛寰志略》是中国印刷最早的一本地志书册，全书共10卷，约14.5万字，内含插图42张。除了关于大清国疆土的皇清一统舆地全图以及朝鲜、日本的地图以外，其他地图都是临摹欧洲人的地图所制。书中首先以地球为引子，介绍了东西半球的概况。之后以此按亚洲、欧洲、非洲、美洲的顺序依次介绍了世界各国的风土人情。在介绍印度文明、阿拉伯文明以及欧洲文明时，摒弃了以往士大夫们对于中国以外地区的偏见，尽可能地做到了客观真实。比如对于西方文明源头的基督教的介绍，他就这么写道："摩西十诫，虽浅近而尚无怪说。耶稣著神异之迹，而其劝人为善，亦不外摩西大旨。周孔之外无由宣之重译，彼土聪明特达之人，起而训俗劝善，其用意亦无恶于天下。"除了风土人情的介绍，徐继畬对于西方民主制度也有所涉及，而这在中国历史上是前所未有的。1868年3月29日，《纽约时报》发表评论，述评一位清朝官员因研究科学被撤职，并遭到皇帝放逐长达18年，其科研成果是一部世界地志专著，名《瀛寰志略》，从此"中国历史悠久的地志体系，被这位东方伽利略改革了……对中国人来说，研究夷人历史，肯定险象环生，而这位地理学家，正直勇敢，不怕重蹈伽利略的覆辙"。通过这本杂志，梁启超了解到世界原来如此之大且无奇不有！他知道了全球五大洲的形势、世界万国的部位等。十八岁这一年，对于梁启超来说真正有触及"灵魂"的鼓荡，他猛然间知道世界上除了大清帝国外还有一个新世界，除了"经史子集"、训诂词章外还有很多闻所未闻的新学问。

同时，梁启超看到近代中国最大的翻译机构上海江南制造局翻译馆译印的大量西书。该翻译馆所译书籍品类繁多，包括自然科学（当时称为格致，即声光电化等）、社会科学、文学艺术等各个门类，尤其是算学、测量、汽机、制造、水陆兵法、天文学、力学、化学、光学、医学等自然科学译著占百分之八十左右。这些"洋书"梁启超以前闻所未闻——原来在"八股"之外还有一个广阔的学识世界！他真可谓饥不择食，不管三七二十一，拿来囫囵吞枣读一通。就这一见之机缘，梁启超眼界大开，求知欲受到极大启发，"脑筋为之一转"，眼前顿生了一番新境界！自此其思想如脱缰的野马，再不是"经史子集"的陈腐老调、传统塾学能够拘囿得住的了，"经世致用"的新思想也就在这时注入了梁氏的血脉。

纵观梁启超的一生，可以发现他直到晚年也未有停辍对新知新学的学习，他后来对于儿女的学业在基本学养上强调国学根基牢固，在具体专业上趋向追求新学，这些可能和他早年的经历都有相当的关联。

## 万木草堂，别有洞天

"天眼"已开，梁启超渴望新知的意念越来越强烈。1890年8月，梁启超继续在学海堂研读功课，会试失利使他特别希望得到名师指点，同学兼好友麦孟华（字孺博）了解此事后，让梁去拜访陈千秋（字通甫）。经由陈千秋、曹丁泰的介绍，梁得以拜见了广东南海著名的怪杰康有为。当时康有为上书请求变法不达，刚从京师归。康有为痛陈朝廷腐败及向西方求救国救民之理，梁听后深感震惊，"冷水浇头，当头一棒，一旦尽失其故垒，惘惘然不知所从事。且惊且喜，且怨且艾，且疑且惧，与通甫联床竟夕不能寐，明日再谒，请为学方针"[1]。少年科第极其得意的梁启超骤然间感到自己知识浅薄、孤陋寡闻之极，即拜康先生为师，进康有为主持的长兴学舍（1893年后改名"万木草堂"）修学。这一年，梁启超17岁，尚戴着"神童"桂冠。

---

① 丁文江、赵丰田：《梁启超年谱长编》，上海人民出版社1983年版，第23页。

梁启超像

回首看历史，我们不得不承认这是中国近代史上最负盛名的"双雄会"之一，历史并非只是"必然性"的链条，更多的时候，是偶然创造了历史，这可能才是历史的真面目。另一次开创历史的著名的"双雄会"可能就要等到38年之后的1928年毛泽东与朱德的"井冈山会师"了。梁启超这次拜访康有为，他随后的整个人生便随之发生了质的改变；而康梁的合璧，注定要切中中国最后一个王朝的"晚年"病症。

康有为（1858—1927），又名祖诒，字广厦，号长素、明夷等，广东南海人，人称"康南海"。出身于仕宦家庭，乃广东望族，世代为儒，以理学传家。在主持长兴学舍之前，康有为曾经独居西樵山四年，博览能够找到的古今中外的经史理学、工艺、兵法、医学、耶稣经典等书，顿觉"恍然大悟"，成一时地方名士，有人呼其为"康圣人"。1889年，康有为"即以一诸生伏阙上书极陈时局，请及时变法以图自强"。上书不达，他在广州开设学堂，因坐落于广州长兴里，故或称长兴学舍。康有为决非一根筋的"冬烘先生""腐朽大老"，学舍也非旧式启蒙私塾，所授课程乃德、智、体、音乐并重，康有为自任"总教授""总监督"，并领"博文科学长""约礼科学长""干城科学长"，相当于总务长、训导长和体育主任等各种职务集于一身。学舍"图书馆"的书都是康有为的私人藏书，他慷慨让学生借阅；所需用乐器则有康有为督制的"琴笙干戚"。学舍的学生不满20人，却都是有志青年。学舍开设德智体并重的课程，领当地一时风气之先。学舍的教育大纲分学纲、学科、科外学科三大门类，各门类下都有细致的课程划分，特别是"学科"之下的"义理之学"开有"泰西哲学"课，"考据之学"有地理学、数学、格致学等课程，"经世之学"有万国政治沿革得失、政治实际应用学等，"文章之学"除了学习中国辞章学，还要学习外国语言文字学；"科外学科"设有演说、体操、游历等，这些课程设置与那些"腐朽私塾先生"的传道、授业、解惑相比，大大开阔了读书人的眼界。

长兴学舍学生，"人置一笤记簿，每日各自记其内学、外学及读书所心得，时事所见及，以自课。每朔则缴呈之，先生为之批评焉"。康"与诸子日夕讲业，大发求仁之义，而讲中外之故，救中国之法"。康视弟子亲如儿子，学子们每天"既明而起，讲贯至夜深"，彼此相处如兄弟。下午课是康先生"讲古今学术源流，每讲辄历二三小时，讲者忘倦，听者亦忘倦。每听一度，则个个欢喜踊跃，自以为有所创获，退省则醰醰然有味，历久而弥永也"。梁启超则坦言，康先生的学问"至广大至精微处"，让他们这些刚入学问堂奥的学子"不能质疑"。在课堂教学之外，学舍学子们的课余生活也颇有情调："春秋佳日，三五之夕，学海堂、菊坡精舍、红棉草堂、镇海楼一带，其无万木草堂师生踪迹者盖寡。"他们赏月游山，谈论文章，纵论天下，"声往往振林木，或联臂高歌，惊树上栖鸦拍拍起"，"不知所终极"①。读书期间，梁启超即表现出活泼飞跃的个性，很有生活情趣，且精力过人。白天，他常常和同学谈天说地，充满谐趣；夜阑更深，他则伏案阅读，作诗为文。暑假期间，他和弟弟启勋时以扶乩来消遣，与乩仙谈诗论文，降乩的乩仙均为鬼才所托，或为李白，或为杜甫，或为王维，或为宫人才女，期间所为诗文有厚厚一卷。游戏而已，莫名其妙，无以深究。与此同时，又与韩云台在广州卫边街设立学馆，阐发自己的学术见解。更与学海堂、菊坡精舍、红棉草堂及镇海楼的学生们广为联系，结交朋友数百人。该学舍培养的学生，日后成为维新变法的骨干。

梁启超在朋友引荐下从学海堂转入长兴学舍读书，感到新鲜自由、暗自欢喜，他在这里整整读了四年书。所以梁启超后来回忆当时的学习生涯时，这样写道："学于万木，盖无日不乐，而此乐最殊胜矣。"并认为自己"一生学问之得力，皆在此年"，此年即指他脑筋发生大转弯的1891年。也是在这一年，康有为刻成《新学伪经考》，次年刻成《孔子改制考》。这是梁启超在万木草堂期间读到的对自己一生都有重要影响的两部

---

① 吴其昌：《梁启超传》，百花文艺出版社2004年版，第44页。

著作。1892年春天，梁启超第二次参加会试，因在策论中痛陈时弊，大谈变法，守旧派官员无法接受，这次又未被录取。1893年，康有为迁学舍于广州府学，始称"万木草堂"。

　　1894年春，梁启超携夫人一起客次京师，住在粉坊琉璃街广东新会邑馆，与名士多有往还。其时日本战事起，北京风声鹤唳，梁对此多有惋愤，但人微言轻终不至上闻，所以潜心读书，算学、地理、历史无不涉猎。梁启超与租住在贾家胡同的夏惠卿往还尤勤。夏是一口一成不变的杭州腔，梁乃纯正的广东官话，二人交往之初颇为困难，但不久都互相能够了解，几乎无一日不相见，后来又加入一个住在北半截胡同的谭嗣同。俗话说"三个女人一台戏"，三个大老爷们儿聚在一起也是蛮热闹的，他们充满救国忧民的激情，见面就说天道地，互相辩诘，探讨知识，砥砺学问，少年意气，挥斥方遒，观点一致时深恨相见太晚，观点相异便大吵一通。夏惠卿多年后再与梁启超重逢时，曾有一诗记录这段交往：

　　壬辰在京师，广座见吾子，草草致一揖，仅足记姓氏。洎乎癸甲间，相见望衡宇。春骑醉莺花，秋灯狎图史。青霄与黄泉，上下穷其旨。冥冥兰陵门，万鬼头如蚁。修罗举只手，阳乌为之死。袒裼往暴之，一击类执豕。酒酣掷杯起，跌宕笑相视。颇谓天地间，差足快吾意。夕烽从东来，孤帆共南指。再别再相见，便已十年矣。吾子尚青春，英声乃如此。嗟嗟吾党人，视子为泰否。[1]

　　当年前线告急的电报如雪片般急急地飘向首都军机处，但这并不妨碍清廷歌舞升平、醉生梦死的寻欢度日。本年慈禧太后六十寿辰，李鸿章奉命将修建山海关外铁路的款项用于支付庆典所需。孙中山上书李鸿章，痛陈富国强兵之道。11月，清廷大办特办太后的寿诞庆典，在一派欢腾的气氛中，根本无人问津战事如何。在京的士子们心忧如焚，满腔愤激，梁启超在此情此景下创作了《水调歌头》，以表激愤和无奈：

　　拍碎双玉斗，慷慨一何多。满腔都是血泪，无处著悲歌。三百年来王

① 丁文江、赵丰田：《梁启超年谱长编》，上海人民出版社1983年版，第35页。

气，满目山河依旧，人事竟如何？百户尚牛酒，四塞已干戈。

千金剑，万言策，两蹉跎。醉中呵壁自语，酒后一滂沱。不恨年华去也，只恐少年心事，强半为销磨。愿为众生病，稽首礼维摩。[①]

从这首词中也可以看出，这一阶段他们在作诗为文上喜好新名词、新典故，突破了"独尊儒学"的局面，对新学问尤其向往。这段交往对后来梁启超的文学变革主张有一定影响。

### 甲午丧师，"公车上书"

1895年3月，康有为和梁启超这一对同为举人的师生又一起进京会试，这一次是双双落榜。这时中国正经历进入近代以来最严重的一次挫败，即甲午战争的败绩。甲午丧师，举国震动，所以梁启超在《戊戌政变记》中有言"唤起吾国四千年之大梦，实自甲午一役始也"。在国人的意识中，这是真正的天塌地陷的一年，统治阶级苦心经营的洋务运动、竭力打造的"中学为体、西学为用"的改良思想也大受打击，大清情势更加危机四伏。面对如此破败残局，不满于清廷腐败无能的1 300多名各省应试举人联名上书，要求清廷拒绝《马关条约》，这就是著名的"公车上书"。他们积极参议时政，要求变革时局，这其中就有康有为活跃的身影。康有为"不达目的死不休"，四年之内，上书七次，热忱不减，胆气感人，举国流俗嘲笑之、唾骂之，康有为如同未闻，不予理睬。

当然，顺便要说起的是，近代历史上关于此事的记载，多根据康有为及其弟子后来的相关著述。关于广东"公车上书"的具体组织者，康有为在多年之后所撰述《我史》中自认为具体领导者，但事件后一两月内"沪上哀时老人未还氏"的《公车上书记》一书有明确交代："是夕（四月八日）议者既归散，则闻局已大定，不复可救，于是群议涣散……而初九日松筠庵之足音已寂然矣，议遂中寝，惜哉惜哉。"——所谓"议遂中寝"，就是根本没有去都察院上书。《公车上书记·序文》也没有提及

---

① 梁启超：《梁启超文集》，北京燕山出版社1997年版，第753页。

康、梁是公车上书领导者，仅仅止于陈述梁启超与湖南举子是当日到都察院首递奏章者。至于历史真相到底是什么，那自是历史学家所应追溯的问题，起码发生的这些事情从好的方面来说，无疑给梁启超以深刻影响，带动他关注国家，关心政治，不做一个"两耳不闻窗外事"的书虫。无论如何，我们且认为在这年轰轰烈烈的"公车上书"中，康有为和梁启超曾经受到过极大震动，甚而亲自参与组织了这些活动。

关于台湾的割让，文人政客曾有无数豪迈悲凉之诗篇记之，我们在这里也顺便辑录两首，以飨读者。如丘逢甲的《春愁》："春愁难遣强看山，往事惊心泪欲潸。四百万人同一哭，去年今日割台湾。"谭嗣同有《有感》一章："世间无物抵春愁，合向苍冥一哭休。四万万人齐下泪，天涯何处是神州？"当然笔者还是更欣赏苏曼殊的《过平户延平诞生处》："行人遥指郑公石，沙白松青夕照边。极目神州余子尽，袈裟和泪伏碑前。"丘逢甲和苏曼殊同属感情丰沛、诗人气质很浓的文人，但看丘诗中的"愁""强""惊""哭"等字眼，明显感到在艺术审美上达不到曼殊诗的韵味、灵气，苏曼殊不用一个"愁"，也不必写"哭"，更不要那种"四万万人"的气势，而歌哭自在字内，僧人"泪""伏"碑前的赤子之情对读者所造成的艺术感染力恐怕不在其他诗之下。百年之后的今天，还有一份高考的百分作文，以《永远的谭嗣同》为题，作长诗一首，其中有句曰："春风无色黯河山，东航不敢望马关。神州病骨似秋草，六朝古道啼血鸟。国破方知人种贱，马关条约不忍看。连年战乱烽火寒，三军挥泪洒台湾。……刑场吟哦万人惊，三十三年化碧土。……"这篇考场佳作在悼念谭嗣同这位为国族社稷英勇捐躯的英雄的同时，表达了对昏庸无能的清廷统治的切骨痛恨。

尽管当时有一批清朝官员也认识到必须变法以图强，甚至支持"公车上书"，但"公车上书"起到的功效甚微。康有为等改革者认识到"思开风气、开知识，非合大群不可"，"合群非开会不可"，于是"日以开会之义号之于同志"，在1895年8月17日创刊了《万国公报》，"遍送士夫党人"，介绍西方政治经济概况，宣传"富国""养民""教民"，使之"渐知新法之益"。康有为联络一批帝党官员，如户部郎中、军机处章京陈炽(？—1899)，刑部郎中沈曾植(1850—1922)，翰林院编修沈曾桐(1853—1921)、丁立钧、张孝谦等人，"各出义捐"。10月初，强学会正式成立，会址设在北京宣武门外后孙公园。推陈炽、沈曾植为正董，沈曾桐、侍读学士文廷式(1856—1904)为副董，而实以张孝谦负实际责任。强学会成分复杂，既有资产阶级维新派，又有帝党官僚；既有洋务派官僚或其代理人，又有清廷其他派系的文臣武将，但主要是以维新派与帝党官僚为主的一个政治团体。梁启超曾谓强学会之性质，实兼学校和政党而一之。中国资产阶级最早的政治团体就以这种形式出现了。但随着后党压力增强，内部矛盾日巨，1896年1月20日，后党御史杨崇伊上疏弹劾强学会，请饬严禁。该会遂被改为官书局，"专为中国自强而立"的强学会便违失原旨，不准议论时政，不准臧否人物，专欲译刻各国书籍。接着北京强学会遭封禁，上海强学会也随之解散，刊物停印。

## 《时务报》：开启言论新时代

虽然强学会一再受到压制，但变法维新已经成为许多上层人士的共识。1896年8月9日，由汪康年任经理、梁启超任主笔的《时务报》旬刊在上海破土而出。实干家和言论家携手、充分酝酿开创的《时务报》，开启了中国近代传媒与学说理论联姻的一幕，被称为"足以震动全国青年学子"的"破天荒"的大事，遂成为维新派宣传变法的舆论中心。1897年冬，严复在天津主编《国闻报》，成为与《时务报》齐名的在北方宣传维新变法的重要阵地。全国议论时政的风气逐渐形成，到1898年，学会、学堂和报馆达300多个，一时成社会之风潮。

《时务报》极大发挥了梁的优长，他如鱼得水，以那支"别有一种魔力"的笔，写下了一系列引起舆论哗然的政论，一个人就在《时务报》上发表了60篇文章。在《时务报》第一册发表的《论报馆有益于国事》一文中，梁首次把报纸比作耳目、喉舌，认为它具有"去塞求通"的功能，指出"待以岁月，风气渐开，百废渐举，国体渐立，人才渐出，十年以后而报馆之规模亦可以渐备矣"。这些意见简直是惊如鸿雷。《变法通议》全文7万字，提出了"变法之本，在育人才；人才之兴，在开学校；学校之立，在废科举；而一切要其大成，在变官制"等具体措施。这些"务求平易畅达"的议论，使海内耳目为之一新，"举国趋之，如饮狂泉"。

梁体政论文"笔锋常带感情"，多年之后，人们回忆起当初"梁体"

文章给自己带来的鼓动，还唏嘘感叹不已。梁也曾经自述："每期报中论说四千余言，归其撰述；东西文各报二万余言，归其润色；一切奏牍告白等项，归其编排；全本报章，归其复校……经启超自撰及删改者几万字，其余亦字字经目经心。"《时务报》因梁启超而风靡全国，梁启超因《时务报》而名噪一时，"上自通都大邑，下至僻壤穷陬，无不知有新会梁氏者"。应该说，在这个变法宣传的过程中，梁启超的宣传鼓动起到了举足轻重的作用，甚至可以说，没有梁启超这支笔杆子，维新变法就不可能推动得那么迅速。从儒家经典到训诂辞章再到求学万木草堂，又到甲午一役、"公车上书"、创办《时务报》，梁启超的思想发生了几次转向。正是在康有为的携领下，同时也由于李蕙仙家世的促动，本性自任的梁启超向政治的前台一步步迈近。

在《时务报》之后，梁启超又创办了《清议报》《新民丛报》等众多报刊，他的宣传鼓动就像一所"没有围墙的大学"，熏陶了晚清到"五四"几代知识分子的心灵。胡适曾经在《四十自述》中写道："梁先生的文章，明白畅晓中，带着浓挚的感情，使读的人不能不跟着他走，不能不跟着他想。"郭沫若在《少年时代》中谈及对《清议报》的印象时说："平心而论，梁任公的地位在当时确实不失为一个革命家的代表。他是在中国的封建制度被资本主义冲破了的时候，负戴着时代的使命，标榜自由思想而与封建的残垒作战。在他那新兴气锐的言论之前，差不多所有的旧思想旧风习都好像狂风中的败叶，完全失掉了它的精彩……"邹容、陈天华、蔡锷、黄兴、陈独秀、熊希龄、胡适、郭沫若、梁济、梁漱溟、钱玄同、鲁迅、周作人、蒋百里、李大钊、毛泽东、周恩来、邵飘萍、戈公振、邹韬奋、郑振铎、丁文江、张君劢、傅斯年、陈寅恪、吴宓、朱光潜、梁实秋、徐志摩、曹聚仁、王芸生、李四光、闻一多……这些近现代史上的风云人物都曾经是在他所"创办"的这所大学里请益到人生成长和事业前行的力量。

## 山雨欲来风满楼

晚清革命席卷全国，主要有两种革命倾向，一种带有种族革命性质，认为中国的黑暗屈辱都是清廷惹的祸端，如把满洲人赶走了，那么革命自然成功，政治自然清明；另一种认为政治革命的首要是把民治机关建立起来，实行民治，这样满洲人自然除了"放权"无计可施。当然，"康党"属于后者。

1898年，既成就了梁启超在政治界甚而国际上的声名，同时也是梁启超的不利流年。1898年1月29日，康有为上《应诏统筹全局折》（或称《上清帝第六书》），陈列当时诸列强渐成瓜分豆剖中国、变法图强迫在眉睫之局势；2月，谭嗣同、唐才常等人在湖南成立了强学会，创办了《湘报》。也就是在这年正月，梁启超在湘地大病几死，旧历二月，由康有为之弟康幼博陪同看护入京治病。早在1897年11月，德国强占胶州湾，法国强租广州湾，英国强租借后来被称为新界的地区和威海卫；甚至意大利人也要强占三都澳。这一系列事件中，清廷丧权辱国的表现引起全民激愤，渴望"起弱图强"的清德宗光绪帝万般无奈。梁启超在京期间，适值俄国向清廷索要旅顺、大连两港事件。在旅顺、大连事件动议之初，梁启超与麦孟华助力康有为奔走其事，约同两广、云、贵、山、陕、浙、苏众公车上书都察院，力陈旅顺、大连不可割，在呈稿中，他们写道："咸虑旅大既割，诸国接踵，立即危亡，不胜忧愤惶惶……今日救亡之术，惟曰力拒俄请而已。"然而，大家又担心强俄，他们提出的方法即为"与其割要地于强俄，以致瓜分之立见，孰若求公保于各国，然后变法以图存"。他们更多是寄希望于"绝不于战，布告天下，请局外之国公断"，英日必会出而相助。看来，毕竟是"书生意气"，他们对英日存有太好的幻想，没有想到这些列强都一个个虎视眈眈，谁不想在中国这头羸弱的睡狮上咬上一口！正好那一天都察院堂官尢一人在岗，呈稿无以上交，只好作罢。

4月，在京卧病时，梁又赞画奔走，协助康有为在北京发起成立"保国会"，虽然遭到潘庆澜等官员的诋毁和参劾，但还是得到了光绪帝的期许。于是，在皇帝的授意下，刊布了康有为拟定的《保国会章程》三十条，会讲例十九条，以"保国、保种、保教"为宗旨，"讲内治变法"，激励来会者"卧薪尝胆，惩前毖后"，"德业相劝，过失相规，患难相恤"，"务推蓝田乡约之义"。保国会已略具资产阶级政党规模，为维新变法做了直接准备。但是，在实际运作上，保国会又只不过流于形式而已，大家各自对某些国际问题发表演说，表达愤慨，看不出有多少具体的政治思想和行动纲领。如梁启超在第二次集会时演讲，针对当朝士大夫对于中国"朝不保夕"之议则"信者十一,疑者十九"之状进行了猛烈抨击,他认为中国如果亡国,"不亡于贫,不亡于弱,不亡于外患,不亡于内讧,而实亡于此辈士大夫之议论,之心力",虽振聋发聩,有醍醐灌顶之气概,也未免过于偏激。

也是在4月,梁启超等又联名上书,请求废除在中国实行了千余年的"八股取士"制度,推行经济六科。在梁氏看来,"举人素习举业,并讲楷法,于兵农工商内政外交之学,向未讲求,致外国新法及一切情形,尤所未读",将来即便有机会得皇上授官认政,没有真才实学,必然误国。应该说,在当时的世界格局下,八股取士已经严重滞碍了中国对人才的培养,所取士子也已经远远不能适应时代发展的需要,废除当是一种历史的必然。但可想而知,全国千千万万学子坐断冷板凳梦着科举选拔、金榜题名,八股实乃与他们乃至多少家庭性命前程攸关,如果科举废止,这些被抛出了历史既定轨道的人当做何为? 他们对于废除之倡议者自然有着不共戴天之仇,梁启超在这一过程中几被殴击是不难想象的了。都察院、总理衙门都不愿意接纳呈稿也是情理之中的事了。不过,虽然有守旧枢臣拼命阻扰,八股取士旧制在五月初五、五月十二两次上谕中还是被取消了,改为策论。清廷最终正式下诏完全废止科举制度,则是到了1904年。梁启超曾经记述其老师最后一次痛哭流涕上书的激切言论:

> 康先生之上皇帝书曰:"守旧不可,必当变法。缓变不可,必当速变。小变不可,必当全变。"又曰:"变事而不变法,变法而不变人,则与不变同耳。"故先生所条陈章奏,统筹全局者,其大端在:请誓太庙以戒群臣,开制度局以定规模,设十二局以治新政,立民政局以行地方自治。其他如:迁都,兴学,更税法,裁厘金,改律例,重俸禄,谴游学,设警察,练乡兵,选将帅,设参谋部,大营海军,经营西藏、新疆等事,皆主齐力并举,不能支支节节而为之。而我皇上亦深知此意。①

狄楚青《任公先生事略》记载,1898年夏日,在由湘返沪的立邨号轮船上,依然抱病在身的梁启超把轮渡当成了宣讲台,与友辈相约"破家

① 《政变原因答客难》,见《梁启超文集》,北京燕山出版社1997年版,第58页。

救国""杀身成仁"，大意乃"吾国人不能舍身救国者，非以家累即以身累，我辈从此相约，非破家不能救国，非杀身不能成仁，目的以救国为第一义，同此意者皆为同志。……此时方为吾辈最艰苦之时，今日不能不先为筹划及之，人人当预备有此一日，万一到此时，不仍以为苦方是"。

就在这一关关的推进中，维新变法运动已经从理论宣传转到了具体的政治实践。康有为、梁启超忠肝热血、攘臂奋舌、不惧笑骂、屡败屡战、愈战愈勇的精神也实在令人感佩不已。

## 戊戌变法，风云斗转

从许多史料中我们可以看出，一方面，清德宗光绪帝毫无权力，在太后面前备受委屈；另一方面，鉴于甲午战争以来外忧内患的现状，对于国人变法图存的情绪，他是理解且支持的。正是由于光绪帝的开明以及最终达成的变法决心，康、梁才有一展拳脚的可能。

6月11日（旧历四月二十三日），清德宗光绪帝毅然接受梁启超等维新派建议，发布"定国是诏"，宣布变法维新，"开特科，裁冗兵，改武科制度，立大小学堂"；号召大小诸臣努力向上，发愤为雄，"以圣贤义理之学植其根本"，"博采西学之切于时务者实力讲求"，切实举办新政，"不得敷衍因循"，"总期化无用为有用，以成通经济变之才"，力争在政治、经济、军事、文教诸方面励精图治。诏书刚下的第三天，光绪帝接受大臣奏保，在6月16日召见工部主事康有为、刑部主事张元济，"广东举人梁启超，著总理各国事务衙门查看具奏"。但是在前一天，太后已经强迫光绪帝连发了三个上谕，即命翁同龢开缺回籍、调荣禄署理直隶总督、令在廷臣工授官均需恭诣太后等，可见"篡废之谋已伏"。梁启超已经隐隐约约预见了结局，在7月5日《与碎佛书》（"碎佛"即夏惠卿）中，梁启超这样写着："常熟去国，最为大关键。此间极知其故，然不能形诸笔墨，俟见时详之。南海不能大用，菊生无下文……初时极欲大办，今如此局面，无望矣。"

7月3日，光绪帝召见梁启超。以布衣被召见，数百年未有，可见皇上求贤若渴，梁启超一定也寄予厚望。此日皇帝上谕："举人梁启超着赏给六品衔，办理译书局事务。"如此不拘一格的召见，也竟然不拘一格仅

康有为、梁启超与光绪皇帝

仅赐了个六品顶戴，仍以报馆主笔为主位，真是出乎意料！因为在清朝，举人召见，即得赐入翰林，最不济也会封一个内阁中书。以梁启超之时名，只赏赐个六品顶戴实属罕见。其中原委，也许正如传闻所言："传闻梁氏不习京语，召对时口音差池，彼此不能达意，景皇不快而罢。"[①]这一传闻也不是不可能。从这一时期梁启超的诸多信函中，也可以看出他有点萌生退意，想离开京师。

期间虽然变法诸事也紧锣密鼓地进行，但光绪帝事事需要呈请太后、没有权力的现状更加清晰地呈现出来。旧历七月二十七日皇帝欲开懋勤殿，设顾问官。这本是沿袭康熙、乾隆、咸丰三朝所为，光绪亦必亲致颐和园请命西后，最终也未能施行，维新党同人一致感慨"今而知皇上之真无权矣"，亦知太后与光绪帝之不相容。光绪帝七月二十九日在给杨锐、刘光第、谭嗣同、林旭四人的密诏中有这样的话：

近日朕仰观圣母意旨，不欲退此老耄昏庸大臣，而进英勇通达之人，亦不欲将法尽变。朕岂不知中国积弱不振，非力行新政不可？然此时不惟朕权力所不及，若强行之，朕位且不保。[②]

哪能想一个两全其美的办法，既能不拂太后老佛爷之意旨，又能使新法得以及时推行？这些现实都不免让支持光绪帝变法自强、重振朝纲者意兴阑珊，焦虑万分。经过密谋，康有为、谭嗣同向光绪举荐袁世凯。旧历八月一日、三日、五日，皇上三次召见直隶按察使袁世凯，以侍郎候补，责成专办练兵事务。

---

① 王照：《复江翊云兼谢丁文江书》，见丁文江、赵丰田编：《梁启超年谱长编》，上海人民出版社1983年版，第127页。

② 丁文江、赵丰田：《梁启超年谱长编》，上海人民出版社1983年版，第138—139页。

同时，守旧派撺掇太后再次训政，压制新政的活动一直也在加紧进行。9月20日（旧历八月初五）风云突变！后党御史杨崇伊向慈禧上密折，请太后"即日训政"。后党主将荣禄于同日调兵遣将，为发动政变预做军事部署。21日，慈禧突然从颐和园回宫，发动政变，幽禁光绪于颐和园玉澜堂，并假光绪帝名义，发布吁请太后训政的诏书，宣布第三次临朝训政。《崇陵传信录》对于光绪被禁曾有较为详细的记录：

御史杨崇伊、庞鸿书，揣知太后意，潜谋之庆王奕劻，密书告变，请太后再临朝。袖疏付奕劻转达颐和园。八月初四（六）日黎明，上诣宫门请安，太后已由间道入西直门，车驾仓皇而返。太后直抵上寝宫，尽括章疏携之去。召上怒诘曰："我抚汝二十余年，乃听小人之言谋我乎？"上战栗不发一语。良久嗫嚅曰："我无此意。"太后唾之曰："痴儿！今日无我，明日安有汝乎？"遂传懿旨，以上病不能理万机为词，临朝训政。[1]

戊戌变法前后共历103天，宣告失败。政变发生后，慈禧连发谕旨，捉拿维新派，废止新法。谭嗣同把自己的书信、文稿交予梁启超，请他东渡日本避难，并慷慨相别："不有行者，无以图将来；不有死者，无以召后起。"日本使馆曾派人与谭嗣同联络，表示可以提供"保护"，但他毅然回绝，并对来人说："各国变法无不从流血而成，今日中国未闻有因变法而流血者，此国之所以不昌也。有之，请自嗣同始。"谭嗣同被捕后在狱中镇定自若，留下了那首传诵至今的绝句《狱中题壁》：

望门投止思张俭，忍死须臾待杜根。
我自横刀向天笑，去留肝胆两昆仑。

这首诗作很快传到日本，被人谱曲传唱，感人至深。谭嗣同两作"绝命书"，一封给康有为，一封给梁启超，表明"生不能报国，死而为厉鬼，为海内义师之助"。在危难之时，谭嗣同还能够考虑到以其父亲谭继询之名上了一个奏片，上书"黜革忤逆子嗣同"，以防备他的父亲因他的

---

① 恽毓鼎：《崇陵传信录》，见吴其昌编：《梁启超传》，百花文艺出版社2004年版，第88页。

行为遭受罪戾。28日，谭嗣同和杨锐、刘光第、林旭、杨深秀、康广仁一起，被杀害于北京宣武门菜市口，史称"戊戌六君子"。

谭嗣同（1865—1898），湖南浏阳人，思想激进，刚猛无惧，不堕俗累，不媚权力，曾经批评中国历史"二千年来之政，秦政也，皆大盗也；二千年来之学，荀学也，皆乡愿也；惟大盗利用乡愿，惟乡愿工媚大盗"，有"冲决利禄、俗学、全球群学群教、君主、伦常、天、佛法"之一切网络之精神。梁启超深深敬重这位以死来殉变法事业的朋友，在《清代学术概论》中称其为"晚清思想界一彗星"。许多参与新政的各级官员也被革职、监禁、遣戍、议处，对于光绪皇帝的处分，除了处心积虑宣传其病重在身外，阴谋进行废立。中外人士，舆论哗然。

关于戊戌变法失败的原因，历史书上有不少总结，例如有人从权力上考虑，认为以太后为代表的顽固派势力强大，光绪帝毫无权力，事事掣肘；有人从用人不当着眼，认为袁世凯曾经在私下答应支持，但其实背叛承诺，泄露机密，出卖康梁；有人从思想和学术的纷争看待问题，认为就像洪秀全推崇西教、废斥儒学一样，新政所倡之新学过于激切，造成思想上的争端，入奏参劾者自然不绝；有人从方法疏导不利立见，认为太后但知权力，并无政见，如奉之以主张变法之名，而不是坚持扶此抑彼，皇上之志当得伸……不一而足。但仅从康梁自身来查找原因，康广仁（幼博）曾经总结乃兄康有为的行事作风："规模太大，志气太锐，包揽太多，同志太孤，举行太大，当此排者、忌者、挤者、谤者，盈衢塞巷，而上又无权，安能有成？"或许还是旁观者清，这些话确实是切中肯綮的中的之言。康幼博批评其兄性格："思高而性执，拘文牵义，不能破绝藩篱，至于今实无他法，不独伯兄身任其难不能行，即弟向自谓大刀阔斧，荡夷薮泽者，今亦明知其危，不忍舍去。乃知古人所谓'鞠躬尽瘁，死而后已'，固有无可如何者。"[①]在翻阅这一历史时期的文献时，笔者也有一种强烈的感觉：从"公车上书"到"戊戌变法"，期间诸多行动即便有过不少筹划，但总体上看起来只是毫无章法的"东一榔头，西一棒槌"；不管是组织强学会还是发动保国会，不管是创办《时务报》还是举荐袁世凯，

---

① 康幼博：《康幼博茂才遗文：致何易一书》，见丁文江、赵丰田编：《梁启超年谱长编》，上海人民出版社1983年版，第122页。

筹措时康梁等总是自信满满，过于意气用事，过于急切求成，每次都认为"成败在此一役"，但其实往往估计过高，这是否也埋下了戊戌政变最终不幸的种子——真应了那句老话"秀才造反，十年不成"。反过来讲，也实在是老大帝国的中国在漫长的皇权时代积淀下来的弊政太多，"按下葫芦起来瓢"，绝非一朝一夕之改革可以告成；但又外患日逼，时不我待，恨不得"快刀斩乱麻"也是必然思路吧。

## 第三章
# 尽瘁国事不得志
# 断发胡服走扶桑

◎

### 割慈忍泪出国门

当慈禧太后下令将光绪帝囚禁于瀛台，并以光绪帝的名义发布上谕，宣布重新"训政"，政变就如一场暴风骤雨瞬间席卷京城！这天，梁启超正和谭嗣同商议政事，噩耗骤然传来，在谭嗣同坚持留下"为变法而死"的情况下，下午两点，梁启超无奈奔向公使馆，求见日本驻华代理公使林权助。此时，林权助正在和来华访问并提供中国改革建议的日本前首相伊藤博文聊天，听到梁启超来了，深感事态非常，就立即请梁启超到另一房间会面。因双方语言不通，梁启超直接说："请给我纸！"他在纸上给日公使写下：

仆三日内即须赴市槽就死，愿有两事奉托。
君若犹念兄弟之国，不忘旧交，许其一言。

梁启超委托林权助："请解皇帝之幽闭，使玉体安全，并救康有为先生。需要托您办理的，就是这两件事！"在林权助的思想中，"梁启超是中国罕见的高洁志士，是热心策划北京政府根本改造的大丈夫"①。林对于梁的两项请求非常爽快地答应完全承担，并劝解梁启超接受日方帮助，不要白白去送死，如果心意改变，公使馆可以随时为其提供庇护，但悲伤难抑的梁启超匆匆而去。因为他担心日本公使一方救助光绪皇帝不保险，又去找英国传教士李提摩太了，希望李提摩太能去找英国公使，设法保护光绪帝。到了夜晚，日本公使馆门口突然起了骚动，林权助正为之诧异，梁启超飞奔而入——在被追捕的巨大压力下万般无奈，梁启超不得不再次跑到公使馆寻求避难。伊藤博文知道此事后说："这是做了一件好事啊！救他吧！而且，让他逃到日本去吧！到了日本，我帮助他。梁启超这个青年是中国珍贵的灵魂啊！"日方以"日本钦差大臣内眷回国"为名，卫士前呼后拥，婢女人前人后，严密保护，不令外人偷窥，专车送到了天津塘沽口。到了塘沽，在清廷捕手的围追堵截下，梁启超化装成打猎的样子，不料在天津车站月台上行走时被人发现，仓皇间通过一只小帆船逃向塘沽港，那里有日本军舰停泊。真是或有神助，苍天有眼！当捕手搭乘小蒸汽船追上来时，危急关头，梁启超看到了日舰，摇白手帕作为信号，被日本的军舰"大岛"号放下小船施救。这次有惊无险，或许梁启超会"大难不死，必有后福"吧！

"风萧萧兮易水寒，壮士一去兮不复还！"大概梁启超当时内心就怀着这样的悲壮吧。舰艇东行，眺望渐离渐远的母国，割慈忍泪、满腔悲情的梁启超写下了著名的长诗《去国行》：

呜呼济艰乏才兮，儒冠容容。倭头不斩兮，侠剑无功。君恩友仇两未报，死于贼手毋乃非英雄。割慈忍泪出国门，掉头不顾吾其东。东方古称君子国，种族文教咸我同。尔来封狼逐逐磨齿瞰西北，唇齿患难尤相通。大陆山河若破碎，巢覆完卵难为功。我来欲作秦廷七日哭，大邦犹幸非宋聋。却读东史说东故，卅年前事将毋同。城狐社鼠积威福，王室蠢蠢如赘瘤。浮云蔽日不可扫，坐令蝼蚁食应龙。可怜志士死社稷，前仆后起形影从。一夫敢射百决拾，水户萨长之间流血成川红。尔来明治新政耀大地，驾欧凌美气葱茏。旁人闻歌岂闻哭，此乃百千志士头颅血泪回苍穹。吁嗟乎！男儿三十无

① 林权助：《救快男儿梁启超》，见吴其昌编：《梁启超传》，百花文艺出版社2004年版，第136页。

奇功，誓把区区七尺还天公。不幸则为僧月照，幸则为南洲翁。不然高山蒲生象山松荫之间占一席，守此松筠涉严冬，坐待春回，终当有东风。吁嗟乎！古人往矣不可见，山高水深闻古踪。潇潇风雨满天地，飘然一身如转蓬，披发长啸览太空。前路蓬山一万重，掉头不顾吾其东。①

"男儿三十无奇功，誓把区区七尺还天公"，可见得梁启超具有百折而不泯的精神！就在这同时，旧历八月五日（9月20日），康有为巧妙地突破围堵离开京师逃往天津，九日抵达上海，十四日在英国兵舰保护下到达香港，九月五日渡日。在十四日一道捕拿康梁的上谕中这样写着："近日时事多艰，朝廷孜孜图治，力求变法自强。……乃不意主事康有为首倡邪说，惑世诬民，而宵小之徒，群相附和，乘变法之际，隐行其乱法之谋……著各直省督抚一体严密查拿，极刑惩治。举人梁启超与康有为狼狈为奸，所著文字，语多狂谬，著一并严拿惩办。……"如今重读"上谕"中这些文字，真是哭笑不得，或许"政治"就是如此乖谬如此充满玄机！"成者为王，败者为寇"，这是千百年来无法更易的定数吧！

自此，年仅26岁的梁启超开始亡命日本，前后达14年之久。期间，他一直摩拳擦掌，积蓄能量，时时准备着"以成大事"，也曾经为"勤王"偷偷返国，但终究未能成事。

## 家书抵万金

在梁启超逃亡的过程中，可想而知，他的妻女该当如何紧张惧怕！一是担心梁启超的安危，只要被抓住，那是必死无疑；二是一家老小的身家性命也受到极大牵连，支持梁启超的妻兄李端棻不是就被革职发配新疆了吗？好在夫人李蕙仙毕竟是见过世面的大家闺秀，处变不惊，临危不惧，她携带女儿思顺到了澳门。新会原籍虽遭查搜，但是未被大祸，梁启超之父梁宝瑛也携眷属避居澳门。

梁启超在1898年10月29日给李蕙仙家书中安排家事，慰安妻子，其中对于李蕙仙临危之举、深明大义颇为赞赏："闻卿慷慨从容，词色不变，

① 《去国行》，见《梁启超文集》，北京燕山出版社1997年版，第739页。

毫无怨言，且有壮语。闻之喜慰敬服，斯真不愧为任公闺中良友矣。"梁启超是一个知恩知报的义气君子，如今蒙此大难，念及自己的恩人李端棻大人，梁启超沉痛不已："令四兄最为可怜，吾与南海师念及之，辄为流涕。此行性命不知何如，受余之累，恩将仇报，真不安也。"

在频传的家书中，梁启超告诉夫人自己在日本受到保护和襄助的情形，不让夫人担忧其个人安全、饮食起居；他仔细询问妻子的失意烦恼和身体状况，建议其烦闷之时要多自宽解，鼓励其培养向学之志，日常多与二弟讲论经学典籍，"经此变后，亦当知世俗之荣辱苦乐，富贵贫贱，无甚可喜，无甚可恼，惟有读书穷理，是最快乐事"。其中家书另一主要内容，则是表达对其父亲大人的深切牵挂。他一次次嘱咐拜托李夫人，照料好父亲，调适公媳在家庭用度上的相处之道。这里不妨录用几段家书，可以从中一窥作为梁家长子的梁启超对于父亲的孝道：

大人遭此变惊，此无待余之言，惟望南天叩托而已。……所存之银，望常以二百金存于大人处，俾随时可以便用，至要。若全存在卿处，略有不妥，因大人之性情，心中有话，口中每每不肯说出，若欲用钱时，手内无钱，又不欲向卿取，则必生烦恼矣。望且依吾言为盼。卿此时且不必归宁，因吾远在外国，大人遭此患难，决不可少承欢之人，吾全以此事奉托矣。卿之于我，非徒如寻常人之匹偶，实算道义肝胆之交，必能不负所托也。①

大人当此失意之时，烦恼定不知几多，近日何如？不至生病乎？吾今远在国外，侍奉之事，全托之于卿矣。卿明大义，必能设法慰藉，以赎吾不孝之罪，吾惟有拜谢而已。……但念父亲之苦楚，不知若何耳。若因念我而生病，则致一电，我当即归……卿我之患难交，非犹寻常眷属而已。虽想思甚切，不敢涉私情也。②

今既大人愁穷，故日间即当先汇四百元归也。庶母弟妇若到，当加益和谐，免触老人之烦恼。③

①②③ 三段引文分别见于《梁启超家书》1898年9月15日、10月6日、10月27日《与蕙仙书》，中国文联出版社2000年版，第1页、5页、6页。

## 师徒分歧，自开生面

在梁启超的意识中，一直认定"东方新兴之国，莫日本若"。戊戌变法，即是以维新派为代表的中国新兴阶级把自己的目光更多投向日本的结果。梁也曾经为黄遵宪的《日本国志》写序，这本书也增加了他对日本的进一步认识，后来他曾经说道："昔读黄公度《日本国志》，好之，以为据此可以尽知东瀛之情状矣。"经过深入探讨，他认为同为东亚国家，同为黄族之民，日本的迅速崛起乃得益于明治维新，并总结了明治维新成功的各种原因。对照于弹丸之地的繁兴，他不得不发出"抚王室之蠢蠢，念天地之悠悠"的浩叹！

流寓日本，身处异域他国文化背景之下，梁启超的思想认识再一次受到了极大冲击，他明白，戊戌变法虽以日本明治维新为激励，但中国和日本的社会情况实在不同。中国民众缺乏"国民"意识，千百年来"兴，百姓苦；亡，百姓苦"的政权运作模式和儒家三纲五常的教化，已经使得民众"不知有汉无论魏晋"，他们不关心朝政，也更不会认为自己作为"国之民"，每个个人对国家前途都应有所担当。随着梁启超对日本以及西方国家近代化成功之因的探查，梁启超逐渐意识到迅疾的政治变革是无法实现中国"富国强兵"的，改革的成效取决于国民的素质。由此，梁启超思想上开始逐渐向"开启民智"的新运动转向。

如今回想，梁启超面对日本这位自己国族的"仇敌"和崇仰的"导师"时，该是何等复杂的心境？或许，梁启超的心境正是当时被迫走向近现代化的中国人的"心情标本"。中国自鸦片战争以来，几乎遭遇的所有对手都曾经带给我们屈辱，但却又是这些侵略者迫使中国打开了闭关锁国的大门，一步步探索走向新途的道路。主张变革的中坚人物避祸日本等国，历史在这里发生了深刻的转折，原来以变革政治制度为中心的维新运动一变而为以"新民"为核心的启蒙运动。革新派人物梁启超、黄遵宪、夏曾佑、蒋智由等都积极推动，举起西方"自由主义"旗帜，主张文学适应时代、反映现实，改革政治与社会，以致文坛格局形成大调整之势。

"百日维新"不仅是康有为图谋为国政社稷效力的大事件，也是梁启超走出康有为"今文经学"的拘囿、走向自我创新的导火索。所以说，梁启超自三十之后绝口不谈"伪经"，亦不甚谈"改制"；而康有为则抱残守缺，继续他保皇变法的思路，"大倡设孔教会定国教祀天配孔诸义"。师徒二人自此在思想或者说变革思路上发生了分裂。但不可否认，期间在革命、君主立宪以及开启民智问题上，梁启超一直有些举棋不定，这种状况持续多年；对于"保皇"，梁启超其实一直未曾彻底放下来，或许是"知遇之恩，不报有愧"？

　　1899年，梁启超和孙中山、杨衢云、陈少白过往甚密。在康有为去北美后，梁受到革命党游说日多，意气日盛，一度产生赞成革命的倾向，高倡自由平等学说，谋求革命党与保皇党两党合作，并多次和孙中山书信往来，言"我辈既已定交，他日共天下事必无分歧之理，弟日夜无时不焦念此事，兄但假以时日，弟必有调停之善法也"。其中所言"调停"之事当指力劝其师康有为放弃保皇，转向革命，实现两党合作，共谋报国大举。当有人将此事禀告康有为，康有为对梁启超之举大为训斥，立令其到檀香山办理保皇会事务；《清议报》登载出谭嗣同《仁学》及译述日本柴四郎的《佳人奇遇记》，内有排满论调，康有为训其不能忘记当今皇上圣明，命其毁版重印；尤其是次年发生了宫崎谋刺康有为的案子，两党合作就此终止。问题当然不仅仅这么简单。梁启超在檀香山期间与孙中山兴中会之间的诸多恩怨纠缠以致合作之事不幸流产，至于其中原委，那还是留待历史学家去破译吧，革命党人冯自由在《中华民国开国前革命史》中也有较为详备的记述，这里且"按下不表"。1900年，在给老师的信中，梁启超深深忏悔自己当初擅自与孙合作之乖谬，其中有一信这样写着："追省去年十月十一月间上先生各书，种种愆戾，无地自容，因内观自省，觉妄念秽念，充积方寸，究其极，总自不诚不敬生来。先生去年所教，真字字药石，而弟子乃一向无所领会，甚矣堕落之远也。"1901年，梁启超曾经在《清议报》发表《中国积弱溯源论》一文，反对革命，大倡勤王，遭到章太炎的批驳。双方也各自创办了很多刊物，如前者的《中国报》《民生日报》《自由新报》《华英报》等，后者的《岭海报》《新中国报》《新民丛报》《世界报》等，在要不要革命的问题上展开激烈论争。

　　话说康梁之间的裂痕既已产生，再要弥补其实是很难的，更重要的原因则是，梁启超从内心里已经偏离了"保皇立宪"的思路，即便不走向革命，他依然会探索其他道路。最终促使梁启超告别了"托古保教""君主立宪"的，是他在日本以及游历夏威夷和澳洲期间的所见所闻，尤其是他所学到的西学，让他认识到中国当时"君主立宪"的不可能，因此转向"三界革命"以图"开启民智"的思想启蒙的新路子。1902年起，梁启超屡次起而反驳康之"保教"言论，尖锐地指出：我国学界的光明，人物的伟大，兴盛于战国时期，那是思想自由的明效。自汉以来，思想束缚于孔教，不能自开生面。今天的保教者，"所爱者仍在孔子，不在真理"。这一点让我们联想到20世纪30年代蔡元培先生在为良友图书公司出版的《中国新文学大系》所作总序中的话，他认为我国周代的哲学与文学，确可以与希腊罗马相比拟。但秦始皇任用李斯，专用法家言，焚书坑儒；汉代武帝又以董仲舒"推明孔氏，抑黜百家"；迄于唐代，国子祭酒孔颖达与诸儒撰五经正义于天下，每年明经以此考试，经学的势力，随"利禄之途"而发达，真可以压倒一切了；而近代康有为所云云的"大同义"而附以近代人文主义的新义，虽在当时确为佼佼者，然终以迁就时人思想的缘故，戴着"尊孔保皇"的假面，其结果仍归于失败。这些意见可以见出蔡元培和梁启超英雄之见略同。

康有为在少壮之年已经缔造了自己的学问顶峰，他常言："吾学三十已成，此后不复有进，亦不必求进。"这自是自知之明，亦是狂傲之语，从此他故步自封。这位引导梁启超走向学问新途的师尊，一直以来对梁启超厚爱有加，对于学生的"背叛"之痛心疾首可想而知。但保守性与进取性常交于胸中的梁启超，与其师之"太有成见"恰恰相反，他常常"不惜以今日之我，难昔日之我"，与康氏走向殊途简直是必然的。"吾爱真理"与"吾爱吾师"并行不悖的梁启超终生对康有为以师侍之，只要老师提出什么要求，他总是尽量满足，并由此在新文化运动中被"新青年"指认为"保皇党"。反过来，终其一生，梁启超也都是康有为最为欣赏和钟爱的弟子。我们说没有康有为就没有梁启超，这话也并非耸人听闻之奇谈。

## 《夏威夷游记》

1899年12月19日，接到康有为要求其到美国办理保国会消息的梁启超从日本东京出发前往美国，于12月31日到达檀香山。航行太平洋过程中的生活以及初到檀香山的情形，梁启超在《夏威夷游记》中有详细记载。

在整个行程中，梁启超诗兴大作，常常难以自抑。世人有戒毒的、戒酒的、戒烟的、戒色的……但梁启超竟然想到"戒诗"了，他写下了准备戒诗的一段话：

诗兴既发，每日辄思为之，至此日共成三十余首。余生平爱根最盛，嗜欲最多，每一有所染，辄沉溺之，无论美事恶事皆然，此余爱性最短处也。即如诗之为道，于性最不近，生平未尝一染，然数日来忽醉梦于其中，废百事以为之，自观殊觉可笑也。禹饮仪狄之酒而甘之，遂疏仪狄，吾于今乃始知鹦鹉名士之兴趣，不及今悬崖勒马，恐遂堕入彼群中矣。乃发愿戒诗，并录其数日来所作者为息壤焉。[①]

"戒诗"当然也只是一时之念罢了，后来在1901年游历澳洲半年，梁启超还作有不少诗作，如《铁血》一首、《留别澳洲诸同志》六首、《澳洲归舟杂兴》四首。直到晚年，作诗依然是其一大爱好，有时书于扇面寄给在国外的子女，有时附于书信寄赠友朋。而且因其旁骛实在太多，诗作也终究不工，这是他自己一向甚为遗憾的。梁启超是一个性情中人，也是个善于自我解剖、自我批评的人，他常常反省自己的言行举止，直到晚年还奉行"朝闻道，夕死可矣"的箴言，对于"玩物丧志"的警惕贯穿了他一生。即便如此，毕竟"江山易改，本性难移"，梁启超虽然要戒绝嗜好，但其一生就是在这种"爱根最盛，嗜欲最多"的个性驱遣下不断求进、不断创造的，他不是一个能够安于现状、安居乐业、安享清福的人，那种为国奔走的闯劲夹带着出人头地的欲望催逼着他前行，同时也不断沉沉浮浮、起起落落，连带着亲人友朋也遭受无数折腾。在这些诗作中，有一首长诗《二十世纪太平洋歌》，开首便是"亚洲大陆有一士，自名任公其姓梁。尽瘁国事不得志，断发胡服走扶桑。扶桑之居读书尚友既一载，耳目神气颇发黄……"，从中可以见出梁启超自信、乐观、进取的意志，"任公"这一大号也自此传扬开来。也是从这一年开始，梁启超开始著《饮冰室自由书》，"以自验其学问之进退，气力之消长"，如收入其中的《论成败》《英雄与时势》《放弃自由之罪》《国权与民权》《破坏主

① 丁文江、赵丰田：《梁启超年谱长编》，上海人民出版社1983年版，第190页。

义》等系列文章。这是梁启超第一次用"饮冰室"这个名号。"饮冰"一词来源于《庄子·人间世》。《人间世》里有这样一句话："今吾朝受命而夕饮冰，我其内热欤"，可能是为了表达自己对国家社稷的忧虑焦灼之情无法消泯，唯有"饮冰"方能得解之意吧。

至于梁为何离日赴美却滞留檀香山，中外有不少评说。无论如何，在梁启超的一生中，美国夏威夷这个地方举足轻重，这里是其"脑筋为之一转"后，大张思想启蒙和文化革新运动的一个重要里程碑。这或许是深思熟虑的结果，或许也有康有为斥责的刺激，所谓物极必反；甚或说，无论他如何尊重自己的老师，他思想上的最终转向甚至也不是能以自己的意志为转移的事情。

就在这一期间，中国大陆又发生了八国联军入侵北京、义和团运动在北方盛起的事情。

## "三界革命"，开启民智

在《夏威夷游记》中，热血热肠、侠肝义胆的梁启超发出这样有力的呐喊："欧洲之真精神、真思想，尚且未输入中国，况于诗界乎？此故不足怪也。吾虽不能诗，惟将竭力输入欧洲之精神思想，以供来者之诗料乎？要之：支那非有'诗界革命'，则诗运殆将绝。虽然诗运无绝之时也，今日者革命之机渐熟，而哥伦布、玛赛郎之出世，必不远矣。"在此，"诗界革命"这一概念首次提出。应该说，在"诗界革命"口号正式提出之前，主张"新思想、新意境、新语句"的诗歌革新运动已小有声势，黄遵宪、夏曾佑、谭嗣同等人似乎在这方面已率先迈出了一步。然而，在有着世界性文学视野的梁启超看来，在诗歌革新上借鉴西方真正做得好、有资格成为"诗界革命"代表的并非维新诗派。中国可谓"诗国"，自古以来在文人骚客心中诗歌占有重要的地位，主要的诗歌传统是追求内涵美与形式美的统一。革新诗在创作理念上偏向于扩大诗歌信息量，便于读者认知世界，有助于启蒙的开展，这种认知因素的增强导致诗歌体式的现代演化。新派诗的显著特征之一是追求表意的准确性，即要求诗歌在表现艺术中加大再现成分，多叙事体，多长诗，鼓励以散文句式入诗，这些都使得诗歌创作体现出尚真求实的文学观念。梁启超在《饮冰室诗话》中认为："至于今日，而诗、词、曲三者皆成为陈设之古玩，而辞章家真社会之虱矣。"诗的价值不在娱人或自娱，即"诗不可玩"，遂用于社会改良，形式美让位于认知教化，情韵美让位于尚真求实，愉悦性让位于艺术感染力和思想冲击力。相对于自己的师辈和友朋，梁启超能够立于新的历史进境之中，实现对社会激变期各种观念意识高屋建瓴的整合，例如他对"进化论"观念的吸纳以及将进化之理引向民族痼疾之根本处，以及他对传统文化的积累表示的明确的批判态度等，这些都使得他最终成为时代的持牛耳者。

"文界革命"的旗帜也是梁启超在《夏威夷游记》中率先打出的。王韬创新的报章政论体实为"文界革命"之先声，而梁启超以思想家兼政治家的角色所开创的报章体更体现出内容理性化的倾向，成为当时"新文体"之典范。梁启超著文立说"乙乙蚕吐丝，汩汩蜡泫泪"，不为"传世"只求"觉世"。在《清议报》《新民丛报》等报刊上，梁启超倡导"平易畅达"的报章体，视野开阔，思路明晰，文笔洗练，富有学术性和思想性；内容既广博又切实，传达的信息量空前丰富与准确；在形式上，他用"俗语文体"来写"欧西之思"，传播新思想、新观念，"写"与"思"达成了一致，以其卓异的魅力获得众多读者的青睐。基于对历史进化的坚信，梁启超满怀激情撰写了《少年中国说》，这是我们在中学的课本上常常学到的传世佳制。在将"老大帝国"与"少年中国"进行对比之后，梁启超竭力鼓吹"少年中国说"：

少年智则国智，少年富则国富，少年强则国强，少年独立则国独立，少年自由则国自由，少年进步则国进步，少年胜于欧洲，则国胜于欧洲，少年雄于地球，则国雄于地球。红日初升，其道大光；河出伏流，一泻汪洋；潜龙腾渊，鳞爪飞扬；乳虎啸谷，百兽震惶；鹰隼试翼，风尘吸张；奇花初胎，矞矞皇皇；干将发硎，有作其芒；天戴其苍，地履其黄；纵有千古，横有八荒；前途似海，来日方长。美哉，我少年中国，与天不老！壮哉，我中国少年，与国无疆！

这种笔墨酣畅、气势磅礴的文章影响巨大，"鼓荡了一支像生力军似的散文作家，将所谓恹恹无生气的桐城文坛打得个粉碎"，士林学风随之

梁启超像

逆转，一代知识分子的思想得以解禁；而且，这种新文体不避俚言俗语，使文言白话的距离比较接近，这正是白话文学运动的第一步，也即文学革命的第一步。

在"三界革命"中，"小说界革命"的声势更是振聋发聩。我们每个人的一生都难免会读到各式各样的小说，我们内心也不会把诗歌、小说、散文等谁高谁低分个三六九等，但这一共识的形成得益于"小说界革命"。"一代有一代之文学"，如果说20世纪算得上小说的世纪的话，那应该感谢晚清这一次"小说界革命"。"小说"作为一种文体古来不被中国正统文人所看重，被认为是"正人君子弗为"的"小道之学"，是所谓的"诲淫诲盗"之学。晚清知识者认识到，要以文学传播文化、实现"新民"这一目标，必须借重通俗易解、婉而多趣、便于流布的小说来发动启蒙运动，传统小说观念渐趋瓦解。"小说界革命"口号的酝酿深受日本和欧美等国政治小说的影响，梁启超指出，在欧洲各国变革之始，有识之士将政治见解寄予小说，所以"各国政界之日进，则政治小说为功最高焉"。在《新小说》创刊号上，梁启超发表了著名论文《论小说与群治之关系》，自此有了"新小说"这一称谓。《论小说与群治之关系》开篇即提出："欲新一国之民，不可不先新一国之小说。故欲新道德必新小说，欲新宗教必新小说，欲新政治必新小说，欲新风俗必新小说，欲新学艺必新小说，乃至欲新人心，欲新人格，必新小说。何以故？小说有不可思议之力支配人道故。"[1]在这里，梁启超为了使时人认同小说的价值，极言西方小说在社会变革中的作用，以提升中国小说之地位。这些振聋发聩的呼吁，使之最终成为颠覆小说世俗价值层面意义的檄文。可贵的是，梁启超在《论小说与群治之关系》一文中从小说服务于文化启蒙的工具性出发，对小说进行了某些本体论的阐释。他将

---

[1] 饮冰（梁启超）：《论小说与群治之关系》，载《新小说》第一号（1902年）。

小说的"支配人道"之力分为四种，即熏、浸、刺、提。"熏"，"久之而此小说之境界，随入其灵台而据之，成为一特别之原质之种子……巍巍焉具此威德以操纵众生者也"；"浸"，"如酒焉，作十日饮，则作百日醉"；"刺"，其力"用于顿"，"使感受者骤觉"；"前三者之力，自外而灌之使入；提之力，自内而脱之使出"。这些总结可以说是小说界革命中理论探索之前沿。梁启超不仅进行理论倡导，还亲自尝试小说翻译和创作，译有《十五小豪杰》等，其创作的《新中国未来记》虽然在文学审美价值上无甚足观，却也是当时政治小说的代表作。在梁启超之后，文艺界出现了强调小说的社会启蒙作用、反对正统文人鄙弃小说的风气，小说被视为"开启民智"别无选择的利器，小说从非常边缘的"小道之学"逐渐升迁到了崇高的"新雅"的社会价值层面，成为文坛之正宗甚至"文学之最上乘"。这些提倡最终促成了小说从文体之边缘擢升到文体中心，所以，小说界革命实为中国小说新的历史篇章的开端。

"三界革命"以进化论为内涵，相伴而生的是昂扬向上的青春朝气，并在价值观念与价值判定模式上表现出明显的颠覆性重构；其对西方"人权"与"民主"的大力提倡，及对"国民性改造"问题的高度重视，推动中国文化最终迈开了现代化的步伐。正是由于这些创辟性特征，这一阶段的文化启蒙可以视为五四文学革命之先导。这是文学"西化"追求的第一个阶段，社会文化层面上由严复译介的《天演论》八大社会名著，文学理论上由梁启超的倡导与王国维的研究，文学形式上裴廷梁等人倡导"白话文为维新之本"，文学翻译上林纾的译介以及创作上的谴责小说，他们"开启民智"和"新民"畅想的文学旋律，促使不登大雅之堂的小说成为"文体之中心"，成为改良社会之工具。其中，梁启超功莫大焉。郭沫若在《文学革命之回顾》中说："文学革命的滥觞应该追溯到满清末年资产阶级意识觉醒的时候。这个滥觞期的代表，我们当推梁任公。"

本来康有为邀约梁启超去檀香山是为了保皇会，没想到如此的"南辕北辙"，真是始料未及。历史，在这里又一次和康有为开了个玩笑，而却成就了梁启超在中国近现代思想史、文化史上的独特位置。在笔者看来，梁启超最为光彩的人生阶段，一是这一时期"三界革命"的提出并身体力行，二是在晚年抛掷政治道路在清华研究院做导师时的学术创造。

## 多少壮怀偿未了，又添遗憾到娥眉

夏威夷的意义还远远不仅是梁启超的事业福地，更是其情感上遭逢知己的"艳遇"之乡。前此谈到过梁启超有着一位他称为"闺中良友"的妻子李蕙仙，但梁有着活泼的灵魂、超凡的精力、绝顶的智慧，又海内外声名远播，惹得红颜倾慕也自是情理之中的事吧。

就在1900年游历夏威夷期间，梁启超认识了一位华侨的女儿何蕙珍。当时清廷驻美国檀香山领事馆与当地一家英文报纸合作，不断写文章攻击梁启超，无奈梁不懂英文，只好"悉听尊便"。同时，在另一家英文报纸上，却有人连载了为梁启超辩解的长文，该文文字清丽，辩说精辟，经打听，方知文章是出自何蕙珍之手。何蕙珍只有20岁，受过西方教育，钦佩和仰慕梁启超的才华，所以自动站出来声援。在以后的交往中，何向梁启超表达了纯真的爱慕之情，几位朋友也都希望梁启超和何蕙珍能够缔结连理。但梁启超曾经和谭嗣同成立过"一夫一妻世界会"，相约"不纳妾"，现在谭嗣同为变法肝脑涂地，自己又怎么能忤逆当初约定？更深层的心理因素，大概也是出于对李夫人的尊重和畏怯。梁启超以自己已经有了妻室，一再婉拒了何的追求。但毕竟，何蕙珍不仅可以作为其海外事业的得力助手，而且也是那桩"受命"式的婚姻之外真正让他动了真心、参悟了爱的魔力的女人，他无法欺骗自己的感情，为何蕙珍写下了24首《纪事诗》，表达自己的爱慕、思念和无奈，请求对方的谅解。其中有一首这样写道："颇愧年来负盛名，天涯到处有逢迎；识荆说项寻常事，第一知己总让卿"，不断地感慨自己"多少壮怀偿未了，又添遗憾到娥眉"，可见得梁启超对何女士深深的爱慕和负疚。

怀着对妻子的忠贞爱护之情，也因为梁启超在情感方面确实乃坦荡君子，1900年5月24日，他在致夫人的家书中将此事作为一桩"奇遇"禀报，并说："余归寓后，愈益思念蕙珍，由敬重之心，生出爱恋之念来，几乎不能自持。酒阑人散，终夕不能成寐，心头小鹿，忽上忽下，自顾二十八年，未有此可笑之事者。今已五更矣，提起笔详记其事，以告我所爱之蕙仙，不知蕙仙闻此将笑我乎，抑恼我乎？""吾因蕙仙得谙习官话，遂以驰骋于全国，若更因蕙珍谙习英语，将来驰骋于地球，岂非绝好之事。"他不舍得"浪用"何女士赠送他的两把扇子，于是，"今以归寄，请卿为我什袭藏之"。他谈及李蕙仙,说"中经忧患,会少离多,然而美满婚姻,百年恩爱",至于何女士,也正如她自己所言"今生不能相遇,愿期诸来生"。"卿念及此,惟当自慰,勿有一分忧郁愁思可也"。而且,他还把当地报纸《华夏新报》上报道他与何蕙珍相会之事的新闻剪裁下来一同寄出,"聊供一览"。李夫人自然内心羞恼,但毕竟当时男人纳妾还似乎是天经地义的事情,况且梁启超如果"将在外,君命有所不受",她又有何良方呢?所以索性强压怒火回复对方,意思是:自古以来,要求女子从一而终,男人完全有纳妾的自由。如若你真是喜欢何小姐,那我就禀明父亲大人,为你们说情,成全你们好了。梁启超一看当然知道冷热,一下子慌了手脚:"此事安可以禀堂上?卿必累我捱骂矣;即不捱骂,亦累老人生气。若未寄禀,请以后勿再提及可也。前信所言不过感彼诚心,余情缠绻,故为卿絮述,以一吐其胸中之结耳。以理以势论之,岂能有此妄想。吾之此身,为众人所仰望,一举一动,报章登之,街巷传之,今日所为何来?君父在忧危,家国在患难,今为公事游历,而无端牵涉儿女之事,天下之人岂能谅我?……任公血性男子,岂真太上忘情者哉。其于蕙珍,亦发乎情,止乎礼而已。"梁启超匆匆回信表明自己以国家社稷为己任,哪有工夫动儿女之情。柔丝绕人,容易丧志,对于何蕙珍,自己"发乎情,而止乎礼",决定"一言决绝,以妹事之"罢了!并一再表达对夫人的爱恋和牵念。

时处如此全球化的今日,我们也无可想象梁启超怎么能公然将自己的"艳遇"告与夫人!或许,正如他自己信中所言,何蕙珍确实有助于他在海外的事业发展,渴望夫人明察;而可能更为重要的心理诱因,是他本是山野鄙人,祖宗累代山居谷汲,现在他自己年方只不过是二十几岁,"虚名震动五洲,至于妇人女子为之动容,不可为人生非快心之事"。俗言道:男人通过征服世界征服女人,女人通过征服男人征服世界。任何男人都渴望有能够"红袖添香"的知己佳人,更何况是功成名就的梁启超?更何况梁娶了个高门大户之女,却一直在仕途和官路上并不顺遂,无法在夫人面前彻底"翻身",如今终于声名远播海内外,借此机会炫耀一下自己的地位并不鄙于夫人,也是男人一种隐曲的心理吧?

有人也根据李蕙仙信函内容(即成全之意),认为明达事理的李夫人在何蕙珍事件上是理解支持梁启超的,只是梁启超认为"革命尚未成功,

第三章 尽瘁国事不得志 断发胡服走扶桑

同志尚需努力"，不愿分心而已。梁有一首《纪事诗》这样写道："猛忆中原事可哀，苍黄天地入蒿莱；何心更作喁喁语，起趁鸡声舞一回。""大事未成"也一定是一个主要原因，包括"怕有旁人说长短"也是一因，但恐怕李夫人的态度才是决定因素，所谓"成全"大概也是"反话正说"罢了，梁启超最能够明白"闺中良友"李夫人信中要传达的真实意思。我们试想，戊戌政变的大难刚刚过去一年，这一年间李夫人受到惊吓不说，也牵累娘家遭遇变故；之后，她一个人拖家带口、将老携幼辗转到异地他乡澳门，即便在生活日用上不会太拮据，但毕竟身处异境，丈夫又远在他国，难免有多少愁怀伤绪！本来身体又一向不够健壮，甚至曾经在信中表示颓唐萎靡之语，即言他日待梁启超扬眉吐气之日，或许自己不定能看见，现在自己刚刚到了日本，一家人得以团圆，梁启超竟然又去美国远游，她又一次单枪匹马操持家庭，万般委屈无法与外人道也，她岂能忍受梁再在情感上背弃自己？即便李夫人不予准允，也真真是无可厚非了。

据说何蕙珍一直未嫁，后来又寻到梁启超，但依然被拒绝；梁启超在从檀香山返回日本后，也曾经试图说服她嫁给自己的好友、中年丧偶的麦孟华，但何小姐以自己为独身主义者而拒绝。在李夫人去世后，何蕙珍又到北京拜访，梁只在办公地接待了她，甚至没有招待一顿餐饭。其实，此时的梁启超可能更没有心情也再没有颜面重拾旧梦了吧，因为早在1903年，他就已经纳李夫人带来的陪侍小丫鬟王桂荃（即来喜）为妾了！檀香山这段故事留下了考察梁氏情感经历的雪泥鸿爪，也真是"枉被多情惹薄情"啊！

### 满目山河空念远，不如怜取眼前人

梁启超的第二夫人王桂荃一直是隐身于梁氏家族背后的小人物，但对于梁氏的生活起居、梁家的和睦温馨和儿女的学业前程来说，她却实在是一个举足轻重的大人物。

王桂荃原名来喜，1886年出生，身世悲惨，4岁时她的父亲猝死，从4岁到10岁被人转卖了4次做丫头。最后一次被卖到李端棻家，后来作为侍婢跟随李夫人到了梁家。她聪明伶俐，性格和婉，手脚勤快，又不爱多嘴饶舌、招惹是非，所以深得梁启超夫妇喜欢，"王桂荃"这个名字就是梁启超所起。王没有念过书，但由于用心好学，在日本期间也慢慢学会了读书看报，甚至可以写一些简单的信函。1903年，而立之年的梁启超在李蕙仙的准许下，纳17岁的王桂荃为妾。梁启超纳妾的原因之一，大概是李夫人身体不好，此时二人已结婚12年，但只养成了思成一个儿子，而且当时两岁的思成瘦弱伶仃，双脚内撇，总是一副让人担惊受怕的样子；还有一个原因是，按照旧规，夫人从娘家带来的陪侍丫头天经地义可以纳为妾室，夫人也不可过于小家子气。王桂荃后来给梁启超生下了8个子女，其中两个儿子夭折了，长大成人的则有思永等4个儿子、思懿等2个女儿。但可能还是当年出于"一夫一妻"的承诺，更是因为兼顾李夫人的面子，王桂荃作为梁启超的"如夫人"二十余年，梁家一直未曾公开，梁启超也尽量讳避，他在信中提到王夫人时，多称"王姑娘""王姨""来喜"；在1915年2月21日给思顺的信中，他呼之为"王姬"；直到1924年，在李蕙仙病重、王桂荃又正怀着小儿子思礼，适值临产时，梁启超在写给好友蹇季常的信中，第一次对外用了"小妾"之称。王桂荃对此也从未敢计较过什么。按照规矩，王桂荃依然要伺候梁和李的生活起居，她生养的孩子也一律称李夫人为"妈妈"，称她为"娘"；早起向父母道"晨安"，孩子们也是按照规矩依次向李夫人问候。当然，这里也有另一层原因，根据社会旧俗，小妾生养的孩子自然名分低些，不对外公布王桂荃的身份和孩子们的生母，也是对子女心理的一种保护吧。即便如此，梁家的子女除了思顺年龄大受到王桂荃的照料少些，包括思成在内的其他子女都受过王姑娘很多疼爱，也都和这个地位卑贱的"娘"特别亲近，并且也都很尊敬和爱戴她。况且李夫人又整日抱病且个性阴郁，不易沟通，正如梁启超的外孙女吴荔明的书中所写："李蕙仙婆是个较严肃的人，性情有点乖戾"，"所以家里的人，都有点怕她"[1]，所以孩子们有什么事情都愿意和王说。据梁思成的第二夫人林洙在《建筑师梁思成》中记载，梁思成曾经回忆他小时候很淘气，与生母感情不是太深，起码交流不多，有一次考试成绩落在弟弟思永后面，母亲生气之极，用鸡毛掸子捆上铁丝抽打他，思成吓得大哭，哭来了救星"娘"。王桂荃也吓坏了，她一把把梁思成搂到怀里，用身子护着他。当时李蕙仙还在气头上，根本不顾王的阻拦，鸡毛掸子一下

---

① 吴荔明：《梁启超和他的儿女们》，北京大学出版社2009年版，第19页。

下都抽在了王桂荃的身上。之后，王桂荃拉住梁思成，以其父梁启超勤奋苦读的事为例，温和地教育他，鼓励他努力读书："成龙上天，成蛇钻草，你看哪样好？不怕笨，就怕懒。人家学一遍，我学十遍。马马虎虎不刻苦读书将来一事无成。看你爹很有学问，还不停地读书。"这些朴素的语言梁思成记了一辈子，而且从那以后他再也不敢马马虎虎应付读书了。

梁思成在和林徽因认识后，常常和她谈道"娘是个很不寻常的女人"，"她是一个头脑清醒，有见地，有才能，既富有感情又十分理智的善良的人"。从梁启超的家书及吴荔明的文字中我们也了解到，其实梁启超是非常疼惜这个侧室的，如果说他在正室夫人那里难免有过压抑之感，那么在王桂荃这里他更像一个伟男人、大丈夫；从其给子女们的信中也可以看出，梁启超在生活上非常依赖王桂荃，他常常游无定踪，每到一处感到生活不便时，便要王前去照顾，甚而王有时因为照料小孩子之故不能及时随往，他也会在信中屡次告诉思顺、思成，"王姨什么什么时候就会来了"。在他因为肾脏手术在天津调养期间，更是"拿家里当医院，王姨当看护"①。2005年春，笔者曾经到济南拜访梁启超的四女儿梁思宁，她也告诉我，梁启超在情感上其实更喜欢她的母亲。1923年11月5日，梁启超在《与宝贝思顺书》中曾经写道："王姑娘近来体气大坏（因为你那两个殇弟产后缺保养），我很担心。他也是我们家庭中极重要的人物。他很能伺候我，分你们许多责任，你不妨常常多写些信给他，令他欢喜。"1929年梁启超因病逝世，和李蕙仙合葬在北京香山，把一群孩子留给了王桂荃。之后的岁月里，王桂荃一人照顾全家上下，梁家孩子们从王桂荃的身上学到了勤奋坚忍的品格。后来，梁思成、梁思永、梁思庄等哪位生养孩子甚或生灾害病，都还离不开这位"娘"。"娘"从这家到那家，从未有过一句抱怨，她把自己生活的兴趣完全寄托在照顾子孙上。如梁启超所说，王桂荃真的是梁家不可或缺的一员：在梁家由于国难而颠沛流离的岁月，王桂荃不辞辛劳，体恤他人，努力协助李夫人主持家务，共度危难；在梁氏生前身后，她始终没有名分，默默奉献，委曲求全，努力维持家庭和睦温馨；她挚爱梁家的每一个儿女，且教养有方，"一碗水端平"，无论谁有了错误，她都能以慈母之怀批评和劝勉；为了能带好孩子，照顾好任公，她学

---

① 丁文江、赵丰田：《梁启超年谱长编》，上海人民出版社1983年版，第1 159页。

会了读书、写信，她每天腾出时间督促孩子们做作业，坐在一旁听孩子们读书，为抚育梁氏后人付出了毕生心血。梁启超的子女在梁启超去世多年后，都成为栋梁之材，不仅得益于任公早年栽培教育有效，也不仅是由于他们聪慧过人，还离不开王夫人诸多言传身教的良好影响。

最终真正使得王夫人从幕后走上前台的，应该算是前边我们提到的梁思庄的女儿、北京大学的吴荔明教授。吴荔明出生于广州，当时是"婆"不远数千里去伺候她妈妈梁思庄坐月子，她从襁褓中就熟悉"婆"的气息、"婆"的疼爱；在她才一岁半时，她年纪轻轻的父亲病逝，在"婆"的支持下，她们孤儿寡母回到北京，与王桂荃以及其他兄妹团聚。作为梁启超的后裔传人，1991年，吴荔明撰长文《梁启超和他的儿女们》，初刊于《民国春秋》，这是由梁家后人第一次正式向世人披露王夫人存在的事实。此长文略略数语介绍了王夫人的生平："梁启超的第二位夫人王桂荃是四川人，一九〇三年嫁给外公，生有六个子女长大成人：三舅思永、四舅思忠、五舅思达、五姨思懿、六姨思宁、八舅思礼。"接着，吴荔明一发而不可收，她忠实于历史事实，尤其是忠实于对梁氏家族的真情实感，撰著了《梁启超和他的儿女们》一书，专为王氏写了《记忆中的温馨形象——我热爱的婆王桂荃》一章，比较细致地介绍了"婆"的一生，尤其是用温情感恩之笔细致描写了王桂荃在梁氏去世后辛苦操持一家儿女生活的细节，为我们了解梁家的家风家教提供了宝贵的文献。在记述1964年自己生儿子"婆"来探望时，她这样描述其情其境：

1964年我的儿子出生了，婆非常急迫地要看看这小重外孙，当时正值腊月，北京十分寒冷，妈妈怕婆出门着凉，好不容易才劝她到满月时来，记得那天婆还是穿着平日最爱穿的棉袍，戴着一顶黑毛线帽子，兴致勃勃地来到我家，我高兴极了，抱着儿子迎着婆大声叫道："婆！看他丑不丑？"婆熟练地抱过孩子，摸着他的一头黑发，仔细端详了孩子的脸说："不丑不丑，比你刚生下时俊多了，你那时是个小秃子。"一句话说得满堂大笑，当时我不知孩子应怎么称呼婆，婆对孩子说："祖祖来看你啦！"看到她那慈祥的表情，使我想起我一直珍藏的一张照片，婆抱着出生三天的我。婆看见我床边小桌上有一大把香蕉，立刻把它拿开说："这是凉性的水果，你现在不许吃！我知道你爱吃香蕉,过些日子我请你吃个够!"①

那时王桂荃已经年逾耄耋！我们知道,梁思庄并不是王桂荃所生,但是"娘"对她的爱却不逊于甚至超过任何自己生育的孩子,因为她是李夫人的"老生子",是任公永远的"小宝贝",而且是一个没有成家立业就失去了父母又过早失去了丈夫的梁家女儿,王桂荃自然加倍地疼爱她;对于梁思庄的"独苗"吴荔明,那更是"隔代亲"了！在"婆"的护佑下长大了的外孙女在"记忆中的温馨形象(2)"一节动情地写道:"追忆往事,婆对妈妈和我多少深沉的爱使我难以忘怀,我爱婆不仅是因为她爱我,我爱她那纯朴的气质,宽大的胸怀,勤劳的作风。"这些质朴的文字读来让人动容。

在"文化大革命"发生后,梁家子女被拆得七零八散,因为他们不是"反革命",就是"反动学术权威",无一幸免。大女儿思顺被红卫兵抄家批斗,不堪其辱,自杀身亡;梁思成被造反派们挂上"反动学术权威"的牌子斗争……作为"保皇党梁启超的老婆",王桂荃在北京西单手帕胡同买的小四合院被没收,她以八十多岁高龄被迫打扫街道,当时她还身患痔疮癌晚期,得不到医治尚罢,哪经得住如此体力和精神上的折磨,最终在一间破败的小黑屋里寂寞地辞世。这个为梁家贡献了一生的女人,以照顾家人为己命,宿命般地成了梁启超的小妾,伺候走了李夫人,又伺候走了梁启超,伺候大了一群儿女,用宽博的爱哺育了三位院士儿子,她从来不关心政治,自己在晚年却在政治运动中遭遇如此不测,令人唏嘘！

好在梁家的子女们都没有忘记"娘"带给他们的恩惠。1995年,梁家的子女经过层层申请,得以在北京香山梁启超、李蕙仙的合葬墓旁种下一棵"母亲树"——一株白皮松,并在树前立有一块卧碑,纪念这位平凡而伟大的母亲。梁家子孙在"母亲树"前的纪念碑上刻写下:

为纪念梁启超第二夫人王桂荃女士,梁氏后人今在此植白皮松一株。
王桂荃(一八八六至一九六八),四川广元人,戊戌变法失败后梁启超流亡日本时期与梁氏结为夫妻。王夫人豁达开朗,心地善良,聪慧勤

① 吴荔明:《梁启超和他的儿女们》,北京大学出版社2009年版,第26—27页。

奋，品德高尚。在民族忧患和家庭颠沛之际，协助李夫人主持家务，与梁氏共度危难。在家庭中，她毕生不辞辛劳，体恤他人，牺牲自我，默默奉献，挚爱儿女且教之有方。无论梁氏生前身后，均为抚育子女付出心血，其贡献于梁氏善教好学之家良多。梁氏子女九人（思顺、思成、思永、思忠、思庄、思达、思懿、思宁、思礼）深受其惠，影响深远，及于孙辈。缅怀音容，愿夫人精神面貌长留此园，与树同在，待到枝繁叶茂之日，后人见树，如见其人。[①]

这段文字是梁家儿女对这位在苦难中降生、在苦难中离世的母亲在天之灵最大的告慰了吧！

## "双涛园"

梁启超初到日本时，在林权助和伊藤博文的帮助下，一直住在东京牛込区马场下町，生活也比较便利，经济上也相对宽裕。不过，李蕙仙母女在家中愁闷，渴望能早日来东京、夫妻团聚。1898年9月23日，梁启超在回信中详细分析了情势，认为"卿之来，则有不方便者数事"：一是现在患难之时，如接妻子来同住，将父母兄弟抛下，不合情理；如果全家接来，开销太大且搬动不易。二是自己为国效力，而今"匈奴未灭，何以家为"；况且自己行踪不定，家属相随，多有不便。三是日土异服异言，多少不便，不如仍居于澳门倒也方便。在10月6日《与蕙仙书》中，梁启超再次谈到夫妻团聚事：在日本需要筹办的事情实在太多，无以分身，打算正二月间一定归省。"卿我之患难交，非犹寻常眷属而已。虽想思甚切，不敢涉私情也，惟望信甚急，乞即写回信，至要。"1899年2月2日的信中，则说归期稍缓，"请卿暂耐"。3月24日，则又说到横滨开办女学校，准备请康有为的夫人来担任教习，这样李蕙仙一起接来也就顺理成章了。但是"忽接先生来一书，极言美洲各埠同乡人人忠愤，相待极厚，大有可为，而金山人极仰慕我，过于先生"，他为大局计，不得不往，所以再次推迟接妻女来东京，并表示，"衣冠虽异，肝胆不移"。总之，两人相思情

---

① 吴荔明：《梁启超和他的儿女们》，北京大学出版社2009年版，第26—27页。

重，鸿雁传书，但来东京之事不得不一拖再拖。终于在1899年10月，其父梁宝瑛与李蕙仙和大女儿都到达了日本，一家人在颠沛流离之后终得以于异国团圆。

一家人在日本重聚后，原本供梁启超一人居住的房子就一下子显得有些狭小了，而且后来又有思成、思永出生，就更是拥挤了，用度上也常常是捉襟见肘。正在梁启超燃眉之急，1906年11月，一位十分敬重梁启超、倾心改革事业的华侨雪中送炭，把自己位于神户郊外须磨海滨的一幢别墅借给梁启超用。这幢别墅实际上是一所阔大的院落，位于神户郊外，名为"怡和山庄"。虽然神户没有东京对外交流便利，但地处偏僻的怡和山庄前面是浩瀚无垠的大海，后面是苍翠的山林，依山傍海，风景秀美。每当清爽宜人的晚风吹来，院前海涛拍案，宅后松涛阵阵，遒劲的松涛和哗哗的波涛两相应和，真乃幽雅别致的人间仙境。海涛与松涛相合，梁启超自然非常高兴，他美其名曰"双涛园"。在给朋友的信函中，梁启超这样写道："顷屏居神户附近八十里之一荒村，风景殊佳，日内尚拟在（此）勾留。"①梁启超在这里研讨学问，筹办报刊，创作政论，运作组建政党，不亦乐乎。在1910年的《双涛阁日记》中，梁启超极为具体地记述了他羁居海外读书生活和刻苦临池的情况，每天临池的内容、数量、进度及其体会也都有记载。可以说，"双涛园"的生活是梁启超一生最和乐最平安最舒适的时光，他曾经在1910年作《双涛园读书》六首，可见他对此园的情感。第六首生动地道出了他近年的感想和急于为国出力的心情：

回风吹海水，轩然起层澜。
吾生良有涯，忧患亦以繁。
生才为世用，岂得长自闲。
何时睹澄清，一洒民生艰。
强学可终身，羁泊非所叹。

更何况，孩子们非常喜欢这里，他们可以任情地在这个广阔天地玩耍嬉闹，读书学习，享受大自然的沐浴！梁启超在日本共有5个子女诞生，

① 丁文江、赵丰田：《梁启超年谱长编》，上海人民出版社1983年版，第369页。

即1901年出生的思成、1904年出生的思永、1907年出生的思忠、1908年出生的思庄、1912年出生的思达，其中思忠、思庄、思达都出生在这处宁静安详的世外桃源。当时梁启超家中的孩子不唯梁家子女，还有梁启超的弟弟妹妹，也有李夫人娘家等几户亲戚家的孩子，自己的一群子女加上几个亲戚家的孩子，梁启超亲昵地称他们为"双涛园群童"。"双涛园群童"从小就习惯了穿日本的和服和木屐，日本话和中国话都讲得很好。他们除了在家接受任公的教育外，稍大的孩子都到神户华侨办的同文学校学习，或者到女子师范学校学习。梁家长女、"群童"之首便是梁家大女儿思顺。十几岁的思顺当时就显现出不凡的组织领导能力，日常要担当起带携弟弟妹妹的职责，也很有权威；并且已经开始担任梁启超的私人秘书兼日语翻译。在忙碌的工作之余，梁启超会教孩子们读书，尤其是指导梁思顺写字为文。一家人围坐一起，听梁启超谈天说地，讲家乡风俗、英雄传奇、历史掌故、朋友笑话……这是他们最为幸福快乐的时光。或者带孩子们去海边游玩，踩着松软的沙滩，追逐雪白的浪花，看着天真烂漫、不知人间忧愁的儿女们飞奔狂欢的温馨景象，让梁启超常常沉醉于生活带来的无限乐趣。樱花盛开的季节，李夫人或王桂荃会带着孩子们去后山赏花，或踏着厚厚的落叶松针在松林中漫步、采菇、拍照，寂静的山林荡漾着一家人欢快的笑声。吴荔明在《梁启超和他的儿女们》中曾写道李蕙仙婆陪"群童"上山赏花的细节："婆李蕙仙虽是小脚(后来公公动员她放了足)，但她很愿带着孩子们玩耍，到小山上去看樱花，上山时并不因为这双'解放足'而落后于孩子们，一次她的裙子和绣花鞋被山上树枝挂坏了，她也不在乎，继续和大家一起上山，一点也不娇气，下山对她来说更困难，但她从不要小孩扶，她总是慢慢地自己向下走。这种倔强的性格也影响了孩子们，他们从小就不相信眼泪，尤其是男孩子们认为哭最没出息，每逢遇到困难和危险时他们都爱大声喊叫为自己壮胆鼓劲！真有点日本的武士道精神。"当梁启超在1912年结束前后跨14个年头的流亡生活，一个人率先返归故国一年后，"双涛园群童"在李蕙仙的带领下才得以集体回归。

当然，"双涛园"也时时与中国的风云变幻相联系。1911年武昌起义后梁启超由日本乘天草丸返国，抵达大连后还曾经作诗这样描述自己对"双涛园"的情感："亭亭须磨月，穆穆双涛园。地偏适我愿，栖仰费盛年。我有所爱女，晨夕依我肩。念我行役劳，送我忍汹澜。我已身许国，安所逃险遭。成毁事不期，行我心所安。天若佑中国，我行岂徒然。待我拂衣还，理我旧桃源。"

## 风云入世多，日月掷人急

　　梁启超"新民"的思想产生后，写了大量的报章体文章被广为讨论。特别是在1901年11月，《清议报》出满第一百册，当日该报馆专门举行了盛大的百号纪念庆典，在《清议报一百册祝辞并论报馆之责任及本馆之经历》一文中指出：《清议报》的特色有四点，即"倡民权""衍哲理""明朝局""厉国耻"，"一言以蔽之，广民智，振民气"，这是该刊之脉络神髓。"百号纪念"其实也是该刊的停刊仪式，梁启超于1902年2月在横滨出版《新民丛报》。梁启超精力过人，涉猎广泛，才思敏捷，著论神速，"每日属文以五千言为率"，《新民丛报》很多文章都是其一人操刀。《新民丛报》顺应时代潮流，以介绍西方新思潮、新学说为主要内容，常发表"危险激烈之论"。梁启超每有言出，大家竞相购买报纸，内地翻刻本每每达十数种，其在舆论宣传界的位置无人撼动。其中《新民说》《新民议》两篇论说文尤其影响深远。《新民说》内容分为14章，即《论新民为中国今日第一急务》《释新民之义》《就优胜劣败之理以证新民之结果而论及取法之所宜》《论公德》《论国家思想》《论进取冒险》《论权利思想》《论自由》《论自治》《论进步》《论自尊》《论合群》《论生利分利》《论毅力》等，看标题即知其围绕"新民"一个论题而纵笔广泛，旁及甚远，毫不拘牵，语言上则平易畅达，俚语、韵语、外国语任情铺衍。在创办《新民丛刊》之后的当年10月，梁启超还创办了《新小说》月刊，大量登载译介文字传播西学，更登载政治小说等进行"广民智，振民气"之宣传。《新小说》至1905年停刊，1907年《新民丛报》停刊。对于梁启超的报章新文体，我们前文也稍稍谈及时人的反响，用梁氏自己在《清末学术概论》中的话，则是"老辈则痛恨，诋为野狐。然其文条理明晰，笔锋常带情感。对于读者，别有一种魔力焉"。也就是从这一时期开始，梁启超开始关注学术问题，1901年他撰述了《中国史叙论》《卢梭学案》等，1902年撰述《论中国学术思想变迁之大势》等，1903年有《近世第一大哲康德之学说》《政治家大家伯伦知理之学说》等，不一而足。

　　1905年，清廷派五大臣出国考察宪政；1906年，清廷宣布预备立宪。

受这一"新形势"的促动，以《新民丛报》为阵地，梁启超再一次全力鼓吹君主立宪，或者说是激烈地反对种族革命，主张政治革命。就立宪与革命之事，梁启超发动的和同盟会机关刊物《民报》的论战，论争极为激烈，一直延续到1907年。在致康有为的书信中，他明确提出："今者我党与政府死战，犹是第二义；与革党死战，乃是第一义。有彼则无我，有我则无彼。"对于"战政府"与"战革党"，他在光绪三十二年十一月五日《与夫子大人书》中有自己的一套策略："然我苟非与政府死战，则亦不能收天下之望，而杀彼党之势，故战政府亦今日万不可缓之者也。"当时就有人将双方的论战言论辑录，并合刊印刷为《立宪论与革命论之激战》。其论辩文章如《论今日中国万不能行共和制之理由》《申论种族革命与政治革命之得失》《暴动与外国干涉》《中国不亡论》《现政府与革命党》等在当时影响巨大，尤其是前两篇文章，在刊出当日曾经以《中国存亡一大问题》为题合刊发行单行本，行世万册。

梁启超在研读西方还有日本立宪制度的丛书后，深深明白了现代立宪政治必须以政党为基础，只有建立强有力的政党才能在议会中获得多数席位，进而影响整个中国政局。于是，1907年他在东京成立了政闻社，会员约1 500人，多方活动为宪政做准备。在政闻社成立会上，梁启超演讲逾两个小时，说到"今朝廷下诏刻期立宪，诸君子宜欢喜踊跃"时，突然革命党人张继率二十余人闯入会场，以致当地警察局出动多人到现场调解矛盾、维持秩序。一场风波总算过去。其父郑宝瑛在《丁未十月十八日〈示宏猷书〉》中规劝道："立宪之议，似未必真，太过强逼，仍恐遭忌，盖姑听之；若与革党辩驳，似亦不必过为已甚，各行其志便是。"康有为也是苦口婆心地加勉加励，劝说梁启超要懂得"谨卫保身"："举国变法，如盲人骑瞎马，夜半临深池，汝自问安得几人意志阅历才望若汝者，而恃一夫之勇，自矜大胆，以自弃乎。"康有为进一步开导批评自己的高足，如果一个人在百万战场上轰然而死，那值得，如若是死在一个小人之手，真是轻于鸿毛，更何况现在国变未定，你如此未有戒心，那真是和自弃无异！1908年清廷公布了宪法大纲，并规定预备立宪期为9年。11月14日，光绪帝在被囚禁南海瀛台10年后终于走完了悲苦无望的人生，15日慈禧太后也随之驾崩，溥仪即位。梁多次鼓动各省谘议局请愿，要求速开国会。

如今看来，这个期间的梁启超最为他人诟病，其实也是其最为痛苦的一段人生。面对着风云激荡的时代潮流，他时时处处努力做一个时代的弄潮儿，在各种社会角色的选择中游移不定，而学术与政治的矛盾也越来越凸显出来。从他给亲朋的书信中可以看出，一方面，他非常享受"临帖读佛""心境常泰"的生活。1909年7月18日《与仲弟书》云："兄前此诸学，悉泛滥涉猎，无一专精，故终无所得，今虽不尽除好博之病，然稍稍定所归向，大约国法与生计二学，为我巢穴矣。弟云求实益，归学于我，此诚有之……弟谓学校之效，不过得文凭，此却不然。学校因功课门类甚多，可以得完全之常识，即在一学科中，吾辈所不及注意之事项，教师常能为我言之，其受益决非鲜。吾因未入学校，而犹有憾，此不可不知也。……年来贫彻骨，而为学日有常课，精神日用则日出，而心境泰然，其乐乃无极也。"[1]1909年7月24日《与仲弟书》回答梁仲策不识兄字迹时说："兄三月以来，颇效曾文正，每日必学书二纸，宜弟之不复能认吾墨迹也。"1909年2月《与佛苏吾兄书》中又说："文大率以夜间作，其日间一定之功课，则临帖一点钟，读佛经一点钟（又颇好作诗，每作必极苦吟，终不能工，此结习甚可叹也）。读日文书一点半钟，课小女一点钟，此则自去年七月初一日（从是日起每日用日记，誓持以毅力，幸至今未间断）至今未尝歇者也。心境常泰，虽屡遭拂逆，未尝以撄吾胸（弟生平遇事虽尽力，谋所以应之，然力尽而无如何者，则惟听之，若以忧伤生，弟断不肯为此愚举），精神尤充足，过于前此（湘乡言，精神愈用则愈出，此诚名言。弟体验而益信之）。"他时时需要以这些书信来为自己加油鼓劲。另一方面，他绝不可能忘怀世事，总是伺机而动，从其光、宣之交给麦孟华的信中我们可以看到他的自解：

　　自问初志本在用世，而役役于得失，已渐夷为流俗人而不自察矣。……夫雕虫小技，壮夫不为。……然则吾辈所当主者为何，必其在究当世之务，以致用于国家矣。为学日益之功，固在是，即为道日损之功，亦在是，此有所益，则彼必有所损，古人所谓内外交养，不越此涂，而辱示有根本枝叶之疑，鄙见未敢不苟同也。[2]

---

① 丁文江、赵丰田：《梁启超年谱长编》，上海人民出版社1983年版，第491页。
② 丁文江、赵丰田：《梁启超年谱长编》，上海人民出版社1983年版，第707页。

梁启超深感国人对于财政学毫无认识，认为这是"国家之大戚"。1908年，梁启超就撰著了《中国古代币材考》；1909年至1910年，梁启超在财政学方面用力甚猛，以致"废百业以著成一编，名曰《财政原论》，百余万言"。因为卷帙过于浩繁，全文刊布需要时日，所以梁"撷其要节，先刊布之，冀以为浸灌常识之一助"①。这也为他后来出任袁世凯政权的币制局总裁和段祺瑞政权的财政总长打下了基础。

1911年初春，梁启超携长女思顺与汤觉顿一起游历台湾，前后达一月之久。梁启超在乘犁户丸号登陆台湾时遭遇了一点挫折，因为台湾不允许大陆人上岸，警吏一再盘问，幸得他们来时带着日本方面的介绍书，才避免了打道回府的尴尬。梁启超在《游台湾书椟》第二信中曾经对此有所记述："舟入鸡笼，警吏来盘诘，几为所窘，幸首涂前先至东京，乞取介绍书，否则将临河而返矣。台湾乃禁止我国人上陆，其苛不让美、澳，吾居此十年，而无所知，真梦梦也。鸡笼舟次，遗老欢迎者十数；乘汽车入台北，迎于驿者又数十。遗民之恋恋于故国，乃如是耶，对此惟有增恶。"②这其实对梁启超也是一种震动，他居日十年并不知日据时代的台湾对中国人这种严苛的审核制度，让他更认识到作为一个弱国子民的悲哀。

梁启超在这一次台湾之旅中再一次诗兴大发，作诗89首，得词12首，题名为《海桑吟》。抵达台湾那天正好是思顺的生日，梁启超特别兴奋，仅仅一天就得诗10首。梁自称："真可谓玩物丧志，抑亦劳者思歌，人之情欤。……匆匆作兹游，废文课者浃月……"③这是继《夏威夷游记》之后，梁启超又一次以作诗为"玩物丧志"警醒自己不要沉溺于一时一事，应胸怀高远。

梁启超这次游历台湾的目的何尝只是携女伴友，游山玩水？其实他是带着明确的考察台湾日据10余年后的财政收入、岛民负担、农政之修、币制事业、警察行政等目的而往的。在《游台湾书椟》的第一封致某编辑部的信中，他写得非常清楚："吾兹行之动机，实缘频年居此，读其新闻杂志，咸称其治台成绩，未尝不愀然有所动于中。谓同是日月，同是山

① 丁文江、赵丰田：《梁启超年谱长编》，上海人民出版社1983年版，第536页。
② 丁文江、赵丰田：《梁启超年谱长编》，上海人民出版社1983年版，第543页。
③ 丁文江、赵丰田：《梁启超年谱长编》，上海人民出版社1983年版，第543—544页。

川，而在人之所得，乃如是也。而数年以来，又往往获交彼中一二遗老，则所闻又有异乎前，非亲见又乌乎辨之，此兹行所以益不容已也。"梁启超在此信中详细列举了所要考察的台湾状况达十条之多，都是关系重大的课题，且每一条之考察目的与结果都将用于对照中国之情形，以求参照效法。考察所得，拟出版《台湾游记》，为救亡拯急之书。其实那么多的大事项，或许最想落实的是不好在面上明讲的筹款事，据实说，乃一无所获，一筹莫展。

游台归来，梁启超和徐佛苏等人商榷联合各省谘议局代表组织大政党的事情，即6月4日成立的宪友会。

## 武昌起义与"八字方针"

1911年，清廷上谕开放党禁，清廷的内阁在千呼万唤中终于出台了，却原来是一个换汤不换药的皇族内阁！一场"伪宪政"的表演终于落下了帷幕。无论革命党还是立宪党，都不免意兴阑珊。另外就是铁路国有政策，也惹起国内立宪派的大不满。不久，群众请愿之活动骤起，川督赵尔丰以残酷的手段镇压请愿，枪杀民众，惨案令全国舆论为之哗然。这也是造成10月10日武昌起义的导火索。令清廷始料未及的是武昌起义就像星星之火，一下子点燃了全国反清的怒火，各省纷纷响应起义，宣布独立。清廷不得不下诏罪己，并谕令改组内阁，令袁世凯重组。

当时身在国外的浪游之人得知武昌起义更是欣喜若狂，就连当时已经不怎么关切国事、旅次南洋的苏曼殊听闻武昌起义的消息也兴奋不已，在给朋友的信中这位出家人写道："迩者振大汉之天声，想两君都在剑影光中，抵掌而谈。不惠远适异国，惟有神驰左右耳。""'壮士横刀看草檄，美人挟瑟请题诗。'遥知亚子此时乐也。"[①]梁启超的喜乐悲欢自然要比苏曼殊复杂得多，从他和康有为与同仁朋友的书信往还中，可以想见他们对于全局和进行方针是有所谋划的。在给徐佛苏的信中，他谈到了两年来与满族亲贵载涛、载洵的来往，期待某日"为我所用"；对于孙中山

---

① 苏曼殊：1911年12月18日《致柳亚子、马君武》、《致柳亚子》，见柳亚子编：《苏曼殊全集》（一），北新书局1928年版，1985年北京书店影印本。

的暴力革命，他再次表示了担忧和批评，他认为："秩序一破之后，无论何人莫能统一之，全国鼎沸，非数年不能戡定。今各国环伺，安容有数年之骚扰，其究也，卒归外国人享渔人之利已耳。……夫痛恨满人之心，吾辈又岂让革党？而无如此附骨之疽，骤去之而身且不保，故不能不暂借为过渡，但使立宪成功，政权全归国会，则皇帝不过坐支乾修之废物耳。国势既定，存之废之，无关大计……今兹武汉之乱，为祸为福，盖未可知。"①且不说梁启超当时怀着怎样的党派之争和宗派之意揣度孙中山，且不说梁启超的"如意算盘"等立宪成功后能否实现，也且不说我们今天如何论定辛亥革命的伟大实绩，单就渴望国泰民安之心而言，我们不得不说梁启超当年的忧惧是有一定道理的——睽之"辛亥"后到抗日战争再到1949年中华人民共和国建立前"全国鼎沸"之情状，最终的尘埃落定来得实在太晚！但是，总之，武昌一役以摧枯拉朽之事摧毁着这个旧王朝的统治，同时也是在清扫着延续了两千多年的封建专制制度的根基，自此改变了中国革命的命运，也改变了立宪派的命运。

梁启超与康有为在新的形势进逼下调整方略，制定了"和袁，慰革，逼满，服汉"的八字方针，甚或说，梁是怀着"北京秩序不破，则吾事大可为"的雄心的。梁于武昌起义一月后乘天草号返国。作为一个流亡在外的国事犯，在党禁已解的情况下回国，想象之中该"掉臂而前，更无险象"，更何况当时资政院议员大半都是自己同志。其实事情是算处不打算处来，时时处处不遂，梁启超先到大连、旅顺，然后到奉天，形势急转直下："在东时之理想及沿途所策画，大半不能行，只能临机一应"，甚至身家性命都是危险。都中"旧内阁已辞职，不管事，新内阁未成立，资政院议员遁逃过半，不能开会，亲贵互相阋，宫廷或尚有他变，日日预备蒙尘"，这个剧变连一向自信自负的梁启超也禁不住感慨"天之所废，谁能兴之"②，实在是天意难违啊，类如梁启超者亦无回天之力！最后梁启超连北京城都未得进入，极其失望地匆匆返东。

① 丁文江、赵丰田：《梁启超年谱长编》，上海人民出版社1983年版，第553页。
② 1911年9月21日《致梁思顺》，见《梁启超家书》，中国文联出版社2000年版，第20页。

◎

## 万里乾坤，不如归去

当武昌起义的炮火撼动大江南北的时候，"临危受命"的袁世凯也正在加紧构组"新内阁"。11月16日，新内阁出台。11月18日，《申报》专电发布其事，袁世凯为总理大臣，内阁二十人，有外务大臣、度支大臣、法律大臣、邮传大臣、农工商大臣、陆军大臣、海军大臣、理藩大臣、学务大臣、民政大臣等正副各两人，其中梁启超被任命为法律副大臣。梁启超得此消息，立即致屯袁世凯，称病恳辞，并建议开国民会议以解决时局。袁两次申邀梁启超回国任事，在一封信中，袁世凯用尽了私谊与外交辞令，所谓"公抱天下才，负天下望，简命既下，中外欢腾。务祈念神州之陆沉，悯生灵之涂炭，即日脂车北上，商定大计，同扶宗邦"①。清廷也两次致电，梁屡屡坚辞不就。梁启超在此时写下了《新中国建设问题》一文，拟就理论建设上贡献自己对于解决中国当前问题的意见，对于民主共和制和虚君共和制做了可行与否的诸多分析，并多方联络，希冀能以"虚君共和制"推动国内局势

---

① 丁文江、赵丰田：《梁启超年谱长编》，上海人民出版社1983年版，第563—564页。

向好处发展，但终究是纸上谈兵，难以落实。

1912年1月1日，孙中山在南京宣誓就任中华民国临时大总统，是年即中华民国元年，根据黄兴建议，中国开始改用公历。接着，在各方施压下清宣统帝宣布退位，"立宪"的路子终于不可能付诸实践了。但很遗憾，历史翻开了新的一页，却既不是革命党所期待的一页，也不是保皇党（立宪党）所期待的一页，因为辛亥革命胜利的果实最终还是由袁世凯来摘取了。孙中山的大总统之位尚未坐稳，又很快辞去总统之职，公布了《中华民国临时约法》，让位给了袁世凯。世事变幻之迅疾真可谓"迅雷不及掩耳"，苦难深重的中国人民还要在内忧外患中继续煎熬，匡世救国的英杰们依然需要不断探索中国走向独立自主、民主富强的曲折道路！

梁启超一向认为中国处于危乱之中，需要强人政治，他早就预言只有袁世凯是唯一可以替代李鸿章的硬派角色，所以在袁世凯就任大总统一职前后，梁极力参与，二人往返信电很多，就财政、政党等问题多有意见交换。在一封长函中，梁启超畅论天下大事，并毛遂自荐："今感情之时代既去，建设之大业方始，谣诼之集，当不如前，驱策之劳，略堪自贡，亦拟俟冰泮前后，一整归鞭，尽孝绵薄，以赞高深，想亦为大君子所不弃也？"并向袁推荐自己非常器重和尊重的挚友汤觉顿，"拟日间令其晋谒，代述所怀，望拓阶前盈尺之地，分至贵之日刻，俾尽其辞，不胜大幸"①。说实在话，梁启超这个弯儿转得也太陡太快了！

初夏以后，国内各政团即有合并之势，同盟会、统一共和党、国民共进会合并为国民党，共和建设讨论会则与国民协会合并为民主党。同志朋友纷纷劝说梁启超不宜再久留扶桑，速归为上。9月末，梁启超将家眷留在日本，再次"抛妇别雏"从神户起程返国。他先到达天津，在这里困守数日。10月8日《与娴儿书》中，梁写道："十五年前，仓皇去国，在此地锢闭十一日，今兹得毋亦须作一应笔耶？望归国，望了十几年，商量归国，又商量了几个月，万不料到此后，盈盈一水，咫尺千里，又经三日矣。"梁启超终于结束了漫长的浪游生活，回到了自己的母国！梁启超登岸天津后，可谓风光至极。直隶总督派人远迎，各党各派都大办欢迎会以示隆重，国民党屡次邀请其加入该党，北京大学堂派代表请求其任大学总长，

---

① 丁文江、赵丰田：《梁启超年谱长编》，上海人民出版社1983年版，第618—619页。

黎元洪即邀其鄂行。在天津勾留期间，日日是无限多的应酬，以致在这一阶段给女儿的信中，表达出对昨日宁静时光的怀念："应酬苦极，夜不得睡……遥思须磨、箕面间，菊花正肥，枫叶将赤，携酒跌宕，为乐何极，无端与人家国事，尘容俗状良自怜也。"殆到达京城，"都人士之欢迎，几于举国若狂，每日所赴集会，平均三处，来访之客，平均每日百人"，各公民会排日欢迎，"饮食无节，终虑作病"，"应酬之苦，殆绝非言语所能形容，若常常如此，真不复知有生之乐矣"，"欲稍过此即逃避出京，不然精神支持不及"，"日日自晨九时至晚十二时，未尝停口，铁石人亦受不住"。梁启超为应付各界欢迎可谓深为头痛。不管怎样形容如何"苦极"，梁启超此次归国大概是怀有"大期待"的，否则他不会"偶与人言，曾文正、李文忠入京皆住贤良寺"[①]。贤良寺，那是当年曾国藩、李鸿章做封疆大吏入京时住的地方。

在给思顺的信中，他也写道，如果真是担任大学总长倒是挺可心的一件差事，不过恐怕社会不答应，可见他对自己的"未来"事业别有向往，也常常把高层人物包括袁世凯的一些信物寄回日本家中，让父亲大人和妻子"眼见为实"。他的一家老小在其安顿后也回到国内。十四年，多么漫长的漂流岁月，多少浪迹江湖的落拓和心酸，多少壮志未酬的遗憾和痛悔，终于都在无限风光中风流云散了吧？！

### 坐待春回，终当有东风？

坐待春回，终当有东风！袁世凯对于梁启超的"归国礼"可谓极尽其能。梁1912年10月17日给思顺信曰："此次项城致敬尽礼，各界欢腾，万流辏集，前途气象至佳也。"袁月馈三千元；为其惯备京中行馆，一切花销由总统府供张；当梁启超准备入京，袁世凯即预备军警公所为行馆；当梁启超言及贤良寺事，袁即刻差人铺设。不过最终两党中人以为不应以个人资格受政府特别招待，授人以柄，所以别借一宅。后来梁启超搬至天津。1912年12月，梁启超创办的《庸言报》出版。第一号印制一万份，顷刻售罄，如若扩展，则可解决大家庭之用度，此为一喜。

---

① 丁文江、赵丰田：《梁启超年谱长编》，上海人民出版社1983年版，第653页。

其实，梁启超在回国初期，就在猜度与想象、自负与失落之中反反复复、焦虑挣扎，进不能退不甘。在开始热闹非凡的一段时间内，随着对任事的期待，梁启超对于国事人情的倦意也慢慢滋长。除了前边所述及的应酬极苦、居京则卖身于宾客外，其揣度盖有虽然欢迎甚隆，但终未见大用之原因在。在10月24日家书中，梁有言"总统处密谈一次，赴宴一次，仍虚与委蛇而已"，可见他对袁大总统已生腹诽。11月1日家信中，谈及共和、民主党合并事，"项城许助我二十万，然吾计非五十万不办，他日再与交涉"。由此可见，在两党合并上虽梁与袁意见统一，但在具体操作上裂缝依然很大。从11月3日之后各信，言及国事言辞愈来愈少，而谈及家事则越来越多，对妻子儿女的思念之情也溢于言表。在多封家书中，梁屡次谈到夫人何时归国以及到底在北京还是在天津买房子的问题，但很难确定下来，除去为了妻子儿女们读书生活近便，大概也是为了等任职尘埃落定再最终安排。11月13日，梁启超给女儿信中说："两日来为俄蒙事，都中风起水涌，内阁殆将必倒，而此难题将落于吾头上，我安能毫无预备而当此者，抵死决不肯就也。再逼我，我返东矣（今又安能返东者）。"12月16日家信中，梁启超在回国后第一次愤愤然、悻悻然，竟然破天荒地表达对社会的憎厌："……国事不可收拾，种种可愤可恨之事，日接于耳目，肠如涫汤，不能自制。……几欲东渡月余，谢绝一切，以自苏息也，大抵居此五浊恶世，惟有雍乐之家庭，庶少得退步耳。吾实厌此社会，吾常念居东之乐。"1912年12月1日，他又一次写道："现在尚未入党，尚未当国，犹且如是，斩（转）瞬旬日后，则党事遂加吾肩，明年正式国会成立时，苟吾党占多数，欲不组织内阁而不可得（吾现时最忧者此事，若能免此，则如释重负矣，然安可能者？）。""如释重负"者，这是梁启超真正的内心话吗？进退之间，他内心矛盾重重，也忧患重重。在1912年12月5日给思顺的信中，他说如果自己一年内可以不组织内阁，极其希望带着女儿遍游各省，那自然是认为由自己组阁的希望很大，恐怕是推也推不掉。这些良好的自我感觉也造成他后来心理上的极大落差。1913年2月5日，他跟女儿说："吾或自起为议员，因本党议员无可以当议长之资格（任此可免组织政府之厄）。"2月24日，梁正式入共和党，当天他在给长女梁思顺的信中说："吾顷为事势所迫，今日已正式加入共和党，此后真躬临前敌也。计议员以二百八十八人为半数，吾党顷得二百五十人，民主党约三十人，统一党约五十人，其余则国民党也。三党提携已决，总算多数，惟吾断不欲组织第一次内阁，或推西林亦未定耳。借款各路俱绝，政局危险不可言状，此时投身其中，自谋实拙，惟终不能袖手奈何？"他或许真正认为"天将降大任于斯人也"，但不料只是一厢情愿和自作多情罢了！5月29日，统一、共和、民主党三党合并为进步党。袁世凯出资让梁启超组织大党，民主党自称其纲领为普及政治教育、拥宪法、护自由等，但真实原因乃因唯有大党可以抗衡国民党，其实际目的还在于由民主党组阁。梁启超挑此重任，内心里还是以为袁世凯最终会让自己组阁。

7月31日，熊希龄被任命为国务总理，梁启超为这一熊氏"人才内阁"司法总长。这大概并非梁启超期待的宏图伟业，又一场空欢喜！不过，公正地说，当时对于立宪派是否能组阁，国内舆论纷纷，梁启超面对此情也确实有一份超然于外之心，熊希龄的内阁总理也是在其极力劝说下才接任的。10月份，梁启超拟就的《政府大政方针宣言书》由国会通过，国会选举袁世凯任大总统，黎元洪为副总统，国民党被解散，社会舆论一致归罪于梁启超。解散国民党实乃解散国会的先声，唇亡齿寒，进步党焉能自保？可惜到此时，梁启超依然在政治上患着"幼稚病"！康有为起初曾经贻书相劝自己的爱徒不要入袁世凯内阁，梁启超说先生"不惟不知项城，亦不知启超"，康戏撰一联示之："既不知袁世凯，复不知梁启超，无知人之明，先生休矣。一败绩于戊戌，再败绩于辛亥，举大事不成，中国骀哉。"不幸此事真被康有为言中！在政治上，或许梁启超宁愿相信人，宁愿把一切往好的方面看，"择其善者"而助之，他愿意在困难与挑战中直起奋斗。这种合作的态度对于建设新局面应该是值得肯定的，可惜的是他选错了"善者"，时代也没有预备下那样一个"局面"。

1914年1月，政府宣布停止两院议员职务；2月，梁启超被任命为币制局总裁，准其辞去司法总长职；5月又被选为参政院参政员。同人非常为其未来出处担心，纷纷劝其从速自拔，甚至以"辱在同门"等言辞相激。直到此时，梁虽然对于政府且对于中国极为失望，但还是希望在力所能及的范围内有所展布，但毕竟币制局总裁的所有计划一筹莫展，最终还是落一个辞职罢了！第一次世界大战已经在欧洲打响了，梁启超假馆清华园，著述《欧洲战役史论》。在完成著述之后，梁启超曾赋诗一首示清华师生，每一句每一字似乎都含着对政治生涯的痛悔、无力和弃绝之意，也饱含了对著书立说的自由生活的深深向往：

> 在昔吾居夷，希于尘客接。箱根山一月，归装稿盈箧。
> 虽匪周世用，乃实与心惬。如何归乎来，两载投牢筴。
> 愧俸每颡泚，畏讥动魂慑。冗材惮享牺，遐想醒梦蝶。
> 推理悟今吾，乘愿理夙业。……

1915年《大中华》月刊创办，梁启超被聘为总撰述，他避地天津，从事著述。此间生死契友兼师学同门麦孟华的死讯传来，梁启超悲不能自抑，痛呼："痛哉痛哉！国乃如此，久生何乐，死者故自能解脱耳。独怪天既生此才，何以待之必如此残酷，真宰安在？吾欲作天问也！"①并写下数首悼亡诗。

五浊恶世，人事相厄，天不假缘，伤国事，悲友逝，质天天不应，问地地不语，长歌当哭，痛何如哉！

### 长恨此生非我有，何时忘却营营？

在1915年年初，袁世凯即开始酝酿发起其帝制运动。虽然梁启超以前曾经极力为帝制奔走，但时过境迁，他明白，当今天下已断断不可恢复帝制！抱着满腔忧患，也算得是对曾经"特别关照"过自己的主上的一份赤诚，他在返粤为父亲祝寿之前给袁氏写下了一封长长的劝说信，从各个方面陈情利害，劝其悬崖勒马。他说，自己本不该再因国体问题更为谏阻，但静观大局，默察前途，感到危机在眼，后患逼仄，让人不寒而栗，不敢不进言。以往虽然纠葛如缠绕的麻绳般纠结不清，但无论是友邦责言还是党人构难，都还尚可维防，但唯有重新改变国体一事若真实行，其后患当防不胜防。可惜您大总统四年来为国尽瘁之本怀，也永远无法再昭告大白于天下；自此天下信仰堕落，国本动摇。芹曝之献，如大总统伏唯采纳，当是启超万幸。……如此等等，梁启超推心置腹，晓之以理，拳拳寸心，其旨可敬，其情可感！无奈，梁启超又被任命为宪法起草委员，一番内心

① 丁文江、赵丰田：《梁启超年谱长编》，上海人民出版社1983年版，第705页。

衷曲终无法排遣，在友朋的一片非议中，梁启超作《宪法起草问题答客难》，明确指出自己是做"中华民国宪法草案"，所以不应该弃之不理。但梁以友情劝说袁世凯无效，杨度、严复、刘师培等已开始大规模发起策划帝制活动。如果说梁启超与袁世凯由戊戌变法造成的怨隙自梁回国后已慢慢得以修补，这次因国体而生的矛盾却如箭在弦上，不得不发了，梁启超发表了著名的《异哉所谓国体问题者》，开始公然攻击帝制，试图阻止其施行。在这篇论文发表前，袁世凯曾使人巨金贿请勿为发表，但梁根本不为所动。发表后，袁氏的爪牙处处意图架陷梁氏，这自然也是意料之中的事了。这一次，梁启超的转弯又是转得如此陡然！

　　梁启超在11月、12月间和蔡锷相继南下抵沪，准备策划西南各省反袁举义。蔡锷，原名艮寅，字松坡，1882年12月18日出生于湖南省宝庆府武冈州山门镇（今洞口县山门镇）一个贫寒农家，幼年在私塾读书，1898年考入长沙时务学堂，师从梁启超和谭嗣同，并接受了维新变法思想。后入上海南洋公学（后更名为"国立交通大学"，即现在上海交大和西安交大的前身）。1899年，蔡赴日本，就读于东京大同高等学校、横滨东亚商业学校。1900年回国参加自立军起义，失败后改名"锷"，立志"流血救民"。1911年初调云南，任新军第十九镇第三十七协协统；10月30日与李根源等人在昆明领导新军响应武昌起义，且被推为临时革命总司令。1915年袁世凯称帝，反袁之声已风起云涌，大江南北讨袁之势滔滔，孙中山与黄兴携手共行大事，联合阵线初定，近代史上著名的护国战争爆发了。梁启超极力鼓动学生蔡锷举起讨袁护国的旗帜，他指陈方略，蔡任护国军第一军总司令。在秘密南下之前为掩人耳目，梁启超曾上书袁世凯称要赴美养疴，随后辗转香港、澳门、广西潜回国内，游说各地起义，然后又孑然一身经越南再抵广西。期间他也曾准备到日本寻求支持，也策划过入滇入蜀，但实在重重艰难险阻，难以成行。在其《从军日记》中，也曾经记述其一路苦辛，在山陬之中，有时竟风餐露宿，不但无烟，甚而无食无水，饥渴难耐，更加上居处肮脏不堪，蚊虫叮咬甚猛，以致体无完肤，再有热病加身，甚至有时觉得自己将客死异乡，这对于已经过惯了神户以及京津优裕生活的梁启超而言，真是终生未曾经历过的狼狈，实在不能不称为大苦，但一向意志坚强的梁启超也颇能自寻其乐，曾经烟不离口的他给女儿说，如果在无烟可抽的情况下竟乘此戒掉烟卷，也未尝不是一妙事。甚至在这期间，梁启超也不辍笔耕，不但写作《从军日记》，还著有《国民浅训》达两万言之长。他告诉女儿，一旦这次推翻帝制成功，他终将告别尔虞我诈、魑魅魍魉的肮脏政坛，重返笔耕生活，享受天伦之乐。

随着南方各省反袁独立成燎原之势，袁世凯大势已去。在广西独立之前，梁启超起草《广西致北京最后通牒电》，指责袁世凯强行实行帝制，以致民怨沸腾，干戈斯起，兵连祸结，国命未来，不知所届。这一切都应由"盗国""殃民""失政犯宪"之袁世凯负责，袁应自行下野，以向天下人谢罪。面对无以收拾的乱局，袁世凯不得不宣布撤销帝制，其实也是一招撤帝保位的策略，即作为缓兵之计，慢慢抚慰独立各省重新取消独立，"共图善后"。梁启超这一次对于袁世凯之反复无常终究保持清醒，要"痛打落水狗"，他利用其锋利之笔刀进一步揭露袁世凯之阴谋，向独立各省军民晓陈大义，并在1916年5月4日发表《岑春煊、梁启超论袁世凯不可再任大总统的通电》，反对背叛民国的袁氏再当总统，指出只有袁氏早退才是避免外人干涉的唯一出路，鼓动各地进一步发布逼袁退位的通电。真不愧是多年来执掌舆论界之牛耳的"舆论骄子"，梁启超不遗余力的鼓动宣传导致袁世凯惶恐不安，他利用各种方法途径企图软化收买梁启超，但梁始终坚持逼袁退位立场。当然，国内也有一派力争保袁继位，他们认为在当下中国也只有袁世凯这一大人物能够统领全国之乱局，两派论战激烈。当年也曾经以袁为解救中国之大人物的梁启超对此时此般议论甚感荒谬，他指出：袁世凯确实不失为一大人物，但也只能说是中世纪黑暗时代东方之怪魔人物，绝非十九、二十世纪有价值之人物。他善于制造浑浊腐败之空气，且自己能在这种恶浊中畅游，却不以国家社会为本位，舞文弄权，罔利营私，用人疑人，鱼肉善良，这是其独擅之绝技，这种祸乱"种子"多统治中国一天，中国之祸乱程度则增深一日。只有推倒袁世凯政权，才能使中国人重新树立信念，治理好自己的国家。可以说，梁启超从历史、现实以及袁氏之为人处事之作风等各个方面层层剖析，以打消时人对袁氏尚存之幻想。为了进一步协调各省起义力量，梁启超首倡建立军务院，他认为这种对外对内联合之机关，若以政治命名，恐未起义之各省会疑其组织政府，或有垄断政治之意，所以设名为军务院会少些窒碍。在设置军务院的过程中，梁启超可谓不遗余力，亲自起草了护国军政府第一至第五号宣言以及第一、二、六号布告等，在理论宣传上为军务院做好准备，并希望遵照《临时约法》，即大总统缺位、副总统继任之条文，由黎元洪依法继任。黎元洪乃武昌起义之功臣，但是他又不完全是革命党。军务院组织非常完备，为推动护国战争进一步发展起到了重要作用。

5月份，孙中山的第二次讨袁宣言亦发表，表明自己对袁氏本人并无私怨，但袁违反约法，则只能与国民一起共弃之，推翻袁世凯专制统治，共同谋划重建民国。黄兴也在海外发表痛骂袁世凯之檄文，拥护孙中山的第二次讨袁宣言。在受袁氏委派从中斡旋的冯国璋的极力运作下，1916年5月18日至30日，未独立各省首脑被召集在南京召开会议，袁世凯试图利用这次会议诱使未独立各省镇压护国军。和袁氏同样狡猾的冯国璋表面上和袁世凯虚与委蛇，暗地里却策划逼迫袁退位，自己取而代之。做了83天窝囊皇帝的袁世凯最终在众叛亲离、四面楚歌中忧愤交集，1916年6月6日气急暴死！护国战争取得阶段性胜利。在冯国璋、段祺瑞、黎元洪等各派的激烈斗争下，按照《临时约法》规定，以孙中山为代表的民主共和派力主黎元洪继任了大总统。梁启超、黄兴等则致电黎元洪，希望其尽快废除袁氏1914年5月颁布的《新约法》，恢复民国肇造之初之《临时约法》，速集国会。接着军务院被撤废，中华革命军改编，这标志着护国战争的结束，同时也使得刚刚重造的民国再现空洞。

民国安在？

在整个战争之中，梁启超运筹帷幄，从战略战术、财政运作、宣传号召、对外方针等各个层面做出安排，以蔡锷为首的云南义军更是多方依赖梁之决策。孙中山曾经对梁启超等"诚意拥护共和"者在护国战争中的贡献给予客观评价。当然，对于梁启超最终反袁，无论时人还是当下也都有不同的看法，有人认为天底下没有人比梁启超更为希望恢复帝制，只不过他认为现在条件不成熟，袁世凯还不能黄袍加身而已；也有人认为梁启超看到全国反对袁世凯称帝之声骤起，善变的梁启超公开声明自己的反袁立场，只不过是又一场政治投机，妄图在西南形成左右运动的力量，搞一个进步党的独立王国；也有人认为梁启超已经改变了帝制立场，他是真正认识到了历史大潮之不可违，是真心实意希望袁世凯不要倒行逆施；还有人认为正是梁启超对西南运动的参与，妨碍了护国战争最终取得圆满成果，对于整个革命来说，梁启超不仅并非有功之人，倒是一破坏分子……评价或有意拔高，或痛加贬抑，可谓五花八门。但不管怎么说，无论梁启超是高唱暴力革命，还是主张君主立宪；无论是主张民主共和，还是力主渐进改革，他始终有三点没变：一是他怀着民主宪政的思想，对于中国永远抱着一份难以舍弃的赤子之情，渴望通过献身于政治运动，以救中国于危亡；二是梁启超始终怀抱一种渴望强人明主掌控时局的信念，以免中国因暴力革命陷入更大的新的混乱；三是在政治与学术之间，梁启超始终是脚踩两只船，都有难以割舍之情，因此在政治上最热闹之时，也是其灵魂最痛苦之时，他几乎一生都在这种煎熬间挣扎，但又常常是一腔热血，空撒云天！真乃是"长恨此生非我有，何时忘却营营？"

要知道，就是在这个年头，在东方都市上海，陈独秀创办的《青年杂志》（后改名《新青年》）已经创刊，新文化运动之星星之火开始点燃。"长江后浪推前浪"，晚清到民国初年这一代人，很快就会被他们的后来者——新文化运动一代"新青年"目为被历史车轮甩下的落伍者、保守派，虽然，后来者是由他们的前辈启蒙的，是站在前辈的肩膀上开眼看世界的！这或许也是历史的定律吧。

### 田园将芜胡不归？

就在梁启超正间道入桂时，梁父梁宝瑛在三月病殁于香港。梁父临终前知道儿子正为国体事奔走，不允告之。亲友们因梁在军中，责任重大，也未将此消息告之。直到1916年5月30日，梁启超才惊闻噩耗，悲伤不已，他作《闻讣辞职书》和《哀启》各一篇，随之，在孝道上绝对尊重传统习俗的梁启超写下《至岑都司令并转各都督各司令电》，请示解除自己担任的所有抚军、都参谋、政务委员长等职，居丧在家。在他看来，正是这些"名义所误"，陷自己于万劫莫赎之罪。梁启超更在后来的《国体战争躬历谈》中抱怨自己："此行无丝毫补益于国，而徒以此不能尽人子之职，吾之罪永劫莫赎也。"

护国一役后，黎元洪致电邀请梁启超入京，就任政府秘书长，梁启超婉辞。后黎大总统数次电召，有一封书信言辞极为恭敬，且文辞并茂，斟酌有度，俯仰无失，实乃一篇妙文。现录如下，可见当时情形之一斑：

自违麈教，裘葛载更。岭树江山，迢迢千里，岁鳞鸿多便，邮电常

通，而仰止之怀，未足罄其万一也。徐君佛苏到京，询悉素履安和，旅祺
清适，欣慰不可言喻。国家多变，祸变相寻，赖执事奔走提倡之功，于夫
调护斡旋之力，幸得有剥而复，转危为安。元洪不才，亦获随诸君子后，
共荷巨艰，凡百措施，均资指导，嘉猷伟略，薄海同钦，此固民国无疆之
休，非仅私幸已也。现在国会在开，人心粗定，而茫茫前路，来日大难，
一切建设问题，非得闳才卓识，如执事者，从容坐论，随事谘商，长夜冥
行，其何能淑。前曾奉上一电，敬迓高轩，适执事俨然在忧服之中，哀毁
已甚，未便固请，然引伫足音，寸阴若岁，自夏徂秋，虚席以待者，亦既
三阅月矣。屈指读札之期，行满百日，为国夺情，万民所望，睹此危局，
宁忍恝然，伏乞台从北来，克日命驾，慰我饥渴，示我同行。遥望江天，
九顿以请，幸毋退弃，鉴此微忱。[1]

　　此间同人均不以北行为然，梁启超也赞同此意。对于政坛沉浮的倦
怠、对于学海无涯的眷念，深深折磨着这位素怀鸿鹄之志的人物。在1916
年7月份，他多次和同党蹇季常论及进步党闭门避地是否能得实行，"出
处"还是难以确定。8月以后，梁启超多次在给亲朋书信中谈到自己将做
一"在野政治家"。在他看来，在野政治家万不可少，对于政府之施政或
为相当应援补助，或为相当监督匡救，或能从事一二教育事业，以此缉熙
光明，也算是在野政治家的一份责任，如孔子所谓"是亦为政也"。11月
间，与思顺谈起女婿周希哲的职务问题，他说"做官实易损人格，易习于
懒惰与巧滑，终非安身立命之所"。

　　真是天有不测风云，人有旦夕祸福！1916年11月8日，追随支持梁启超
多年、深得梁氏挚爱并被其称为"吾弟"的蔡锷将军以肺疾卒于日本福冈
医院。尚未从父亲逝世悲痛中恢复过来的梁启超闻此噩耗伤悼异常，率同
旅沪人士举行了公祭，又同仲弟仲策举行私祭。想到自己的朋辈麦孟华、
汤觉顿等万夫之杰皆未四十而摧折于中途，而今又失爱生松坡，梁启超更
是悲痛难禁，呼天抢地，大放悲声："嗟夫嗟夫，天不欲使余复有所建
树，曷为降罚不于吾躬而于吾徒。况乃蓼莪罔极，脊令毕逋，血随泪尽，

① 黎元洪：《致任公先生书》，见丁文江、赵丰田编：《梁启超年谱长编》，上海人民出版
社1983年版，第790页。

魂共岁徂，吾松坡乎！吾松坡乎！汝何忍自洁而不我俱。"①除了《祭蔡松坡文》外，梁启超还作有《邵阳蔡公略传》。蔡松坡的去世确实对梁启超是沉重的打击，不唯失去了一位爱徒，亦是失去一位知己，更是一位事业上的得力助手。12月，梁启超更发起创办"松坡图书馆"，至1923年11月4日始建成，其以后之运作也多赖梁氏筹措支撑。

人生变故促使梁启超在心理上对于仕途忧患更生厌倦，但随之宪法问题、对德外交问题、内阁问题、张勋复辟问题又接踵而至，这让难以放下匡世救弊之怀的梁启超又一次次被卷入旋涡，从中尽力调停。在对德、奥宣战上，梁启超不遗余力，总理段祺瑞也态度坚决，在野的康有为、孙中山则通电反对，但总统和大部分国会议员不赞成。总统与总理、内阁与国会纠纷不断，结果总理被免职。1917年6月14日，总统令召安徽督军张勋入京，结果当日张勋即有强迫总统解散国会之意；更未料到，7月1日，张勋拥戴废帝宣统宣告复辟。先是辛亥革命的果实被袁世凯窃取，这次护国战争的胜利又被张勋泯灭，昊天不吊，国生孽障，梁启超愤慨不已，鲠在喉间，不得不一吐为快，立即发通电反对复辟。经过各方调度，副总统冯国璋出任大总统，段祺瑞再组内阁，梁启超于7月19日通电宣布就任财务总长。新内阁中多人与梁启超有旧谊，梁启超再次献身国政，希望能对时局有所增益，特别是渴望能够利用庚子赔款和币制借款彻底改革币制，整顿金融，可惜建设之时代还是尚未到来，梁启超此次出山也无非是再次"以身饲虎"，平白遭人非议。新政府最终在召集临时参议院的问题上引起社会不满，南方发起护法运动，孙中山被拥戴为军政府大元帅，南北对立之局面形成，南方并有北伐之消息。梁启超斡旋两方，困难重重！

1917年11月，短命的段祺瑞内阁集体请辞，梁启超连带引辞，两次上书乞请总统恩准。在国会选举中，梁启超的进步党也再次落败。一介书生，20年党锢，45岁壮年，即便如何雄才大略，志向如何切于挽时、激扬民心，但终究报国无门！呜呼哀哉！

① 《祭蔡松坡文》，《合集·文集》之四十四（上）第10页，见丁文江、赵丰田编：《梁启超年谱长编》，上海人民出版社1983年版，第800页。

## 欧游心影

梁启超游记封面

就在1917年年尾，梁启超对国事已经甚为悲观。他虽然仍不能忘情于政治，但已颇用心于治碑刻之学。到1918年年初，梁又有发起松社的计划，且创作金石跋、书跋、书籍跋甚多。梁启超之所以不能忘怀政治，一是天性使然，活泼好动，感情丰富，爱好发言，责任感强；二是儒生伦理，"居庙堂之高则忧其民，处江湖之远则忧其君"，真乃"进亦忧，退亦忧"。不过在著书立说间，他能获得更大的满足和喜乐。在春初，他开始写作《中国通史》，常常通宵达旦，废寝忘食，不知疲倦，几个月间竟成十多万字。时不我待的感觉一直催逼着梁启超，所以他的晚年常常都是在这种紧迫心理下拼了老命从事著述，也因此受了太多病苦。在1918年8、9月间，他更因为专心学问过于劳累，患胸膜炎吐血。

而这一年梁启超更重要的事情则是到达欧洲游历，并参加第一次世界大战之后西方重定世界的"巴黎和会"。虽然在辞职后梁启超避地析津，但他还在关注着国家命运。当时第一次世界大战接近尾声，因为中国曾经对德、奥宣战，也算战胜国之一。梁启超毕竟是见过大世面的，是有远见的，他当初竭力主张对德、奥宣战，个人倒是受了不少非议，但从后来发生的事情来看他的主张绝对是正确的。虽然在巴黎和会上作为战胜国的中国依然没有得到什么利益，连自己的青岛也未能收回，但是如果没有1917年8月14日的宣战案，中国就不可能有机会参加1919年1月举行的"巴黎和会"，也就不会有"巴黎和会"上作为战胜国之一的中国为自己的利益据理力争的机会，国内更不会那么早得知山东问题的处理消息，或许也不会引爆五四运动，也可能就不会有1921年华盛顿会议上山东问题的最终解决。总之，历史常常是无数偶然中的必然，回首一看其间一环又一环环环相扣的细节让人不禁甚感震撼！怎么处理战后问题，是"和会"前各国关注的焦点。虽然北洋政府亦派代表团准备参加"巴黎和会"，但梁启超不相信北洋政客能为中国在会议上争得更多利益。1918年12月，梁启超等酝酿一年的欧洲之行终于揭开了序幕，这次出游，一则是为了看看世界，开阔眼界，考察欧洲文化、教育，例如大学情况，特别是考察第一次世界大战后欧洲战场以及战后精神上物质上状况；二则是为了兼顾中国在"和会"上的权益问题，作为一个在国际上有一定声望的中国人，梁启超渴望能够到那里造些舆论，敲敲边鼓。12月23日，梁启超偕同蒋百里、刘子楷、丁文江、张君劢、徐振飞、杨鼎甫等一行七人从北京出发，28日由上海搭乘日本横滨号轮船正式放洋。这里要补充一个细节，那就是26日晚上在南京，一行人和张謇、张东荪、黄溯初谈了一个通宵，他着着实实将以前迷梦的政治活动忏悔了一番，相约以后大家多从思想上为国家尽些力量，而决然放弃政治。这场夜谈对梁启超是有震动的。

　　这次欧游时间非常漫长，从1918年12月开始，历经1919年全年，一直到1920年3月5日方回到上海。不过可以看出，其中心点或曰落脚点是巴黎，每次是从巴黎出发，再回到巴黎。在游历法国南北战场的间隙，3月中旬，梁启超从巴黎发回了听闻的关于青岛问题的消息以及自己对于政府的意见。他表明，自己除了襄助鼓吹，并不过问和会实际进行情况，但"既有所闻，不敢不告"。可见梁启超不愿引起什么误解，但是又不能不尽一个有爱国心的国人之责任。国内由张謇等发起组织的国民外交协会则请梁启超为该会会员，负责向和会呈递请愿书，以表达中国人对和会之关切。4月末，梁启超向外交协会发回一电，5月4日《申报》登出电文：

　　汪、林两总长转外交协会：对德国事，闻将以青岛直接交还，因日使力争，结果英、法为所动，吾若认此，不啻加绳自缚，请警告政府及国民严责各全权，万勿署名，以示决心。①

　　正是这份电文引起了国内全体爱国人士的极大不满，尤其是青年爱国学生对于北洋政府之无能更为痛恨，引爆了伟大的五四运动。在"巴黎和

① 丁文江、赵丰田：《梁启超年谱长编》，上海人民出版社1983年版，第880页。

会"事情上，作为中国之公民，梁启超在国际舆论上是尽了自己的力了，他所写的文章如《世界和平与中国》翻译成英法文字，在会议上散发了几千份，试图能造成良好影响；在给中国政府施压上，他也是尽了力了。他以私人资格鼓吹国事，无论结局如何，他都无愧于此，这也让那些认为他有亲日思想的谣言不攻自破。在私谊和国事上，梁启超是分得很清楚的，无论日本对他有过怎样的知遇之恩，甚至说救命之恩，那是一份珍贵的友谊，甚至他也可以借助这份交情为国家谋点福祉，但如果自己国家的主权和尊严受到对方威胁，那么，他永远是个爱国主义者。这一点让我们想到郭沫若和周作人。逃亡日本10年的郭沫若作为日本的女婿，在祖国遭受日本凌辱时，他毅然决然抛妇别雏回到祖国参加抗日事业，无论郭老后来有没有让人诟病之处，在这一点上可见其赤子之心，那是和梁启超当年的选择一样伟大的；同样在这一点上，周作人的"明哲保身"是无法和他们同日而语的，在民族大义面前，再好的个人理由都是自取其辱，是会被钉在历史的耻辱柱上的。即便梁启超已经为和会事用力费心了，但是在1919年6月9日给其弟梁仲策的信中，还是万分遗憾地写道："所最负疚者，此行于外交丝毫无补也。"在他看来，这次会议上作为战胜国的中国未能收回青岛，却被转手给了日本的原因，更多的是政府的责任，不能深责去参会的"全权代表"，因为政府在之前已经和日本有些作茧自缚的约定；但是，代表者对这次外交失败也并非毫无责任，事前事后诸多因应失当，坐视而不能补救，让人真是感到无奈。应该说，梁启超的分析是客观公正的，我们从中也能够体会得到他的痛苦。不过，梁启超通过这次游历，真的是在政治上"成熟"了，他越来越富有理智和理性，当然也越来越脱离偏执、躁狂和急功近利的思路。

欧游期间，梁启超一行除了游历欧洲各地众多著名的风景名胜，参观各处的天文台、博物馆、美术馆、图书馆等，也探访了许多历史文化遗迹如马丁·路德避难译经处，还访问了不少名人故居如卢梭故居，拜访了大量欧洲一流的学者或艺术家包括柏格森等，也受到了各国政府的关照。值得一提的是，他从上船出发伊始就努力不辍地学习法语和英语，总是悔恨自己多年岁月蹉跎，未能通一两门外语，现在只好亡羊补牢。几乎在每一封给思顺的信中，他都会"汇报"自己勤奋苦学的情况，并介绍他们几人各发挥其所懂外语之长互为老师的学习情景，例如自己的弟子丁文江就算是自己的英语教习，每当梁有些进步，"本师"就会褒奖一番，得了表扬自己自然兴益不衰。在1919年10月住在巴黎郊区时，天气严寒之至，几个人就把寓所当成了深山道院，不去巴黎游玩，也闭门不见一客，各人埋头于自己的功课，或学外语，或写文章，或谋划回国后要筹办大学、创办杂志、开办公司等诸项事业，也是其乐融融。弟子们都知道任公是一个绝对的"性情中人"，有时性情盛起便不顾章法，所以在欧游期间，随同的张君劢致书黄溯初，详细记述先生与其所商归国后各事方针，一是开办中比贸易公司，二是开办中比轮船公司，三是创办月报及印刷所，四是开办一所大学，五是派留德留学生。梁启超将诸事办理办法都做了较为详细的规划，弟子们"深恐任公归后手忙脚乱，绝不计其轻重缓急，而又信口胡说，故为公一一详之"①。

　　1920年1月22日，梁启超一行从法国马赛搭乘法国邮船开始了漫长的返航之路，3月5日抵达阔别一年多的上海。梁启超对自己随时随地所见所闻所感所想都有较为详细的记述，在巴黎整理出来一部分，其余的准备回国后整理出版，但由于回国后大为忙乱，最终只在《饮冰室合集》里印行了《欧游心影录节录》数篇，不能不说是一大遗憾。遗憾归遗憾，但收获也是累累可见的，最重要的是，梁启超此游之后彻底放弃了直接参与政治活动，甚至很有意回避政客、谢绝应酬，专心专意从事培植国民实际基础的文化教育事业，例如承办中国公学、组织共学社、发起讲学社、整顿《改造》杂志、创办中比贸易公司等诸项。尤其是为吴淞中国公学能够顺利办下去捐募基金、调解人事、聘用教习、预算财务、筹办图书馆等，颇为费心出力，和蒋百里、张东荪反复商榷计划，也有为各地学校培养师资人才之意。就在归国首日的上海码头，当有人咨询以后将从何方面为社会尽力，梁启超答曰："对于现实的方面（尤以政治方面最最）皆一概绝缘，而对于各方面的黑暗，则有个人良心为猛烈的攻击，暂时如此。"②当然在"息影"政坛后，梁启超有时也欲为时局有所发言，但书生热血和政客投机完全是风马牛不相及的两回事，正如任公所言，生在中国这样一段乱世，自己又在社会上有那样一种声望，不欲表达，那则是对国家丧失了知

① 丁文江、赵丰田：《梁启超年谱长编》，上海人民出版社1983年版，第898页。
② 丁文江、赵丰田：《梁启超年谱长编》，上海人民出版社1983年版，第899页。

识分子的良心。

　　总之，自欧游归来之后，梁启超重新开始了他的书斋人生。不管还有多少政治牵念，无论还有几多仕途不舍，在历经了一次次"以身饲虎"的心酸，遭遇了一次次命运不济的捉弄，也领略了官场升迁的极致风光后，他最终选择返回书斋的"壮举"，这真的是可喜可贺！欧洲游历，梁启超可谓大饱眼福，他也看到了西方资本主义发展无可挽回的弊端，对社会、对人生都有了新的见解。在他看来，中国不一定非要步西方后尘，通过发扬光大中国固有国民性中之光辉，或许中国能走出一条自己的道路来。教育救国，学术救国，是他产生的新思路。为此，梁归国后以主要精力从事文化教育和学术研究活动，在国学研究方面颇为用力，写下了《清代学术概论》《中国近三百年学术史》《先秦政治思想史》《中国历史研究法》《中国文化史》《儒家哲学》《书法指导》《古书真伪及年代》等具有较高学术价值的著作，其学术绝笔乃《辛稼轩年谱》。为了有充分时间读书写作，他常常闭门谢客。1923—1924年，梁启超陆续为戴震二百周年诞辰撰写了《戴东原哲学》等数篇文章，他把戴震视为中国学术复兴的巨子，其最了不起的贡献在于"他的研究法。他所主张的'去蔽''求是'两大主义，和近世科学精神一致"，他可谓"我们'科学界的先驱者'"，戴震的第二个贡献是"他的情感哲学、宋明以来之主观的理智哲学，到清初而发生大反动，但东原以前大师，所做的不过破坏功夫，却未能有所新建设，到东原才提出自己独重情感主义，卓然成一家言，他这项工作，并不为当时人所重视，但我们觉得他的话是在世界哲学史上有价值的"，因此，可以说他是"我们'哲学界的革命建设家'"[①]。由此可见，他对戴震评价极高，这也和他思想转向有重要关系。

　　20世纪20年代初，在兴办文化教育事业上，梁启超除了努力办好中国公学、讲学社，1923年还创办了天津文化学院，松坡图书馆也于这年顺利开馆，1925年又全力主持清华大学研究系及京师图书馆，1927年又任"司法储才馆"馆长，渴望为国家培养、储备司法人才。梁启超组织的讲学社非常注重邀请国外著名文化人士、学者到中国访问，以活跃学术气氛，英

风雨饮冰室——新会梁氏家族文化评传

---

① 梁启超：《戴东原生日二百年纪念会缘起》，见《梁启超全集》，第七册，北京出版社1999年版，第4 179页。

国哲学家罗素、法国哲学家杜里舒博士、印度诗人泰戈尔等都曾经访华。梁启超著述宏富，所遗《饮冰室合集》计148卷，1 000余万字，终于成一代国学巨子！"饮冰室"在1899年《饮冰室自由书》中出现时尚是个"虚名"，现在就成了梁启超在天津住处的名字。1914年和1924年，梁启超先后在天津的意租界购买空地建了两座楼房，这两座楼房一座位于天津河北区民族路44号，一座位于河北路46号，南北毗邻，均为意式建筑。他将自己的书斋命名为"饮冰室"，自己别署"饮冰室主人"。作为梁启超固定书房的"饮冰室"是浅灰色两层洋楼，首层是梁启超书房，二楼是其卧室和会客厅，造型典雅，富有个性。1915年到1929年，梁启超晚年一直生活在饮冰室。这里可谓当年天津最负盛名的文化沙龙。1915年，袁世凯父子想要恢复帝制，梁启超和他最得意的弟子蔡锷等人就是在这座有着西化外表的小楼中共商护国大计，也是在这里他发出反对张勋复辟的呼声，还会见过国内外众多文化名人学者，如胡适、严复、张伯苓、严范孙、梁漱溟等，可以想见这里曾经有过的车水马龙的热闹。后来，梁思成为了表达对父亲的怀念，将自己的长女起名"再冰"，而梁思达的女儿则名梁忆冰和梁任又，儿子名梁任堪，也都是为了表达对任公的一份追怀。2001年饮冰室被天津政府收回修葺，2002年试开放，2003年4月18日作为梁启超纪念馆正式对外开放。如今造访饮冰室，虽然我们不能再一睹硕儒大师们秉烛夜话的动人场面，也无法再看到梁氏家族的子女们在这里说笑嬉闹、读书弹琴的情景，睹物思人，抚今追昔，它的人文遗存依然会让我们感到从遥远传递而来的汨汨荡荡的感动和震撼！

## 杏林微澜

20世纪20年代初，距知天命之年不远的梁启超，在学问上时刻有一种时不我待之感，活到老学到老的劲头可谓空前绝后，让人仰佩。

梁启超在20年代主要的一项文化教育活动，则是受邀到各地讲学，天津、北京、上海、南京自不必说，也曾经应约到达济南、青岛、长沙、武昌、南通、苏州等各处学校，游履踏遍大江南北。他此期的诸多文章著述正是出自为这些学校师生准备的讲义，收在《梁任公学术讲演集》内。这中间梁启超在南京东南大学讲学历时最长，从1922年10月至1923年1月13

日，军民长官皆不往访，严格谢绝各种宴会，上课、讲座、听欧阳竟无讲唯识论、温习佛学、编讲义，恨不能将一日扩充到四十八小时才够用。东南大学原为清朝末季兴办的"三江师范学堂"，进入民国后，为进一步振兴教育事业，1921年7月改办为"东南大学"，号称"东南最高学府"，挂在南京高等师范学校门口。这是当时中国两所国立大学之一，另一所是蔡元培为校长的国立北京大学。20年代初东南大学的校长是郭秉文，他主张不分党派、不问政治、"自由讲学"、埋头读书的办学方针。所以，当时东南大学延揽了国内外许多名流学者来这里开办讲坛，发表个人的学术见解和政治主张，学生们完全可以自由选择政治信仰，师生皆有自己的学术自由。就在梁启超受邀该校讲学期间，学校董事会仿照美国哥伦比亚大学开办了暑期学校。出任暑期学校课程的教师都是大名鼎鼎的中外知名学者，开设的课程有美国杜威博士的实验教育哲学、美国吴卫士博士的昆虫学、美国孟禄博士的教育学、德国杜里舒博士的生机哲学等，国内学者开设的课程则有胡适博士的实用主义、江亢虎博士的劳动问题、张东荪教授的新闻学大意，还延聘了佛学大师欧阳竟无讲了一次"佛法非宗教非哲学而为世人所必需"。除此之外，本校的权威教授也要上暑期班的课程，如本校常务校董和工科教授杨杏佛就开设了政治改造思想、乡村教育等。总之，这时的东南大学可谓其时中国学术界之重镇。梁启超在东南大学讲授课程题目为"中国政治思想史"，中间因为过于劳累，罹患心脏病而未能完成，以致汉以后部分付之阙如，最后整理成《先秦政治思想史》出版。在这本书中，梁启超细致阐发了中国先秦政治哲学的奥义，对中国古代哲学的博大精深深致赞美，并将其与西方现代政治思想进行了比较，期待中国古代哲学思想能够在现代中国发扬光大，这当然要仰赖当时此地之人类善自为谋。针对社会现状，梁启超提出了两个需要讨论的问题，一是精神生活与物质生活相调和的问题，二是个性与社会性相调和的问题。正如孔子所言："不愤不启，不悱不发。"孟子言："有终身之忧，无一朝之患也。"当世应该借先哲之微言，好好寻找调和之门径。

梁启超在东南大学讲学也留下了不少轶事，能够反映出当时文化思想界矛盾冲突之一斑。五四运动刚刚发生后的几年，是中国步入近代以来第二个启蒙时代，新青年成为社会舞台上指点江山、挥斥方遒的主力，就像当年"公车上书"时梁启超的血气方刚、"粪土当年万户侯"一样，他们指认梁启超一代为"落伍者"是再自然不过的事了，虽然他们正是在晚清一代改革者创造的文化高地上站立起来的。到了20世纪20年代初，"五四"启蒙主义思潮开始落潮、文化守成思想逐渐兴起的时候，无数青年开始陷入苦闷。在学术思想领域是亲美派略占上风，所以南京各学府开创的"自由讲学""各言尔志"之风事实上是中国教育和学制由效仿日本向模仿美国转变的开端，以南京为中心的"提倡复古"的学衡派不仅对"五四"新文化运动激进主义倾向的批判不断潮起，也与晚清一代有着不易调和的观念冲突，梁启超身在其中深刻体会到了被"围攻"的尴尬和无奈。梁启超讲学期间，吴梅、王朴安、陈佩军等常常在不同的场合公开表示轻蔑与批评，或批评其学术上感情有余而理性不足，在精神上莫衷一是；或批评其政治上"善变"，思想上驳杂不清，甚而会因为谈到自己能活到多大高龄而招致非议。尤其是在两次国学研究会上，梁启超提议的话题总是被冷落，或者遭遇全面围攻。虽然发生了一些不愉快，梁启超终究是个乐观派，况且，他受邀到各学堂讲座照样受到极大欢迎，学生们虽然也有褒贬其政见者，但冲着"梁启超"这个如雷贯耳的大名而来，常常讲堂爆满，更有许多社会人士对梁启超崇敬备至。非常有意思的是，一向不怎么涉足政治的一批文人在自由讲堂上大谈政治，而涉足政治甚深的梁启超却很少论及政治。在鸡鸣寺开师生联欢会时，鸡鸣寺的和尚请梁先生写一副对联，梁启超写下了陆游集句"江山重叠争供眼，风雨纵横乱入楼"，可见得他当时的心境。

在南京期间，梁启超的另一重要活动是到南京支那内学院听欧阳竟无讲佛学。梁启超几乎每天从成贤街住处坐车到内学院随班听讲，风雨无阻。1922年11月21日，因酒醉伤风，医生言说心脏似乎有异样，实在是因为讲学、听课、著述过劳所致。梁启超坚持认为自己身体强健，根本是医生为了让他多休息吓唬吓唬自己而已，所以仍然不辍劳碌。张君劢非常担心梁启超过于劳累，病情恶化，严格控制任公讲学。当任公正在法政专门讲演时，张君劢仓皇跑去，痛哭流涕，从讲坛上将先生拉下，并函告各校所有已应允之演讲一概停止，非得医生许可不可再讲，不可读书著述，不可吃酒抽烟，每一行止都要严格商议论定。至于到内学院听课，开始张君劢还网开一面，后来索性也禁绝了，最后在梁的反复请求下，才终于"开恩"。有一次，梁启超照例到东南大学讲堂讲课，发现竟然没有一个听众来听讲，在讲堂门口却发现了贴着大张通告，说是梁先生有病在身不能前来讲授。张君劢等对于任公身体休养规矩之严，可谓令任公又喜又怨。在家书中，梁启超这样描述这个插曲，"神经过敏的张君劢，听了医生的话，天天和我吵闹"，"我想我好好的一个人，吃醉了一顿酒，被这君劢捉着错处（呆头呆脑，书呆子又蛮不讲理），如此欺负我，你说可气不可气。君劢声势汹汹，他说我不听他的话，他有本事立刻将我驱逐出南京……"①。

就在这年11月，梁启超出版了《梁任公学术讲演集》，辑录其这一年来在各地演讲的材料而成。在1924年1月结束东南大学讲学的告别演说中，梁启超充分阐释了自己的人生观和宇宙观，他认为儒家和佛家在人生观和宇宙观上有两大相同点：第一，即宇宙并非圆满的存在，而是仰赖人类的不懈努力，在不断地创造之中，所以天天流动不息，常为未济。第二，人属于群体，不能单独存在，即如孔子说"毋我"，佛家说"无我"。对于青年学子，他有着自己的希望，他说："青年人烦闷多，因希望太过，知政治之不良，以为经一次改革即行完满，及屡试而仍有缺陷，于是不免失望。不知宇宙的缺陷正多，岂是一步可登天的。……免除私忧，即所以免烦恼。……世界的将来，要靠诸君努力。"②因为"天下最可厌可憎可鄙之人，莫过于旁观者。……人生于天地之间，各有责任，知责任者大丈夫之始也，行责任者大丈夫之终也，自放弃其责任，则是自放弃其所以为人之具也，是故人也者，对于一家而有一家之责任，对于一国而有一国之责任，对于世界而有世界之责任，一家之人各各自放弃其责任，则家必落，一国之人各各自放弃其责任，则国必亡，全世界人人各各自放弃其责任，则世界必毁，旁观云者，放弃责任之谓也"③。

## "科玄论战"

在20世纪20年代有一件轰动思想界的事件，那就是"科玄论战"。

---

① 丁文江、赵丰田：《梁启超年谱长编》，上海人民出版社1983年版，第969—970页。
② 丁文江、赵丰田：《梁启超年谱长编》，上海人民出版社1983年版，第979—981页。
③ 《呵旁观者》，见马勇编：《梁启超随想录》，山西高校联合出版社1994年版，第86页。

"科玄论战"是科学与玄学论战的简称，也称人生观论战，挑起论战的双方主角是皆与梁启超有师友关系的张君劢和丁文江。论战从1923年2月开始，持续论战则一直到1924年年底基本结束，历时近两年，其时众多学者和文化名人如梁启超、胡适、陈独秀、吴稚晖、唐钺、林宰平、朱经农、章演存、任叔永、邓中夏、王星拱等都参与了这场论战。科玄论战的发生似乎出自偶然间朋友的争议，其实和新文化运动以后中国社会对西方科学和民主的崇尚之心越来越烈密切关联。导火索是1923年2月4日，张君劢陪同德国学者杜舒里博士从南京北上天津和北京讲学，著名社会学学者吴文藻邀请张为即将出国留学的清华学校的学生做"人生观"的演讲。张君劢欣然应约，做了"大思想家的人生观"的报告，后以《人生观》为题登载在《清华周刊》第272期。在演讲中，张君劢强调，科学并非是万能的，人生有许多东西并非是科学能够解释也并非科学能够支配的，例如人生观。科学和人生观是两个范畴的东西，科学是讲原理、求证据的，但人生观是古今中外最不可统一者，科学的尺度也无法对其进行度量。他分析认为科学是客观的、以论理的方法支配的、以分析方法下手、为因果律所支配、起于对象之间的相同现象；而人生观是主观的、直觉、综合、自由意志和单一性。张君劢怎么也没有意料到自己素常的以人生观哲学为内容的一次演讲会掀起轩然大波，而首先发难者则正是自己的好友丁文江。丁文江是一位地质学家，以拥护科学为己志，当他看到在一个"科学"时代，张君劢竟然有科学不能支配人生之"荒谬"言论，顿时勃然大怒，与张展开两个小时的唇枪舌剑，但一对好友最终谁也说服不了谁，于是丁文江撰写了万字长文《玄学与科学——评张君劢的"人生观"》，批驳张君劢的"谬论"，4月12日发表于《努力周报》第48、49期。丁文的第一句话就是："玄学真是个无赖鬼——在欧洲鬼混了二千多年，到近来渐渐没有地方混饭吃，忽然装起假幌子，挂起新招牌，大摇大摆地跑到中国来招摇撞骗。你要不相信，请你看看张君劢的《人生观》！"丁文从"人生观能否同科学分家？""科学的智识论""张君劢的人生观与科学""中外合璧式的玄学及其流毒""对于科学的误解""欧洲文化破产的责任""中国的'精神文明'"等七个方面全面分析了人生观与科学之不能分裂，在最后的"结论"中，丁引用胡适在《五十年来世界之哲学》中的一句话作为总结，即"我们观察我们这个时代的要求，不能不承认人类今日最大的责任与需要是把科学方法应用到人生问题上去",并犀利地指出,张君劢"那'主观的、直觉的、综合的、自由意志的、单一性的'人生观是建筑在很松散的泥沙之上,是经不起风吹雨打的。我们不要上他的当"。作为反驳,张君劢撰写长文《再论人生观与科学并答丁在君》,发表于北京《晨报副刊》。这篇驳议所针对的核心议题,仍在于人生观与科学的界线。双方论战正酣,文化思想界宿将梁启超按捺不住,于5月5日发表了《关于玄学科学论战之"战时国际公法"——暂时局外中立人梁启超宣言》一文,一下子激起更大波澜。梁启超这篇宣言指出:一、"人生观"问题是宇宙间最大的问题。二、这种论战是我国未曾有过的论战,替学界开了一个新纪元。5月11日,在上海的胡适加入论战者行列,写下《孙行者与张君劢》,此后,科学派对玄学派展开了凌厉攻势。5月29日,梁启超又在《时事新报·学灯》发表《人生观与科学——对于张、丁论战的批评》,文章认为,丁文江、张君劢各自的主张都能各明一义,可惜也都有偏宕之处,在排斥别方时都有点太过。梁启超先是分析了张君劢观点中的"偏宕"之处:"既未尝高谈'无生',那么,无论尊重心界生活到若何程度,终不能说生活之为物,能够脱离物界而单独存在。""自由意志之所以可贵,全在于其能选择于善不善之间而自己做主以决从违。所以,自由意志是要与理智相辅的。"反过来说,丁文江的偏颇在于:"人类生活,固然离不了理智;但不能说理智包括尽人类生活的全内容。此外还有极重要一部分——或者可以说是生活的原动力,就是'情感'。"最少"爱"和"美"是情感表现出来的的的确确带有神秘性的两个方向,是无法用科学的方法来分析的。无论"科学帝国"的版图扩张到何种程度,"爱先生"和"美先生"会永远保持它们"上不臣天子,下不友诸侯"的身份。最后梁启超的总结是"人生关涉理智方面的事项,绝对要用科学方法来解决;关涉情感方面的事项,绝对的超科学"。虽然梁启超似乎站在"中立"的立场"各打五十大板",但相对来说他还是在思想上有所偏向,侧重于站在玄学派一边。不过,玄学派还是势单力薄,科学派对玄学派近乎形成围攻之势,论战文章连篇累牍。1923年年底,汪孟邹编辑、上海亚东图书馆出版论战文集《科学与人生观》,收文29篇,另有陈独秀、胡适两篇序;郭梦良编辑、上海泰东图书局也出版了《人生观之论战》,附有张君劢序文1篇。两书所收文章相差无几,但前一本更多代表科学派主张,后一本则更多体现玄学派立场。以这两本集子为转折点，科玄论战渐渐落潮，但从另一方面说，其实这个阶段是走向了一个新的转向，那就是马克思主义者成"后起之秀"，成为了这一论战的"余续"。除陈独秀这篇《科学与人生观·序》以外，1923年11月24日邓中夏在《中国青年》第6期上发表了《中国现在的思想界》一文，接着瞿秋白发表分别批判科、玄两派的两篇文章：《自由世界与必然世界——驳张君劢》《实验主义与革命哲学——驳胡适之》。

科玄论战是中国近代化以来极具象征意义的一次文化哲学事件，它使得新文化运动以来形成的三个中国现代文化哲学流派，即以现代新儒家为主流的保守主义派、以自由主义知识分子为代表的"西化派"、以马克思主义者为代表的唯物史观派在论战中阵营渐趋分明。科玄论战已经过去这么多年了，但论战提出的问题却并没有过去，至今依然是我国思想文化领域、哲学领域无法回避的前沿课题。历史或许无法复制，也不会重演，但历史的许多段落确确实实会出现惊人的相似，在21世纪第二个十年开始的今天，我们又分明地感觉到了"科学"与"玄学"的再一次夹击和交锋，或许这两者生来就是一对悖论！历史没有告诉我们最终的答案，现实可能也无法让我们明了其中的奥秘，梁启超当初各有褒贬的评说或许也不仅仅是话语策略，更可能是内在于其深心的困惑吧！

## 《国学入门书要目》

1923年4、5月间，《清华周刊》学生记者邀请梁启超和胡适两位文化界大家为青年学子开列"国学入门书要目"，胡适开列了190种，当时正独居翠微山养疴的梁启超开列了《国学入门书要目及其读法》，入围书目160种。梁启超的"国学书目"160种分为五类，即：甲、修养应用及思想史关系书类；乙、政治史及其他文献学书类；丙、韵文书类；丁、小学书及文法类书；戊、随意涉览书类。梁启超在身边无书、仅仅凭借记忆的情况下能够列出这样一份书单，我们不得不感慨梁启超的博闻强记、博通古今，他思虑周到，包揽齐全，从各个层面为青年提供参考。胡适和梁启超考虑到学生毕竟"校课既繁，所治专门"，或许不能"按表而读"，所以，胡适又将190种精简成《实在的最低限度的书目》，梁启超在"国学入门书要目"后以"附录一"的形式开列出一份《最低限度之必读书目》。梁拟定的"真正之最低限度"如下：

《四书》《易经》《书经》《诗经》《礼记》《左传》《老子》《墨子》《庄子》《荀子》《韩非子》《战国策》《史记》《汉书》《后汉书》《三国志》《资治通鉴》(或《通鉴纪事本末》)、《宋元明史纪事本末》《楚辞》《文选》《李太白集》《杜工部集》《韩昌黎集》《柳河东集》《白香山集》。

可贵的是，梁启超还非常认真地在书目之后"附录二"作了一篇《治国学杂话》(附录三则是《评胡适之的〈一个最低限度的国学书目〉》)，开诚布公地和青年人谈论读书心得、经验、方法。由于这篇"杂话"不仅对于学习国学而且对于其他学科学习至今仍然具有重要的参考价值，所以虽然稍微有点长，还是有必要抄录于此，以便我们学习品悟：

学生做课外学问是最必要的，若只求讲堂上功课及格，便算完事，那么，你进学校，只是求文凭，并不是求学问，你的人格，先已不可问了。再者，此类人一定没有"自发"的能力，不特不能成为一个学者，亦断不能成为社会上治事领袖人才。

课外学问，自然不专指读书，如试验，如观察自然界……都是极好的，但读课外书，至少要算课外学问的主要部分。

一个人总要养成读书兴味。打算做专门学者，固然要如此，打算做事业家，也要如此。因为我们在工厂里、在公司里、在议院里……做完一天的工作出来之后，随时立刻可以得着愉快的伴侣，莫过于书籍，莫便于书籍。

但是将来这种愉快得着得不着，大概是在学校时代已经决定，因为必须养成读书习惯，才能尝着读书趣味。人生一世的习惯，出了学校门限，已经铁铸成了，所以在学校中，不读课外书，以养成自己自动的读书习惯，这个人，简直是自己剥夺自己终身的幸福。

读书自然不限于读中国书，但中国人对于中国书，至少也应该和外国书作平等待遇。你这样待遇他，给回你的愉快报酬，最少也和读外国书所得的有同等分量。

中国书没有整理过，十分难读，这是人人公认的，但会做学问的人，觉得趣味就在这一点。吃现成饭，是最没意思的事，是最没有出息的人才喜欢的。一个问题，被别人做完了四平八正地编成教科书样子给我读，读去自然是毫不费力，但是从这不费力上头结果，便令我的心思不细致不刻入。专门喜欢读这类书的人，久而久之，会把自己创作的才能泪没哩。在纽约、芝加哥笔直的马路崭新的洋房里舒舒服服混一世，这个人一定是过的毫无意味的平庸生活。若要过有意味的生活，须是哥伦布初到美洲时。中国学问界，是千年未开的矿穴，矿苗异常丰富，但非我们亲自绞脑筋绞汗水，却开不出来。翻过来看，只要你绞一分脑筋一分汗水，当然还你一分成绩，所以有趣。

所谓中国学问界的矿苗，当然不专指书籍，自然界和社会实况，都是极重要的，但书籍为保存过去原料之一种宝库，且可为现在各实测方面之引线，就这点看来，我们对于书籍之浩瀚，应刻欢喜谢他，不应该厌恶他。因为我们的事业比方要开工厂，原料的供给，自然是越丰富越好。

读中国书，自然像披沙拣金，沙多金少，但我们若把他作原料看待，有时寻常人认为极无用的书籍和语句，也许有大功用。须知工厂种类多着呢，一个厂里头得有许多副产物哩，何止金有用，沙也有用。

若问读书方法，我想向诸君上一个条陈。这方法是极陈旧的、极笨极麻烦的，然而实在是极必要的。什么方法呢？是抄录或笔记。

我们读一部名著，看见他征引那么繁博，分析那么细密，动辄伸着舌头说道："这个人不知有多大记忆力，记得许多东西，这是他的特别天才，我们不能学步了。"其实哪里有这回事。好记性的人不见得便有智慧，有智慧的人比较的倒是记性不甚好。你所看见者是他发表出来的成果，不知他这成果原是从铢积寸累困知勉行得来。大抵凡一个大学者平日用功总是有无数小册子或单纸片，读书看见一段资料觉其有用者即刻抄下（短的抄全文，长的摘要记书名卷数页数）。资料渐渐积得丰富，再用眼光来整理分析他，便成为一篇名著。想看这种痕迹，读赵瓯北的《二十二史札记》、陈兰甫的《东塾读书记》最容易看出来。

这种工作笨是笨极了，苦是苦极了，但真正做学问的人总离不了这条路。做动植物的人懒得采集标本，说他会有新发明，天下怕没有这种便宜事。

发明的最初动机在注意，抄书便是促醒注意及继续保存注意的最好方法。当读一书时，忽然感觉这一段资料可注意，把他抄下，这件资料自然有一微微的印象印入脑中，和滑眼看过不同。经过这一番后，过些时碰着第二个资料和这个有关系的，又把他抄下。那注意便加浓一度。经过几次之后，每翻一书，遇有这项资料，便活在纸上，不必劳神费力去找了。这是我多年经验得来的实况。诸君试拿一年工夫去试试，当知我不说谎。

先辈每教人不可轻言著述，因为未成熟的见解公布出来，会自误误人，这原是不错的，但青年学生"斐然当述作之誉"，也是实际上鞭策学问的一种妙用。譬如同是读《文献通考》的《钱币考》，各史《食货志》中钱币项下各文，泛泛读去，没有什么所得，倘若你一面读一面便打主意做一篇中国货币沿革考，这篇考做的好不好另一问题，你所读的自然加几倍受用。

譬如同读一部《荀子》，某甲泛泛读去，某乙一面读一面打主意做部《荀子学案》，读过之后，两个人的印象深与浅，自然不同。所以我很奖励青年好著书的习惯，每日所读之书，最好分两类，一类是精熟的，一类是涉览的。因为我们一面要养成读书心细的习惯，一面要养成读书眼快的习惯。心不细则毫无所得，等于白读；眼不快则时候不够用，不能博搜资料。诸经、诸子、四史、通鉴等书，宜入精读之部，每日指定某时刻读他，读时一字不放过，读完一部才读别部，想抄录的随读随抄；另外指出一时刻，随意涉览，觉得有趣，注意细看，觉得无趣，便翻次页，遇有想钞录的，也俟读完再抄，当时勿窒其机。

诸君勿因初读中国书，勤劳大而结果少，便生退悔。因为我们读书，并不是想专向现时所读这一本书里讨现钱现货的，得多少报酬，最要紧的是涵养成好读书的习惯，和磨炼出好记忆的脑力。青年期所读各书，不外借来做达这两个目的的梯子。我所说的前提倘若不错，则读外国书和读中国书当然都各有益处。外国名著，组织得好，易引起兴味，他的研究方法，整整齐齐摆出来，可以做我们模范，这是好处；我们滑眼读去，容易变成享现成福的少爷们，不甘苦来历，这是坏处。中国书未经整理，一读便是一个闷头棍，每每打断兴味，这是坏处；逼着你披荆斩棘，寻路来走，或者走许多冤枉路(只要走路断无冤枉，走错了回头，便是绝好教训)，从甘苦阅历中磨炼出智慧，得苦尽甘来的趣味，那智慧和趣味都最真切，这是好处。

还有一件，我在前项书目表中有好几处写"希望熟读成诵"字样，我想诸君或者以为甚难，也许反对说我顽旧，但我有我的意思。我并不是奖劝人勉强记忆，我所希望熟读成诵的有两种类：一种类是最有价值的文学作品，一种类是有益身心的格言。好文学是涵养情趣的工具，做一个民族的分子，总须对于本民族的好文学十分领略，能熟读成诵，才在我们的"下意识"里头，得着根柢，不知不觉会"发酵"。有益身心的圣哲格言，一部分久已在我们全社会上形成共同意识，我既做这社会的分子，总要彻底了解他，才不至和共同意识生隔阂，一方面我们应事接物时候，常常仗他给我们的光明，要平日摩得熟，临时才得着用，我所以有些书希望熟读成诵者在此，但亦不过一种格外希望而已，并不谓非如此不可。

任你学成一位天字第一号形神毕肖的美国学者，只怕于中国文化没有多少影响。若这样便有影响，我们把美国蓝眼睛的大博士抬一百几十位来便够了，又何必诸君呢？诸君须要牢牢记着你不是美国学生，是中国留学生。如何才配叫做中国留学生，请你自己打主意罢。①

在这一时期，梁启超也一直督责儿女一定要在课业之外修读"国学"，就在5月份梁思成被金永炎汽车撞坏左腿住院治疗时，梁启超与爱子思成书，告以趁在院休养期间，取《论语》《孟子》温习阁诵，对于其中有益修身的文句，更要细细玩味；次之则要全部浏览《左传》《战国策》，襄助神智，提升文采；最好能够抽时间读一读《荀子》或《荀子集解》，则更为有益。无论处何时代，作为中国人，读点中国国学的书不仅是应该的，也是必需的，对于涵养品性、增进智慧都大有裨益——这也是梁启超对他学生和儿女们的要求。

### 《祭梁夫人文》

就在梁启超治学正酣之年，他的夫人李蕙仙罹患乳腺癌，痛苦至极。李蕙仙以富贵之身下嫁的郎君后来成了"乘龙快婿"，但如果站在一个女人的角度来看——即便在"双涛园"期间一家人享受了不少天伦之乐；即便在归国后梁启超位居"高官"，夫人也跟着分享了成功的幸福；即便梁启超声名远播海内外，是一位有国际影响力的政治家和文化巨子——她委实也跟着吃了不少苦头，且不说其他，单说那日复一日年复一年的东奔西

---

① 李俐：《梁启超讲读书》，天津古籍出版社2005年版，第22—27页。

走、摇旗呐喊、出生入死，也是一个普通女性难以承受的心理压力。30多年的相濡以沫、风雨同舟，锻造了这一对非同寻常的夫妇之间难以为外人所体悟的深厚情感。在李蕙仙1924年9月13日仙逝后，梁启超在无比沉痛中写下《悼启》：

> 悼启者：先室李夫人，实贵筑京兆公讳朝仪之季女，累代清门，家学劭茂。……夫人于二十三岁归于我。启超故贫，濒海乡居，世代耕且读，数亩薄田，举家躬耕获以为恒。夫人以宦族生长北地，嫔炎乡一农家子，日亲井臼操作，未尝有戚容。夫人之来归也，先母见背既六年，先继母长于夫人二岁耳。夫人愉愉色养，大得母欢，笃爱之过亲所生。戊戌之难，启超亡命海外，夫人奉翁姑携弱女避难澳门，既而随先君省我于日本，因留寓焉。启超素不解治家人生产作业，又奔走转徙，不衡厥居，惟以著述所入给朝夕，夫人含辛茹苦，操家政，使仰视俯畜无饥寒。自奉极刻苦而常撙节所余，以待宾客极资助学子之困乏者，十余年间，心力盖瘁焉。夫人厚于同情心，而意志坚强，富于常识，而遇事果敢，训子女以义方，不为姑息。儿曹七八人，幼而躬自受读，稍长选择学校，稽读课业，皆夫人任之，启超未尝过问也。幼弟妹三人，各以十龄内依夫人就学，夫人所以调护教督之者无不至。……至其平日操持内政，条理整肃，使启超不以家事撄心，得专力于所当务。[①]

在1925年中秋妻子周年祭礼完毕，他仍难抑思念与感伤，写下了情文并茂的《祭梁夫人文》，其真情其衷肠感人肺腑：

> 君舍我去，我佪赖焉？
> 我德有阙，君实匡之；
> 我生多难，君扶将之；
> 我有疑事，君榷君商；
> 我有赏心，君写君藏；
> 我有幽忧，君噢使康；

① 丁文江、赵丰田：《梁启超年谱长编》，上海人民出版社1983年版，第1 020—1 021页。

我老于外，君煦使忘；
我唱君和，我揄君扬；
今我失君，只影彷徨。
……
月兮，月兮，为谁圆？
中秋之月兮，照人弃捐！
呜呼！中秋月兮，
今生今世与汝长弃捐，
年年此夜，碧海青天。
……

梁启超与夫人一生相濡以沫，患难与共，历经生生死死无数风雨沧桑，一起流亡异国，相伴宦海沉浮，如此伴侣，岂独夫妻，更为知己！在夫人去世后，梁启超回忆自己一生从未过于违逆过夫人，只有一次，他和夫人动了怒，梁启超对此忏悔不已，在9月29日给海外的一群孩子的信中，他自认或许是这个事件一直驻留在夫人内心，造成极大的阴影，导致夫人郁郁寡欢，终至于以此诱因积病而去世："顺、成、永、庄：我昨日用一日之力，作成一篇告墓祭文，把我一年多蕴积的哀痛，尽情发露。顺儿呵，我总觉得你妈妈这个怪病，是我们那一回架打出来的。我实在哀痛之极，悔恨之极，我怕伤你们的心，始终不忍说，现在忍不住了，说出来也像把自己罪过减轻一点。"他写下这样沉痛的话语，似乎是向儿女们哀告，更是向夫人的在天之灵赎罪。10月初，梁启超葬夫人于北京西山卧佛寺旁精心打造的新坟茔。在10月3号给思顺、思成等的信中，他写到自己从墓园回到清华住处时余哀未尽，但幼女思懿、幼子思礼已嬉笑杂作，他引用宋代高翥《清明》中的四句诗来表达当时的心情：

纸灰飞作白蝴蝶，泪血染成红杜鹃。
日落狐狸眠冢上，夜归儿女笑灯前。①

---

① 丁文江、赵丰田：《梁启超年谱长编》，上海人民出版社1983年版，第1 060页。梁启超信中书为"唐人诗"，当是笔误。

## 清华导师

　　20世纪20年代，实在是中国的多事之秋。1921年7月23日，中国共产党在上海召开第一次全国代表大会，中国共产党诞生，在政治上屡遭镇压；1922年1月—1923年2月，中国工人运动掀起第一个高潮；1924年1月，孙中山主持召开中国国民党第一次全国代表大会，国共合作正式形成；1925年3月，孙中山逝世。其后，时局更为动荡。孙中山逝世后，段祺瑞乘机发起宪法起草会，坚邀梁启超赞襄此事，但此时政治对于梁启超已基本丧失了早年那种魔力，他的一帮朋友和弟子也不答应其再次出面张罗，他婉言谢绝了。他在家信中感慨，生活在这样的中国，一件事情凡能做半年以上之打算就实为可观，世事荒唐无法预料。就在这种政治上的纷扰混乱中，他的灵魂被紧迫的文化教育事业攫住了！

　　1925年，清华学校成立大学部，增设一个研究院，成为校内与大学部、旧制留美预备部并列的三个相对独立的教学单位之一。由于经费不足，研究院第一年先设国学一科，拟以后再陆续添设自然科学、社会科学等科目研究院。但实际上，清华研究院以国学一科贯其始终，所以，习惯上又称研究院为国学研究院。掐指算来，清华人文学科最初的辉煌当就是20世纪20年代的清华研究院和四大导师期间的繁兴。当时清华大学的校长是曹云祥，他努力将清华学校改办为"大学"，创办清华国学门，聘请胡适担任导师并主持研究院，但胡适认为"非一流学者，不配作研究院导师，我实在不敢当。你最好去请梁任公、王静安、章太炎三位大师，方能把研究院办好"，曹接受了胡适的建议。不仅如此，胡适向曹云祥推荐的三位导师，曹都一一诚意邀请了，但章太炎推辞不就。后来出任研究生院院长的吴宓又听从张彭春、丁文江、梁启超等人建议，相继聘请了陈寅恪、赵元任与李济等学术名师。陈寅恪等几位导师当时年富力强，正处在事业的爆发期，等于为研究院在学术梯队上做了圆满安排。这些导师，都是那样的"旧"，同时又是那么的"新"，让我们看到"旧"与"新"在那个时代所成就的文化奇观。伯乐识马，这里边的许多佳话，值得我们细细品味。梁启超是胡适少年时代的偶像，在其成长过程中也曾经从梁氏的学问中受到很多教益，胡适在《四十自述》中明言："我个人受了梁先生无穷的恩惠。第一是他的《新民说》，第二是他的《中国学术思想变迁之

清华研究院导师赵元任、梁启超、王国维、陈寅恪、吴宓（从左至右）

大势》。……他抱着满腔的血诚，怀着无限的信心，用他那枝'笔锋常带情感的健笔'，指挥那无数的历史例证，组织成那些能使人鼓舞，使人掉泪，使人感激奋发的文章。……《新民说》诸篇给我开辟了一个新世界，使我彻底相信中国之外还有很高等的民族，很高等的文化；《中国学术思想变迁之大势》也给我开辟了一个新世界，使我知道'四书五经'之外还有学术思想。"胡适还写道，正是对梁启超把中国哲学中许多问题"搁起不提"的不满，"便是我后来做《中国哲学史》的种子"。胡适与王国维虽然在政治思想、文学观念等各个方面都很不同，但他一向也非常尊重王国维的学问。1917年，胡适从美国留学回国，他在上海考察了学术图书出版情况，在《归国杂感》中他写道：近几年的学术界"文学书内，只有王国维的《宋元戏曲史》是很好的"。五四运动中，胡适成为新学之领袖人物。1922年4月15日，胡适在日记中记有："读王国维先生译的法国伯希和一文，为他加上标点。此文甚好。"同年8月28日日记中，胡适再一次表示出对王国维学问的好感，他写道："现今的中国学术界真凋敝零落极了。旧式学者只剩王国维、罗振玉、叶德辉、章炳麟四人；其次则半新半旧的过渡学者，也只有梁启超和我们几个人。内中章炳麟是在学术上已半僵化了，罗与叶没有条理系统，只有王国维最有希望。"1922年《努力》周报第29期登出胡适《谁是中国今日的十二个大人物》，该文把王国维与章炳麟、罗振玉，并列在"学者"项目下。1923年，胡适为《五十年来中国之文学》"日译本"作序时，写道："近人对于元人的曲子和戏曲，明、清人的杂剧、传奇，也都有相当的鉴赏与提倡。最大的成绩自然是王国维的《宋元戏曲史》和《曲录》等书。"在这年的2月10日，胡适又作《读王国维先生的〈曲录〉》的书评文章，充分肯定王国维的曲学研究。可见胡适推荐王国维为清华导师不是偶然的。

　　1925年9月，梁启超接受清华大学教职，出任国学研究院导师。其实从1923年9月起，梁启超就一直受邀在清华学校长期讲学，开设"最近三百年学术史"与"群书概要"，每个星期都要在清华三四天，阅读、讲课或辅导学生，课余之时，他则到市内参加各种活动；清华同学对这位昔日政坛之名人也持热烈欢迎之态度。因此，当这次吴宓亲自到天津"饮冰室"拜访梁启超表明来意后，梁启超很爽快地答应了。梁启超在清华大学研究院主讲《历史研究法》《中国文化史》《儒家哲学》等；指导专题研究的范围是中国文学史、中国哲学史、史学研究法、儒家哲学等。梁启超在工作上非常用心，即便是在他重病住院手术期间，他也为耽误学生学习而感到抱愧。1926年在经历了协和医院割肾这样的大手术之后，蹇季常、张君劢极力劝其在清华告假一年，但是他委实舍不得暂离清华，只是答应不令过劳。所以这一年耶鲁大学要授予梁启超名誉博士学位也未能成行，成为其晚年一大遗憾。

　　清华研究院的学风乃治学与为人兼重，导师之间和睦相处，相互尊重；师生之间则教学相长、关系融洽。梁启超虽在导师行中年龄最长，但他始终非常尊重一直以学术立世的王国维，所以有什么事情总要自处于王之下；导师们非常爱护学生，王国维自己视力不好，但是晚上还要送视力更不好的学生姜亮夫过桥，生怕有什么意外；陈寅恪曾给研究院学生撰写一副对联，上联为"南海圣人再传弟子"，下联是"大清皇帝同学少年"，这一方面可见陈寅恪对梁启超、王国维二人的敬重，另一方面也可看出陈对研究院学子的殷殷期望，这些事情都显现了清华研究院所具有的古时书院的良好遗风。清华研究院"和而不同"的宽容气氛在短短几年内开创了研究国学的新风气，研究院诸位导师以自己精深的学问、开阔的视野，为清华也为全国开拓了会通中西、古今贯通的学术与教育传统，造就了清华大学人文学科的那段让无数知识者追忆的辉煌，在中国近代教育史上占有一席之地，亦可为我们今天的文化自省、文化重建与教育体制的改革、人文精神的提升提供一种动力资源——那仅仅是清华学校刚刚改办清华大学伊始的几年！

当时军阀混战，内乱不绝，社会失序，人心混乱，暴动此起彼伏。对外政策上，中国人民深深不满晚清以来国外侵略势力强加给我们头上的诸多不平等条约，其中的"领事裁判权"是近代中国不平等条约体系的核心。领事裁判权是指一国通过驻外领事等对处于另一国领土内的本国国民根据其本国法律行使领事裁判权、司法管辖权的制度。这是一种治外法权，形成对国家属地优越权的例外或侵犯。中国自清末以来历届政府为撤废领事裁判权进行了艰苦卓绝的努力。1925年5月的五卅民族主义运动极大地激发了中国人民的反帝热情，在极为艰难的环境中，北洋政府以此为契机，于1925年6月4日照会各国，要求修改不平等条约。1926年1月段祺瑞政府在北京召开了所谓"调查法权会议"（当时就简称"法权会议"），各国代表承诺撤回领事裁判权，这是北洋政府为撤废领事裁判权所进行的一次重要的努力。对于梁启超来讲，此时颇为费神的一件事是在法权会议后，中国自己的法律体系如何建构的问题。所以，修订法律，尽快颁布，以适应当时形势需要是第一步；紧接着，就需要培养中国自己的司法人才。1927年1月，梁启超接办司法部"司法储才馆"，任馆长，诸多运筹的工作需要他亲自策划实施。梁启超可谓一个"人才经济学家"，他总是主张每一个人才都能在自己最为适应的岗位上发挥才干，担任"储才馆"馆长是再合适不过的"伯乐"岗位，但实在对他的身体是一种伤害。到春季，在军阀混战的乱局之下，北京、天津也不十分太平，梁启超有一种不定哪一天就又得去逃亡的感觉，但是当京津陷入恐慌、亲友们都劝其避地日本时，他谢绝了好意，因为国势如此，他觉得"见外人"是一件"极难为情"的事情。梁启超面对国家如此乱象，内心天天交战苦痛。他实在讨厌了政党生活，既做政党，就要有不愿见的人得见，不愿做的事得做，如果因为畏难完全旁观躲避，自己对于国家实在良心上过不去。经过一个多月的煎熬、头痛、失眠，梁启超最终拿定了立场，那就是决不加入任何团队组织，打算将自己多年来关于经济制度的断片思考、对于政治上的具体主张，堂堂正正地著出一两部书来，也算是自己在这乱世之中对于建设的一份期待。在听到思永说自己很同情共产主义时，他不禁吃了一惊，他并非是怕自己家里有共产党，"实在看见像我们思永这样洁白的青年，也会中了这种迷药，即全国青年之类此者何限，真不能不替中国前途担惊受怕"，因此越发感觉有做文章之必要，"你们别要以为我反对共产，便是赞成资本主义。我反对资本主义比共产党还厉害（着重号为原信所有）。我所论断现代的经济病态和共产同一的'脉论'，但我确信这个病非共产那济药所能医的"。但是此刻的梁启超依然有着和当年一样的"天真"和自信，他说："我倒有个方子，这方子也许有中国先服了，把病医好，将来全世界都要跟我们学。我这方子大概三个月后便可以到你们眼前了。……等我的方子出来后看可以挽回多少罢。"①梁启超没有等来他的良方应验，传来的却是同为清华导师的王国维的死讯！

　　1927年6月2日，王国维在颐和园投昆明湖自杀。自沉的那一天，王国维给溥仪呈上奏折："臣王国维跪奏，为报国有心，回天无力，敬陈将死之言，仰祈圣鉴事。窃臣猥以凡劣，遇蒙圣恩。经甲子奇变，不能建一谋、画一策，以纾皇上之忧危。虚生至今，可耻可丑！迩者赤化将成，福州荒翳。当苍生倒悬之日，正拨乱反正之机。而自揣才力庸愚，断不能有所匡佐。而二十年来，士气消沉，历史事变，竟无一死之人，臣所深痛，一洒此耻，此则臣之所能，谨于本日自湛清池。伏愿我皇上日思辛亥、丁巳、甲子之耻，潜心圣学，力戒晏安……请奋乾断，去危即安，并愿行在诸臣，以宋明南渡为殷鉴。彼此之见，弃小嫌而尊大义，一德同心，以拱宸极，则臣虽死之日，犹生之年。迫切上陈，伏乞圣鉴，谨奏。宣统十九年五月初三日。"王国维的"遗书"是以父亲的名义给儿女们的："五十之年，只欠一死，经此世变，义无再辱。我死后当草草棺殓，即行藁葬于清华茔地。汝等不能南归，亦可暂于城内居住。汝兄不于奔丧因道路不通渠又不曾出门故也。书籍可托陈、吴二先生处理。家人自有人料理，必不

① 1927年5月5日《致孩子们》，见《梁启超家书》，中国文联出版社2000年版，第475页。

致不能南归。我虽无财产分文遗汝等，然苟谨慎勤俭，亦必不至饿死也。五月初二日父字。"梁启超获悉王国维自杀之噩耗，惊愕不已，立即赶回清华料理后事，并处理研究院未完之事。陈寅恪以对师友的深情，写下了这样的挽联：

> 十七年家国久魂销，犹余剩水残山，留于累臣供一死；
> 五千卷牙签新手触，待检玄文奇字，谬承遗命倍伤神。

关于王国维的死因，有许多猜测，也有许多不同"版本"，如殉节说、女儿姻亲说、逼债说、惊惧说、谏阻说，等等，陈寅恪认为是不忍看中国文化令人心酸的结局。梁启超自有自己的看法，他认为王一向对于时局非常悲观，"最近的刺激，则由两湖学者叶德辉、王葆心之被枪毙。……静公深痛之，故效屈子沉渊，一瞑不复视"[①]。梁启超这样评价这位同列"清华导师"的同事："治学方法，极新极密，今年仅五十一岁，若再延寿十年，为中国学界发明，当不可限量。"当代学者中有人认为，屈原投江与王国维沉湖，一个在传统文化的源头，一个在传统文化的尾端，它们像两座界碑，标定了中国传统知识分子的精神走向。

## 协和割肾

梁启超在晚年一直受尿血病的困扰，一旦有著述过勤、疲劳过度、情绪动荡的情况，小便就会见红。在1926年初春，梁接任北京图书馆馆长一职，与友朋商榷制定"中国图书分类法"诸事。梁启超便血加剧，尤其是期间为林长民遇难事张罗奔波，又苦心孤诣地劝勉林徽因、梁思成，接着很费心地编制《先秦学术年表》，所以尿血症更加厉害，朋友们都劝其在学校放一两个月假，但他终觉不妥。在2月9日《给孩子们》书中，梁启超天真地写道："其实我这病一点苦痛也没有，精神体气一切如常，只要小便时闭着眼睛不看，便什么事都没有，我觉得殊无理会之必要。"2月18日他又写道："我这回的病总是太大意了，若是早点医治，总不至如此麻

---

① 丁文江、赵丰田：《梁启超年谱长编》，上海人民出版社1983年版，第1 145页。

烦。但病总是不要紧的，这信到时，大概当已全愈了。但在学堂里总须放三两个月假，觉得有点对不住学生罢了。"

当时根据X光透视，发现右肾有一个樱桃大的黑点，以为那即是尿血的根源，或者是一个瘤子，3月8日，从德国医院转入协和医院治疗的梁启超接受了割去右肾的手术。但右肾取出后，发现并无肿瘤或者坏死。当时一下子舆论哗然，社会上认为是割错了肾，对于协和的攻击批评非常强烈，并掀起对"西医是否科学"的质疑，其私淑弟子徐志摩更是万分痛心老师的病状，《现代评论》和《社会日报》也连篇累牍发表文章对协和大加挞伐。在西医成为众矢之的的情况下，梁启超写了一份英文声明，题目是《我的病与协和医院》，后来被翻译成中文，发表在6月2日的《晨报》上。梁说："右肾是否一定要割，这是医学上的问题，我们门外汉无从判断。但是那三次诊断的时候，我不过受局部迷药，神智依然清楚，所以诊查的结果，我是逐层逐层看得很明白的。据当时的诊查结果，罪在右肾，断无可疑。后来回想，或者他'罪不该死'，或者'罚不当其罪'也未可知，当时是否可以'刀下留人'，除了专门家，很难知道。但是右肾有毛病，大概无可疑，说是医生孟浪，我觉得冤枉。""出院之后，直到今日，我还是继续吃协和的药，病虽然没有清楚，但是比未受手术之前的确好了许多。想我若是真能抛弃百事，绝对休息，三两个月后，应该完全复原。至于其他的病态，一点都没有。虽然经过很重大的手术，因为医生的技术精良，我的体质本来强壮，割治后10天，精神已经如常，现在越发健实了。"尽力为医院辩解开脱的梁启超其实并非完全不知道医院有误，在6月5日《与顺儿书》中，他说："这回手术的确可以不必用，好在用了之后身子并没有丝毫吃亏，只算费几百块钱，捱十来天痛苦，换得个安心也还值得。"他依然以此言宽慰家人。1926年9月14日，在《给孩子们书》中，梁启超较为详细地讲了他对这次手术的看法：

他(注：伍连德大夫)已证明手术是协和孟浪错误了，割掉的右肾，他已看过，并没有丝毫病态，他很责备协和粗忽，以人命为儿戏，协和已自承认了。这病根本是内科，不是外科。在手术前克里、力舒东、山本乃至协和都从外科方面研究，实是误入歧途。但据连德的诊断，也不是所谓"无理由出血"，乃是一种轻微肾炎。西药并不是不能医，但很难求速效。……我从前很想知道右肾实在有病没有,若右肾实有病,那么不是便血的原因,便是便血的结果。既割掉而血不止,当然不是原因了。若是结果,便更可怕,万一再流血一两年,左肾也得同样结果,岂不糟吗?我屡次探协和确实消息,他们为护短起见,总说右肾是有病(部分腐坏),现在连德才证明他们的谎话了。我却真放心了,所以连德忠告我的话,我总努力节制自己,一切依他而行(一切劳作比从前折半)。①

梁启超

梁启超如此为协和误诊"护短",不免让人觉得奇怪。有人分析是当时西医刚刚进入中国,梁启超不愿因为自己这件"既成事实"的事惹起国民对科学尤其是对医学的不信任,那可能会带来很负面的影响。因此,梁启超虽然已经知道"协和孟浪",但还是为其辩护。但作为一起医疗事故,事实就是事实,从患者的权力和利益言,梁启超这种掩盖真相的举措实在是不该,协和实在应该对这次失误进行反省,但却是一直隐瞒真相。20世纪70年代,梁思成在协和住院时,曾经从医生口中得知乃父手术的部分真相,原来协和疏忽,误割了他的好肾,把病肾留下了②;2006年8月10日,协和才公开了一批"特殊档案",人们才终于看到这些"活着的历史":护士圈错了手术位置,而大夫竟然并没有核查就手术了!

手术之后,梁启超总是在信函上告慰朋友亲人,说自己恢复得不错。但实际上其病情常常反复,他也确实未把自己看作一位大病之人,遵照医嘱好好休养,他实在是一个闲不下来的人,完全叫他过"老太爷的生活",他会觉得自己岂不成了废人,其精神上实在不能受此等痛苦。在手术刚刚半年的1926年9月份,梁启超已经再次入清华开始授课,每周除了完成课堂教学,还拨冗接待学生来访。

① 梁启超:《梁启超家书》,中国文联出版社2000年版,第407页。
② 吴荔明:《梁启超和他的儿女们》,北京大学出版社2009年版,第9页。

## 天丧斯文，伟者长逝

在梁启超生命的最后几年，最为让他大伤身体的还应该是他对于学术难以放下的执拗。他不辍笔耕，完成了一部又一部鸿篇伟著。1926年，他创作的主要学术著作有《中国历史研究法补编》《图书馆学季刊发刊辞》《王阳明知行合一之教》《先秦学术年表》《荀子评诸子语汇释》《韩非子显学篇释义》《民国初年之币制改革》，另外还有关于韩非子、尸子、淮南子、司马谈、《史记》《汉志》《庄子》《荀子》等诸多论著；1927年又撰著了《饮冰室合集》中的《中国文化史》《图书大辞典簿录之部》《儒家哲学》等书籍文章。创作如此丰富的学术成果，对于其身体元气不能不说造成了极大伤害。他几年来一直牵记在心的是编纂《中国图书大辞典》。这是一项重大的文化工程，对于开创中国的图书馆学将大有裨益，但也实在是一件责任过于重大的事业，体力消耗极大，亲人友朋都非常担忧梁启超身体，所以他终于决意采纳大家建议，辞掉这份过于劳苦的工作。但是他对于另一项工作即撰著《辛稼轩年谱》则是矢志不渝。1928年9月，他开始动笔，期间曾经因重病不复能做，被迫搁笔，入京就医后未曾复元又返回天津，感冒发烧仍改校前稿。10月份，又因痔疮大发而入住协和医院。西医的治疗方法实在是"头疼医头，脚疼医脚"，所以协和只管治疗痔疮，根本不顾及梁启超身体已极度虚弱，每天两杯泻油，这岂是久病之人所能降伏得了的？以致弄得肠胃糟糕到一塌糊涂，人也瘦到不成样子，精神委顿，尿血病复发。在医院中，他仍然多方托人查找有关辛弃疾的材料，后来得到相关的一册《信阳府志》，可谓欣喜若狂，立即带着泻药返回天津，继续《辛稼轩年谱》的撰述。在津地坚持待了四五十日，有时病痛至极时是一字一停，极为艰难，但是终于体气不支，渐至不能起床，舌头发强，神志不清，再次进入协和医院，被确诊得了一种极其罕见的肺部毒菌疾患。就在这生命危在旦夕之刻，梁启超仍然不忘为科学研究贡献最后的力量，亲嘱家人在其身后将遗体捐献解剖，供医学界研究这种疾病。

梁启超一生纵横驰骋，龙腾虎跳，天马行空，建奇功伟绩，最终的岁月却是这样在他一直信赖的协和医院度过的。1929年1月19日，梁启超终因肾病不治溘然长逝，享年57岁。第二天出版的《北平朝报》记录下了梁启超生命的最后一刻："是时梁之病室内外，其亲属友朋麇集，情形极为纷乱。其弟启勋及公子思达，女公子思懿、思宁在侧，旋其在天津南开大学服务之幼弟启雄亦赶到。二时一刻，梁病势转剧，喉间生痰。弟在病榻之左，大喊哥哥，儿在右哭叫爸爸。梁左望无语，旋右望，眼中落泪，即溘然长逝。一时哭声震耳。"梁思成曾经追忆其父："先君子曾谓'战士死于沙场，学者死于讲座'。方在清华、燕京讲学，未尝辞劳，乃至病笃仍不忘著述，身验斯言，悲哉！"①梁启超逝世后，根据其遗嘱，家人将饮冰室所藏图书3 470种41 819册全部捐给了北京图书馆，其中有不少都是善本、类本，编有《梁氏饮冰室藏书目录》。伟人不寿，社会各界深表痛惜，其知友同志及各界分别在京沪举行追悼大会，广东旅平同乡在广惠寺公祭任公，祭台前用素花扎成牌楼，缀"天丧斯文"四个大字，两侧悬熊希龄一对挽联：

> 十余年患难深交，有同骨肉，舍时去何先，著书未完难瞑目；
> 数小时行程迟误，莫接声容，悲余来已晚，扶棺一痛更伤心。

熊希龄（1870—1937），字秉三，晚署双清居士。湖南凤凰县人，人称熊凤凰。1894年，熊希龄补应殿试，中进士，授翰林院庶吉士，随后在芷江县城内青云街建"翰林第"。青年时期的熊希龄受梁启超、唐才常的不小影响，主张维新立宪。1897年10月，熊希龄与谭嗣同等在长沙创办时务学堂，任学堂提调，主持行政事务，积极推行新学。熊希龄后又与谭嗣同、唐才常等创设南学会、湘报馆，鼓动社会各方面人士从事变法维新。在戊戌变法期间，熊希龄提出"朝廷变法，首在兴学；兴学之本，先重师范"的主张，计划全面整顿湘省全部书院，以适应新法之需要。1898年9月，戊戌变法失败，熊希龄因"参与变法"之罪名被革职。1913年8月，熊希龄奉袁世凯令就任国务总理兼财政总长，提出"不问党不党，只问才不才"的组阁方针，人称其内阁为"第一流人才内阁"，梁启超即为其内阁司法总长。在其后梁启超参与发动的护国战争中，熊希龄虽被政府委派为宣抚员，但他私下却筹集粮款暗中帮助护国军。晚年，熊希龄也从政治巅峰转向慈善与教育，同为风云一生的人物，与梁启超可谓"同途同归"。 由此

---

① 丁文江、赵丰田：《梁启超年谱长编》，上海人民出版社1983年版，第1 201页。

看来，熊希龄与梁启超的交情很深，"物伤其类'，熊氏在梁氏逝世后的悲情可想而知。

梁启超逝世后，9月9日灵柩安葬香山墓园，与其妻李蕙仙合冢。其弟子吴其昌怀着悲痛的心情以梁门众弟子名义写下悼念先生的祭文，从这篇声情并茂的祭文中，我们可以想见任公对诸弟子的垂爱之情，以及弟子对其爱戴之意，不妨这里摘录一段：

忆我初来，稚态未薙。如拾土芥，视天下事。波湃疾书，一文万字。古杰自侪，时贤如沫。读未盈卷，丢卷思嬉。清华芳树，故解人媚。况有晚风，往往动袂。华灯初上，新月流睇。呼其朋雠，三四为队。师家北苑，门植繁李。率尔叩门，必蒙召趋。垂诲殷拳，近何所为？有何心得？复有何疑？精治考证，得证凡几？群嚣杂对，如佁呼市。画地指天，语无伦次。师未尝愠，一一温慰。亦颇有时，伸手拈髭。师居慈母，视我骄儿。虽未成材，顾而乐之。此一时也，而如隔世。①

在公祭期间，各界人士送来祭联、哀章达三千余件，可见时人对于梁启超的敬重，有一些挽联颇能代表人们对梁启超的评价，这里摘录一些，以备参阅：

阎锡山联：著作等身，试问当代英年，有几多私淑弟子；澄清揽辔，深慨同时群彦，更谁是继起人才。

冯玉祥联：矢志移山亦艰苦，大才如海更纵横。

蔡元培联：保障共和，应与松坡同不朽；宣传欧化，也作成就出光辉。

杨杏佛联：文开白话先河，自有勋劳垂学史；致以青苗一派，终怜凭藉误英雄。

杨度联：事业本寻常，成固欣然，败亦可喜；文章久零落，人皆欲杀，我独怜才。

张东荪联：本方寸间不容已愿轮，为先哲后哲续干灯，学通中外古

风雨饮冰室——新会梁氏家族文化评传

---

① 吴其昌：《梁启超传》之夏晓虹序《梁启超与吴其昌》，百花文艺出版社2004年版，第7页。

今，言满天下，名满天下，智过于师，万口争传大王路；是历史上有关系人物，更升平津平张三世，身阅坏空成住，知惟春秋，罪惟春秋，泣尽心血，一生肯作宁馨儿。

丁文江联：思想随时代而变，一瞑更何之，平生自任仔肩，政绩仅追刘正宇；文章得风气之先，百身嗟莫赎，少日酬知宣室，声名突过贾长沙。

"十年以后当思我，举国犹狂欲语谁？"梁启超的一生荣耀之至，又坎坷之至，在19世纪末20世纪初的中国，他如同辉耀东方天空的一颗烁亮的巨星，其政治抱负、其人格修养、其学问造就无不惹后人景仰，其影响极为深远阔大，在政治史、文化史、思想史、学术史、文学史上都留下了光辉灿烂的一页。陈伯庄曾经说："我们简直没有看见过一个人可以发生像他那样广泛而有力的影响。有人论及他的影响之久暂，评论他：其出现如长慧烛日，如琼花照世，不旋踵而光沉响绝，政治学术两界胥不发生绵续之影响。——此正任公之特异处。"①但是有时，我们也不免为梁启超感到遗憾。这个才智超群、开拓了许多中国未曾有过的事业的"天之骄子"却在政治上终未成大事；这个一生都处在政治立身与学术立家的矛盾中左冲右突的人物，一生都在呐喊，永远不甘寂寞，却是被医学所误最终缠绵床榻寻常死！

梁启超生前身后，其立身处世、读书向学的"善变"颇受世人讥评，也为他两次从政的经历抱憾致惜，他曾作《善变之豪杰》《俾士麦与格兰斯顿》表达他的信仰和理由。据他自己的解释，他是万变不离其宗，那就是"务求国之独立"，只要能使中国脱离险境、发愤图强，那就值得去尝试，至于其成就方略，那则是随时变通。极为可贵的是，梁启超非常具有知识分子的自省精神，勇于承认错误，更敢于承担责任。1921年在北京高等师范学校平民教育社讲演，他发表知悔之言："我近来却发现了自己一种罪恶。罪恶的来源在哪里呢？因为我从前总抛不掉贤人政治的旧观念，始终想凭借一种固有的势力来改良这个国家，所以和那些不该共事或不愿共事的人共过几回事。虽然我自信没有做坏事，多少总不免被人利用做坏事，我良心上无限痛苦，觉得简直是我间接的作恶。"在此之前梁启超有

① 陈伯庄：《通讯》，载《思想与时代》第13期。

第四章　献身廿作万矢的　著论求为百世师

《吾今后所以报国》文，自谓所效之劳，不足以偿所造之孽。在《清代学术概论》中，梁启超也写道："启超之在思想界，其破坏力确不小，而建设则未有闻。晚清思想界之粗率浅薄，启超与有罪焉。"①试看今日，能够拥有这种自省精神的知识分子能有几人？有论者将梁启超与其同代人相比，其言颇有道理："梁启超，作为近代知识分子的一个典型人物，有着过人的历史眼光和远大的社会抱负，但又过分迷恋于世俗的政治声望与得失，丢不掉做执政者导师的幻梦；有着深厚的学业基础与惊人的旺盛精力，但在学术上往往浅尝辄止，不求进一步的深入；胸襟博大，感情丰富，待师友、待亲人、待后辈，都热诚真挚，敢于乐于患难与共。……梁启超是一个有着多重性格、多重色彩的普通人。他缺少康有为一往直前从不回头的勇气，缺少谭嗣同豪侠任事、正气凛然的魄力，缺少王国维坚忍不拔、在学术上精雕细刻的精神与耐性，缺少黄遵宪审时度势、缜密思考的眼光与谋略，梁启超就是梁启超，他同时也是一个普通人。"②"任公先生崇拜王荆公，他的立身处世，学问文章也接近临川。越离他远，越感到他的声光魔力，振聋发聩，推倒一些豪杰，开拓万古心胸。等到一步一步走近他，会发现他不免有几分逞强作势，执拗粗疏，权奇自喜的地方，不全是天理人情，光风霁月的中和乐育。到离开他越久越远，会仍然意识到他的莽莽苍苍，参天拔地，'虽欲从之，末由也矣'的卓绝而伟大。"③

关于梁启超，或褒或贬自然都有其道理。但最终不可否认的是，梁启超实在是一个让人叹服的"百科全书"式的人物，他可能未能在某个学科领域做出多么高精尖的创造，但是他所开辟的学术领域之多却是近代知识分子中无人能匹敌的。他的伟大也自在于此。

---

① 梁启超：《清代学术概论》，上海古籍出版社1998年版，第89页。

② 吴廷嘉、沈大德：《梁启超评传》，百花文艺出版社1996年版，第149—150页。

③ 梁容若：《梁任公先生印象记》，见吴其昌编：《梁启超传》，百花文艺出版社2004年版，第205页。

# 下编

## 家文化：成行儿女皆成才

◎ 正如"楔子"中所言，梁启超长大成人的九个儿女个个都是人中龙凤，其中梁思成、梁思永、梁思礼等三个儿子都是院士，这在中国有院士制以来是绝无仅有的奇观。如果每个人都可以用生命的轨迹划破长空，留下属于自己的痕迹，那么，属于梁家的那片长空一定是群星璀璨，光辉照人！在这一编，笔者将重点对梁思成、梁思永、梁思礼之生平成就做简单评传，借此发掘梁氏"家文化"的无限魅力。

◎

## 梁家有男初长成

在我国乃至世界建筑界，梁思成的名字可谓"如雷贯耳"。梁思成1901年出生于日本，是梁启超的长子，比其姐思顺小了整整八岁。其实，在梁思成出生之前，梁启超得有一子，出生不到两个月就夭折了[①]，这令当时在政治生涯上正声名鹊起的梁启超很是伤感。可以想见，在历经了"戊戌政变"的去国流亡、颠沛流离之后，梁思成这个男婴的出生给梁家带来了多少欢乐和抚慰，也给"伦常道"观念极重的梁启超带来了多少希望和满足。这个替代"长子"传续香火的梁家子嗣是梁氏夫妻乃至祖父梁宝瑛的掌上明珠，真是"捧在手里怕掉了，含在嘴里怕化了"，"思成"这个名字就似乎蕴含着长辈无限的疼惜和期待。不幸的是，思成生下来就有点异样，首先是与正常婴儿相比，他的两条腿罗圈得厉害，脚尖相对，梁家在千方百计纠正无效的情况下就求助于医生，医生建议用竹板将其两腿并夹起来。经过一段时间的纠正，果然罗圈轻多了。梁启超已经心满意足，

---

① 思成前一子及1919年出生的梁思广、1926年出生的梁思同均夭亡。

孩子双腿稍微有一点小差池，无非走路会有一点点慢或者跛，只要他健健康康的，也就无甚紧要吧。但接着家人就发现，"健健康康"似乎也很成问题，梁思成隔三差五地就会生点小毛病，不是吐了就是拉了，再不就是发烧了，让一家人时不时地担受惊吓，真是"娇儿难养"啊！有一段时间，夫人李蕙仙做梦时常常梦见那个夭折的长子，她将这个梦境说给家人，家人觉得这里边似有玄机，于是决定将长子的位子留着，梁思成"安分守己"地做个老二好了。这也是为什么其弟弟妹妹、侄子外甥们称呼梁思成为二哥、二舅的原因。或许是迷梦可信，或许是心理作用，或许是已经过了七病八灾的年龄，"圆梦"之后瘦弱伶仃的梁思成果然灾病见少了。

梁思成在日本生活了11年，自横滨时期开始晓事。当时他的父亲正在编《新民丛报》，他们的家就在印刷厂的二楼。照顾他的阿姨是日本女人。日本地震非常多，小地震几乎没隔几天就会造访一次。每当发生地震的时候，他的母亲因为缠过小脚不便上下楼奔走，他的阿姨就会赶快把他抱下楼来。梁思成每天到华侨办的大同学校附属幼儿园去学习，教师也全是慈祥温柔的日本女人。这些给幼年的梁思成留下深刻的印象。

在前文我们曾经说过，1906年始，他们开始借住在一位华侨在神户郊外须磨海滨依山傍海的"怡和山庄"别墅，即海涛与松涛相闻的"双涛园"。就像梁启超幼年时所受的家教一样，这一群大大小小的孩子在怡和山庄也接受了最初的爱国主义和民族主义教育，梁启超在办报纸、著述、接见来宾的闲暇，常常给群童讲述民族英雄的故事，如南宋良臣陆秀夫在元兵追逼下，不愿成为俘虏，背幼主在梁启超新会老家的崖山跳海而亡。这些故事在梁家代代相传，成为他们最早的启蒙教育的生动教材。到须磨时梁思成已经虚岁六岁，他和稍大一点的孩子们一起到神户附近华侨办的同文学校上学。须磨离神户还有不短的一段路程，每天他们带着午间要用的饭团搭小火车去学校。大概那个时候的梁思成身体还不是很硬朗，据吴荔明《梁启超和他的儿女们》记载，在去赶小火车的路上，无论时间多么紧迫，哪怕赶不上当班车次，她的二舅总会条件反射般地需要在路旁拉一泡屎才能继续赶路，不仅别人着急，他自己也着急得哇哇叫，大喊："等等我！等等我！"小车站上的值警已经认识了这帮孩童，所以后来索性等他们都到齐后，才吹哨为火车放行。梁思成在神户读完了小学，其成绩并不算特别优异。

## 清华八年，风华正茂

1912年，梁启超结束了14年流亡生涯回到国内，次年其家人也回北京定居。他们在紫禁城边的南长街上找到一所四合院，那个四合院有许多分割的天井，能够容住这个日渐增员的家庭和仆人，而且那里是市中心，离作为财务总长的梁启超的办公室即北海公园入口也不远。从日本环境优美宁静的神户须磨海滨迁居繁华陆离的都城，从能说满口流利的日语到生活于完全用汉语的北京，一家人的生活都有了很大变化，但是，幸好在日本生活期间，梁启超就从未中断对子女的中文教育。回到北京，眼光远大的梁启超开始琢磨调整子女们的学业，他认为是到了该学习英语的阶段，于是他把梁思成送到了一所著名的英文学校，梁思成在这所学校度过了1913—1915年的中学岁月，为他以后到用英文教学的清华学校学习打下了语言基础。

1915年，中学毕业的梁思成如愿以偿地考入清华学校学习。清华学校初名清华学堂，始建于1911年，是一所由美国"退还"的部分"庚子赔款"建立的留美预备学校，这所学校毕业的学生一般可以作为公费生派往美国留学，1912年始更名为清华学校。清华学校位于北京西北郊繁盛的园林区，这里原本是几处清代皇家园林的遗址，学堂当初就在这遗址上扩建而成，园内林木俊秀，水木清华，清澈的万泉河水从腹蜿蜒流过，勾连成一处处湖泊和小溪，周围高等学府和名园古迹林立，是读书修养的佳地美景。1925年，清华学校开始设立大学部，招收四年制本科大学生，设立一个国学研究院，因为有梁启超、王国维、陈寅恪、赵元任等四大导师而名震一时；1928年更名为"国立清华大学"，主张"中西兼容、文理渗透、古今贯通"的教风和学风，之后成为中国最为著名的高等学府之一。在抗日战争爆发之后，清华大学和北京大学、南开大学在内地昆明联合成立"国立西南联合大学"。当时的西南联大名师云集，文人辐辏，学风优良，蜚声海内外。师生在极为艰难困苦的条件下风雨同舟、休戚与共，为灾难中的中国保存了几所高校可贵的人文传统，也为中国的灾后重建培养了一批可贵的人才。今天，我们打开中国现代文化史的卷册，无不感慨于当时西南联大师生在如火如荼的岁月中的那份执着和创造。可惜的是，中华人民共和国成立后的1952年，国家高等教育院系调整，清华大学被定位

风雨饮冰室——新会梁氏家族文化评传

为一所多学科性的工业大学，重点为国家培养工程技术人才，人文社会科学学科被废黜。1978年中国改革开放后，清华大学才逐步恢复了理科、经济管理和人文社会科学等多学科，再次进入了一个蓬勃发展的新时期。

从1915年到1923年，梁思成在这所用英语上课、完全效仿西方教育模式进行日常教学活动的清华学校整整学习生活了八年，这八年漫长时光在其一生中具有极为重要的意义。清华学堂的预科课程按照美国高中的建制，非常注重英文和科学教学，不少教师就来自英美，他们直接用英语教授课程，但是这里同样重视文化素质教育，体育、艺术、音乐等也都占有一定比重。清华学校离梁家当时的住处有些远，来往交通是个问题，所以梁思成一般都是住校。在这八年里，身材矮小、面容清秀、性格爽直、风趣幽默，而且先天脚板有些斜的梁家大少爷，在清华学校成长为一个琴棋书画无所不通的少年才子，在音乐、体育和素描方面显现出天赋。梁思成酷爱音乐，曾经拜张蔼贞为师学习钢琴。1918年，清华学校成立管乐队，16岁的思成是学校管乐队的队长，主吹第一小号，还擅长演奏短笛。他常常身穿缀着彩色丝绦制作、浆得笔挺的制服，披挂整齐，领着一帮人操着西洋乐器在校园里敲锣打鼓。思成的另一项特长则是钢笔画，常常拿起画笔静静地坐在树荫下描摹眼前的风景，转眼间就画成了一幅形肖逼真的素描。他是清华艺术社的社员，担任1923年大学年刊《清华人》的艺术编辑，为该刊绘了好几张精彩的水墨画和几幅漫画。无怪乎在年刊的学生名册里，同学们形容他是艺术家、作家，还对其"高度的音感"颇为钦羡。出乎意料的是，腿脚稍有不便的梁思成竟然还是一名运动健将，他不仅是一个出色的单双杠运动员，还是一名足球健将，甚至曾在一次全校的运动会上获得清华的跳高冠军，他的攀爬能力更是奇佳。梁启超在清华的朋友见到思成竟然有这样的运动素养，曾经征求任公意见，推荐其专门进行体育训练，以期成为这方面的人才，要知道，东亚病夫的中国当时在体育事业上自然是毫无建树的。儿子能够受到这样的高看，梁启超自然内心欢欣，因为我们知道，思成从小就是一个病病歪歪的角色，现在他在体育上这么棒，说明他真的已经长大成人，身强体壮，能够抵挡得住人生风雨，不用其父再为其担忧了。但是梁启超还是婉言谢绝了，他更愿意自己的长子能够成为一位学贯中西、在某个学科领域有所造就的学界领军人物。在政治方面，梁思成也颇有乃父之才华，《梁思成先生诞辰八十五周年纪念文集》中黄延复有一文，详细记载了思成在清华八年所显露的冷静而敏捷的政治头脑。

不过，梁思成既没有成为一个音乐家，也没有成为一个大画家，更没有成为一个家喻户晓的运动员，他也没能成为他父亲梁启超那样的集政治家、思想家、文学家和史学大师于一身的传奇人物，最终他成为一名在当时还让人感到陌生的建筑学家，这一点，是他自己也没想到的。虽然多年以后，梁思成在回顾自己的学生生涯时，对清华的课程有些不以为然，他认为八年课程完全可以缩短为四年完成，但是，我们又怎么能够说他音乐的聪慧、画家的才情、运动的天赋和思想者的睿智没有体现在建筑上呢？他的少年天分实际上和他后来能够成为卓越的建筑学家别有关联。优美的建筑，是凝固的音乐，也是不朽的绘画，他考察古代建筑时娴熟的爬高上低的技术多凭了他早年在运动上的积累，而其在建筑史上的伟大创作又将其睿智敏捷、包容丰富的思想体现得何等淋漓尽致，他的政治才华、体育才华、音乐才华和绘画才华终于一起"质变"成了他在建筑文化上的不朽创造！

## 拟出洋突遇车祸，梁任公勉以国学

1923年，就是梁思成终于结束了在清华园的读书生活，正处在准备考试然后申请去美国留学的兴奋之中时，一桩飞来横祸从天而降！那就是前边我们谈到的5月7日被金永炎汽车撞伤之事。这个时期，梁启超一家都已经住在天津。那一天，是梁启超二弟的生日，又是"五七"国耻纪念日，学生们上街示威游行，这当口儿，正好梁启超居北京西山谢客养病，思成他们便跟梁启超进了北京城。思成和思永同坐从菲律宾带来的小汽车出门，在南长街口被黎元洪的亲信金永炎的大汽车撞倒在地，思成受了重伤，躺在地上面如死灰，不能动弹，而思永则满脸流血。《晨报》登载了这一消息，梁启超生怕身在海外的大女儿思顺看到报纸吓坏了，赶快给她写信，梁启超在信中这样写道："出事后约摸二十多分钟，思成渐渐回转过来，血色也有了，我去拉他的手，他使劲握着我不放，抱着亲我的脸，说道：爹爹啊，你的不孝顺儿子，爹爹妈妈还没有完全把这身体交给我，我便把它毁坏了，你别要想我吧。……我那时候心真碎了……我心里想，

风雨饮冰室——新会梁氏家族文化评传

114

只要拾回性命，便残疾也甘心。"他忍不住表扬自己的孩子："两个孩子真勇敢得可爱，思成受如此重伤，忍耐得住，还安慰我们，思永伤亦不轻，还拼命看护他的哥哥。"经过检查，思成是左腿撞断了，思永则是嘴巴和腿部的一点轻伤。真是谢天谢地，这个好容易长大成人的思成并没有生命危险！"若使上帝告诉我们，说你的孩子总要受伤，伤什么地方听你自择，我们只有说是请伤这里，因为除此以外，无论伤哪里，都是不了。"[①]在5月11日的另一封给思顺的信中，梁启超又这样描写自己的两个爱子："思永嘴不能吃东西，思成便大嚼大啖去气他。思成腿不能动，思永便大跳大舞去气他。真顽皮得岂有此理。这次小小飞灾，很看出他们弟兄两个勇敢和纯挚的性质，我很喜欢。"看得出，梁启超对于两个儿子发自内心的疼爱和自豪。

或许真是应了孟子那句千古名言："天将降大任于斯人也，必先苦其心志，劳其筋骨，饿其体肤，空乏其身，行拂乱其所为，所以动心忍性，增益其所不能。"梁思成被撞一事粉碎了他这一年留洋的梦想，但是在梁启超看来，晚一年出洋也并非就是坏事。1923年7月26日，梁启超与梁思成一书，告之决定令彼缓一年出洋：

汝母归后说情形，吾意以迟一年出洋为要，志摩亦如此说，昨得君劢书，亦力以为言。盖身体未完全复元，旋行恐出毛病，为一时欲速之念所中，而贻终身之戚，甚不可也。人生之旅历途甚长，所争决不在一年半月，万不可因此着急失望，招精神上之萎丧。汝生平处境太顺，小挫折正磨练德性之好机会，况在国内多预备一年，即以学业论，亦本未尝有损失耶。吾星期日或当入京一行，届时来视汝。[②]

但是，这场车祸毕竟给任公爱子造成了极大的创伤：住院期间做过三次手术，才终于将腿部骨头接好了。思成在手术后留下了终生的残疾，他的左腿比右腿短了1公分多，这使得他走起路来有些跛。这对于一向勇毅的思成还不算什么，更为严重的是，这次车祸使他的脊椎因强震而损伤，

① 丁文江、赵丰田：《梁启超年谱长编》，上海人民出版社1983年版，第994页。
② 1923年7月26日《致梁思成》，见《梁启超家书》，中国文联出版社2000年版，第323页。

以后的生涯他有时必须穿着沉重的铁背心才能让脊背挺起来——你无法想象后来成为中国第一个受过严格的西方建筑学教育的著名学者怎么跛着脚、穿着一件"铁铠甲"完成了一次又一次的野外考察！"福兮，祸之所伏"，如果要说从这次车祸上得到的"福"，那应该有两点，一是梁思成遭遇车祸打动了美人林徽音（后"音"改为"因"）的芳心，或者是她萌发了一种疼爱之情；二是梁思成趁住院好好修补了国学。青年梁思成在父亲的设计之下，收敛起他在清华大学展露出的锋芒，最终选择了文化创造之路。

## 徐林恋终成云烟，梁公子因祸得福

1923年，林徽因也考取了官费留学美国。在父辈的安排下，1924年6月底，梁思成、梁思永兄弟和林徽因结伴出发去美国，踏上了漫漫4年的求学路。

梁思成和林徽因其实是一对少时的朋友，这缘于他们父辈那种契阔生死的交情。林徽因，原籍福建闽侯，祖父林孝恂，1889年进士。其父林长民为孝恂长子，早年在日本早稻田大学习政治法律，曾经支持辛亥革命，后做过段祺瑞政府的司法总长。1904年，林徽因出生于浙江杭州陆官巷，是林长民的第二个夫人所生。她聪明漂亮，又非常擅于料理家事，很得父亲的欢心。1916年，林徽因与表姐们到英国教会办的北京培华女子中学读书，她在这所学校一直学习到1923年。在培华期间的1918年，梁思成与林徽因相识，当时林徽因还是十三四岁的青葱少女，双方父母心照不宣，暗暗把他们看作一对未来的良配佳偶，只是他们还小，都在学业晋升的关键阶段，不便谈婚论嫁而已。但是在林徽因欧游期间却发生了一件被后来许多文人墨客所渲染的林徽因与徐志摩的浪漫传奇。在中国现代新诗史上，徐志摩是一颗耀眼的明星。在成为前期新月派的代表诗人、后期新月派的掌门人之前，徐志摩就是梁启超非常欣赏的私淑弟子，梁很看重徐的聪慧，在学业和事业上都非常关爱他。1920年春，林长民赴欧洲访问考察，林徽因亦随父赴欧洲游历，秋天时节认识了比自己大7岁、已有妻室的徐志摩。当徐志摩遇到这样一位天仙般的少女，他诗人的内心腾地燃起爱的炙焰；情窦初开的林也不可能对才华丰茂、温婉多情的志摩无动于衷，二人互生好感。但是，徐是一个家有妻室、为人父亲的男子，作为受过严格的传统文化教育的大家闺秀，林必须做出明智的选择。1922年3月，徐志摩离婚，但这年春天，林徽因、梁思成婚事其实"已有成言"，只未定聘而已。梁启超的得意弟子徐志摩和梁启超的得意长子梁思成，二人都有很好的家庭出身，也都接受了不错的学业教育，都是聪敏智慧、大有前途之人，可以想见，林徽因在之间选择的煎熬。徐志摩后来成为梁思成、林徽因夫妇终生的挚友。随着徐志摩后来的飞机失事，那种当初的煎熬，或许伴随了林徽因一生，成其终生所有追悔中最浓的无奈和最深的痛。

　　1921年10月，林徽因又随父从英赴法，12月回到上海，梁启超派人接林徽因回到北京，仍进培华女中读书。林徽因这次欧洲游历，目的正如林长民所言："第一要汝多观览诸国事物增长见识。第二要汝近我身边领晤我的胸次怀抱；……第三要汝暂时离去烦琐家庭生活，俾得扩大眼光养成将来改良社会的见解与能力。"①可见，林家的家教背景和梁家很类似。随同父亲欧游，使林徽因收获颇丰，特别是在社交能力方面的培养和磨炼，对她学成以后的事业发展大有裨益。回到中国以后，梁思成和林徽因又见面了。梁思成后来曾回忆说，当他去拜访林徽因时，她刚随父亲从英国访问回来，在交谈中，小仙子一样美丽聪慧的林谈到以后要学习建筑，而梁思成当时连建筑是什么还不知道。徽因告诉他，那是包括艺术和工程技术为一体的一门学科。因为思成喜爱绘画，建筑又和画图有关系，所以他也想选择"建筑"这个专业。细细想来，梁思成在少年时代所具有的艺术感悟力、所培养发展的艺术才华以及他在运动方面所具备的天分虽然正是他以后成长为一个非凡的建筑学家的良好潜质，但林徽因的一番话却也是梁思成人生抉择时的良好触媒。

　　无论如何，1923年的这场车祸，终于使得思成、徽因这一对才子佳人的心走得更近了。梁思成刚刚出事，林徽因就赶到医院探望，梁启超在5月8日的信中就谈道"内中还把一个徽因也急死了，也饿着守了大半天"。之后，年轻美丽、端庄优雅的林徽因就常常守候在思成的病床前，有时她也将手绢浸泡了凉水，为思成擦洗脸上的汗水；还常常讲一些欧洲见闻给思成疏散卧床的郁闷，天性富有幽默感和愉快性情的思成在林小姐的陪伴下觉得住院的日子也并非那么不堪了。李蕙仙对于大家闺秀林徽因在大庭广众之下这样的"轻薄之举"有些看不惯，所以就和思成呕气，但梁启超很是欣喜，在8月8日给思顺信中，他也说到要把思成、徽因的信寄给思顺，可以了解他俩现时情状，也可见那位不害羞的女孩儿如何可爱；在9月10日信中又说把思成的信寄给思顺，"看你那顽皮的弟弟和将来的顽皮弟妇"。徽因几乎日日来看护思成，慢慢地李、林二人也就俨然婆媳相依了。总之，这段相处使二人相互增加了了解，增进了感情，两颗心越来越近，梁思成可谓从这次车难中"因祸得福"，最终赢得了高傲的林小姐的青睐，而且自此之后梁思成与林徽因的人生道路差不多是合二为一。

### 梁林相携同赴美，从此双双比翼飞

　　1924年6月底，梁思成、梁思永兄弟和林徽因一起踏上了赴美求学的漫漫旅途。7月7日抵达绮色佳康奈尔大学。林选户外写生和高等代数；梁选水彩静物画、户外写生和三角。9月，结束康校暑期课程，林、梁同往宾夕法尼亚大学就读，梁思成学习建筑艺术。宾夕法尼亚大学1740年由美国著名科学家和政治家、独立宣言起草人之一本杰明·富兰克林创办，是美国宾夕法尼亚州费城的一所男女同校的私立大学，也是美国常春藤盟校成员之一。宾大并非一所依照英国模式开设老式课程的大学，它开创了现代美国教育制度的先河，不仅首先设立了科学课程，同时还是第一个开设历史、数学、农学、英语和现代语言等课程，标志着新的高等学府模式在北美洲的诞生，在许多科学研究领域，宾大都做出过开创性贡献。到这样一所历史悠久的知名高校读书，梁思成非常刻苦，尤其对西方文化和建筑历史有特殊爱好。他说自己读书用的是"笨功夫"，那就是到图书馆博览群书，研究古代历史，参观古代文物，把著名古建筑一个个默画下来。他在宾大查阅了大量中国古代美术作品，这些都是在国内无法见到的，令他沉醉，甚至让不能一睹为快的梁启超甚为羡慕。此时梁思成感到研究工作不能光在书本中寻找资料，而必须到实践中去考察研究，他经常趁假日到美国、加拿大各地游历，到欧洲考察建筑的想法也在他心中扎下了根。

　　在宾大求学期间，梁思成和林徽因都历经了丧亲之恸：1924年9月梁母李蕙仙去世，1925年12月林父林长民在参加讨伐张作霖时兵败身亡。在失去亲人的悲痛中，彼此相濡以沫，共同度过了一段灰暗的人生。更应当说，他们有幸有一位共同的伟大的父辈梁启超，使他们在这种事情的处理上更多一分理智和清醒。林长民去世后，留下两位遗孀还有几位孩子，且相互关系不恰，只有三百元的现钱还不够殡葬之用，是梁启超跑前跑后为其张罗后事，真可谓是尽了一位至交之情

梁思成与林徽因

怀。梁启超在这个阶段经济上其实也并不宽裕，身体上也是病相不断，他却给眼看着失去了读书支持的林徽因一次次去信，一再表示要将其当作自己的"女儿"养护，鼓励她切勿放弃学业，千万要把思亲之念暂时按下，只有学得学问归国后才能赡养母亲、报答亲恩。他一次次嘱咐思成，在此时此刻，一定要好好安抚徽因，他说"徽音遭此惨痛，惟一的伴侣，惟一的安慰，就只靠你。你要自己镇静着，才能安慰他"①，并告诫二人，"你们现在着急也无益，只有努力把自己学问学够了回来，创造世界才是"②。他还一直牵挂着徽因的健康，生怕她由于失亲的煎熬而伤了身体。

　　当然，作为一对恋爱中的青年，面对情感的不确定性，他们也有过如常人一般的争吵别扭。像林徽因这样一位优秀女性，对其表达倾心和暗暗爱慕的绝不只是徐志摩一个人，所以梁思成也就随时会有"情敌来犯"的担忧，况且林的个性又是那么强，又爱开别人玩笑！或许，即便梁思成才华横溢、温文尔雅、人品高尚、前程无量，林徽因的内心对于思成还是有不如意的地方，例如他身体不好，例如他的跛，例如他的不够高大威猛，当然这只是我们的妄加猜测罢了。而且在个性呢，他们的差别又是那样明显，林徽因是那样活泼、开朗、善于交游的人；甚至在观念上也有些

---

① 1925年12月27日《致梁思成》，见《梁启超家书》，中国文联出版社2000年版，第385页。
② 1926年1月5日《致梁思成》，见《梁启超家书》，中国文联出版社2000年版，第387页。

差距，梁思成把徽因视为未订婚的未婚妻，这是一种很亲密的关系，但林徽因却陶醉着她的自由，在家庭和文化压抑之外，她找到了自己快乐的天地。有一段时间，林徽因、梁思成就像在"刀山剑树"上过活，那日子"比城隍庙十五殿里画出来还可怕"，思成后来忏悔了，他毕竟是非常珍视林徽因的，不忍心因为互相的猜忌而分手。林徽因对美的追求是不言而喻的。在每一次梁思成去约会林时，林都要在宿舍楼上经过精雕细琢般的打扮后才会下来，或许这也是女性表现自己的高傲以及考验男性忠诚的小心眼儿吧，或许也是一种撒娇或矫情吧，梁思成不得不耐心地痴痴等待。所以，后来梁思永有"林小姐千装万扮始出来，梁公子一等再等终成配"的谐对，正是对此非常形象的描述。

1927年2月，梁思成以优异成绩获得建筑学学士学位，7月获得建筑学硕士学位；林徽因在2月获得美术学士的学位。此时，梁思成发现中国建筑史研究领域还是空白，于是决心投身其中。硕士毕业后，他本来准备立时回国考察古建筑，但是当时中国时局混乱，没有人知道自己能在此安居几日，通行处处受阻，事业创造更是谈不上，在梁启超的劝说下，思成申请到哈佛大学的科学和艺术研究生院继续研读一年。由于又考虑到在林长民去世后，思成回国后必得迎养林徽因的母亲，需要有一份更为稳扎稳打的工作，而建筑艺术怕太单一，所以思成到哈佛改学建筑学，专门进行中国建筑史方面的文献考据，准备撰写"中国宫室史"的博士论文。可以说，梁思成极有学术洞察力和远见，几乎在青年时代就抵达了学术高峰。

在梁启超的几个儿子中，梁思成可谓最得父亲偏爱、器重和提携；换言之，父亲的卓越、理想以及对儿子的关怀塑造了梁思成。1927年年末，梁启超征求了思成、徽因是否约定婚期的意见，于12月初在国内为他们婚事正式行文定礼，从其信函中谈到的诸样聘礼以及在北京家中所行典礼，可见是极为郑重庄严的，而且梁启超还帮他们仔细策划了重要环节，即在加拿大由思顺主持于教堂举行西式婚礼，然后到欧洲游历考察一年，之后再回到国内在双方姻亲的见证下正式举行传统中式婚礼。为这个儿子的婚事，梁启超可谓操碎了心，可以说，这是他晚年非常重视的、一定要做到尽善尽美的一件事，每一个程式、每一个细节他都反复和思顺、思成交换意见，在《致梁思成》函中，情绪激动的梁启超毫不掩饰自己的得意，也毫不回避自己的伤感，给儿子写下了这样的话："这几天为你们聘礼，我精神上非常愉快，你想从抱在怀里‘小不点点’（是经过千灾百难的），一个孩子盘到成人，品性学问都还算有出息，眼看着就要缔结美满的婚姻，而且不久就要返国，回到我的怀里，如何不高兴？……想起你妈妈不能小待数年，看见今日，不免起些伤感，但他脱离尘恼，在彼岸上一定是含笑的。"①

1928年3月21日，梁思成与林徽因在加拿大渥太华梁思成姐夫任总领事的中国总领事馆举行婚礼，才女林徽因穿的是自己设计的婚礼服，光彩照人。他们之所以选择这一天，据说是为了纪念他们非常敬仰的宋代建筑师李诫，1932年8月他们的儿子出生，取名从诫。对于一对佳侣终成眷属，梁启超仍像几个月前行聘时激动不已："一家的冢嗣，成此大礼，老人欣悦情怀可想而知。尤其令我喜欢者，我以素来偏爱女孩之人，今又添了一位法律上的女儿，其可爱与我原有的女儿们相等，真是我全生涯中极愉快的一件事。"②后来梁思成与林徽因，两个性格上反差极大的爱侣风雨同舟度过了27年的人生，他们在旅欧归国时在西伯利亚大铁路线上结识的美国朋友查尔斯在1980年回顾说："菲莉思是感情充沛、坚强有力、惹人注目和爱开玩笑的。她疯狂地喜欢梅兰芳，因为梅兰芳在她在场时从来不敢坐下；她为能把传统戏剧带进二十世纪的节奏的前景而欢喜。思成则是斯文、富于幽默感和愉快的，对于古代公共建筑、桥梁、城墙、商店和民居的任其损坏或被破坏深恶痛绝。他们两人合在一起形成完美的组合……一种气质和技巧的平衡，即使在其早期阶段的产出也要比它的组成部分的总和大得多———一种罕有的产生奇迹的配合。"③

### 赴欧考察，共创新业

"读万卷书，行万里路"，这是一句至理名言。梁思成在美国三所大学求学，博览群书，已经在理论上获得了足够的知识储备，缺乏的是实地

---

① 1927年12月18日《致梁思成》，见《梁启超家书》，中国文联出版社2000年版，第516页。

② 1928年4月26日《致梁思成、林徽因》，见《梁启超家书》，中国文联出版社2000年版，第530页。

③ 费慰梅：《林徽因与梁思成》，成寒译，法律出版社2010年版，第46页。

考察、将书面的知识与实在的建筑相结合的认知实践。他本来特别渴望能够回国考察一番中式古代建筑，但由于国内军阀纷争，混乱如麻，只好听从父亲的建议而作罢。梁启超给他们欧游做了详细安排，也提出了自己的要求：在路线上到英国折往瑞典、挪威，尽赏北欧特色，尤其是严整又有新意的市政；然后入德国，除了参观几个古都市，要参观莱茵河畔的著名城堡，回头折往瑞士享受自然之美，再入意大利多待些日子，彻底研究了解文艺复兴时代的艺术，最好回到法国旅游，到马赛或西班牙返程，中间也最好走一趟土耳其，看看回教的建筑和美术，另外还要做出详尽的日记记录考察情形及观感，附带着帮梁启超调查土耳其革命后的政治情况，最好购得一两部英文的相关书籍带回。梁启超连二人路上的安全、何地入国境、花费、要购什么样的图书、返回国内的海关以及何时拜谒林徽因娘家都考虑得极为周全。梁启超所做精心安排的沿途所经的名胜古迹，既有超凡的人文景观，也有旖旎的自然风光，更有对市政规划方面的特别提醒，还有对文化历史的指导和研究要求，包括书写游记锻炼文笔。可以看出，任公精心打造的"蜜月之旅"，既是作为新婚的礼物、学业的奖赏，又是为了提升他们的专业的好机遇，他也期待儿子趁中国古建筑在战乱中破坏严重、无法实地考察之时节，搞一搞副业《中国美术史》。

婚礼之后，二人旋即赴欧洲参观考察古建筑。在欧游期间，每到一地，二人一般会通过当地中国驻外使领馆作为联络地点，给家里寄回几张明信片，以纪念到此一游，也让父亲放心自己的行程。林徽因几年前曾经伴着父亲逗留欧洲数月，虽是故地重游，但因为历经了人生诸多变故，又带着学术考察的目的，所以这次游历对于他们日后的学术发展都是非常重要的积累。新婚夫妻每到一处认真地记日记、做记录、照相、画图，为以后他们所进行的建筑史的教学科研搜集了大量珍贵的文献资料，可以说欧洲之行奠定了梁思成、林徽因以后建筑事业的基础。

欧洲参观完古建筑，梁思成携林徽因于8月18日回到北京。新人到家，合家喜气洋溢。初到那天看到梁思成那般风尘憔悴、面庞黑瘦的样子，其老父亲很是疼惜和不悦，待养转过来雄姿英发，自然越看越爱。"新娘子非常大方，又非常亲热，不解作从前旧家庭虚伪的神容，又没有新时髦的讨厌习气，和我们家的孩子像同一个模型铸出来。所以全家人高兴，就和思庄回家来一般，连老白鼻也是一天挨着二嫂不肯离去。"[①]一位历尽人间难以历数的沧海桑田的老父，在晚年对于人生的很多期待都寄托在孩子身上，那份殷切之情、拳拳寸心可感可叹！

梁思成刚回国后到沈阳东北大学工作，创办了东北大学建筑系，任教授兼系主任。1929年1月19日，梁启超病故，梁思成、林徽因为其父设计墓碑。8月，林徽因从东北回到北平，在协和医院生下女儿，取名再冰，意为纪念已故祖父梁启超"饮冰室主人"的雅号。林徽因不耐东北的寒冷，但她依然以极大的热情投身新开创的事业，当1929年张学良以奖金征东北大学校徽图案，林徽因设计的"白山黑水"图案中奖。我们也可以想象他们当年内心的另一层隐痛：林长民正是在东北被张作霖的炮火炸死的，多少痛苦都可以忍去，他们非常珍视在战乱的时代自己能有这样一份衣食无忧、可以实践自己建筑梦想的一份工作。1930年林徽因被发现生了肺病，提前回到北平。1931年九一八事变前夕，梁思成回到北平参加中国营造学社，任法式部主任。到学社后，梁思成改变了学社过去只注重文献考证的研究方法，组织调查队，从1931年至1937年，他带领考察队走遍了华北地区，到偏僻的乡村去探寻古代建筑。对所发现的古建筑，诸如五台山佛光寺（唐）、太原晋祠（宋）等，都进行测绘、摄影、分析、研究鉴定，写出了有科学价值的调查报告，为他日后写《中国建筑史》搜集了最宝贵的第一手材料。梁思成也是第一个运用现代科学方法，对我国建筑进行分析研究的学者，从此开拓了中国建筑史的研究道路。

### 患难李庄，相濡以沫

梁思成一生最为艰难的岁月，抗日战争时避难重庆郊外李庄时大概可算是一段。

1937年7月，梁思成、林徽因携同莫宗江、纪玉堂赴五台山考察古建筑，林徽因意外地发现榆次宋代的雨花宫及唐代佛光寺的建筑年代，惊喜不已，正在这时，他们得知发生"卢沟桥事变"，不得不匆匆返回北平。在打点了行装后，8月，林徽因一家从北平到天津乘船去烟台，又从济南

---

① 1928年8月22日《致梁思顺》，见《梁启超家书》，中国文联出版社2000年版，第553页。

乘火车经徐州、郑州、武汉南下，9月中旬抵长沙。11月24日，日机轰炸长沙，梁思成一家险些丧生。在林徽因当时的文字中，她这样写着："我们已经决定离开此处到云南去……我们的国家还没有组织到可使我们对战争能够有所效力的程度，以致至今我们还只是'战争累赘'而已。既然如此，何不腾出地方，到更远的角落里去呢。有朝一日连那地方（指昆明）也会被轰炸，但眼下也没有更好的地方可去了。"[1]他们不得不离开长沙，继续寻找安全之所，道经常德、晃县、贵阳、镇宁、普安、曲靖，最后到达大后方昆明。当时，不少从战区逃亡出来的知识分子都到昆明来了。梁思成经与中美庚款基金会联系，组建了营造学社西南小分队，渴望继续自己的研究。1939年，梁思成还同刘敦桢等一起，去云南、四川、陕西、西康等地做古建筑考察，林徽因为云南大学设计女生宿舍；也是自1939年起，梁思成担任中央博物院建筑史料编纂委员会主任。昆明的日子并不好过，李健吾在《林徽因》一文中曾经写道有人看见林徽因在昆明的街头提了瓶子打油买醋。李健吾感到不同寻常的震惊：作为林长民疼爱的女公子、梁启超呵护的长儿媳、北平"太太客厅"里口若悬河的大才女，现在竟然干起了女佣的活计，这种反差实在过于巨大了。但是，云南也不安静了，他们的住处又几经周折。当时，国立同济大学、中央研究院、中央博物院筹备处、中央营造学社、中国大地测量所、北京大学文科研究所等高等学府、研究机构等开始陆续辗转迁移至四川宜宾李庄，一大批海内外知名专家学者云集于此。李庄这个长江上游的千年古镇一时间与重庆、成都、昆明并称为大后方四大文化中心。李庄地处长江南岸，历史悠久，春秋战国时即为古僰人聚居地，属古僰国、僰侯国地。南朝梁武帝太清二年（548年）置南广县，治设今李庄。明朝末年，张献忠滥杀无辜，使四川境内十室九空，后来才有了"湖广填四川"的移民潮。李庄这个小村落坐落在江边，离四川宜宾60华里，人口仅有1.2万，是一个不错的移民点，地方政府和乡绅也都表示欢迎一些研究机构迁移至此。

1940年初冬，营造学社随"史语所"入川，梁思成、林徽因一家亦迁至南溪县李庄镇上坝村，梁思永一家当时也随"史语所"入川。梁思成夫妇与中国营造学社的同仁们一起度过了一段艰苦而难忘的时光。他们当时

① 费慰梅：《林徽因与梁思成》，成寒译，法律出版社2010年版，第131页。

风雨饮冰室——新会梁氏家族文化评传

的家实在简陋至极，比在昆明还要差得多。住的房子是低矮的小屋，墙体是竹篾抹泥造成的，阴暗潮湿，顶上席棚是蛇鼠常常欢乐聚会的地方，屋里没有什么家具，林徽因的床铺都是窄窄的帆布行军床，床上又常出现成群结队的臭虫，没有自来水和电灯，吃水要到村外的水塘去挑，连煤油灯都是过于奢侈的用品了，晚上只能靠菜油灯照明，粮菜供应更谈不上。后来他们只好自己在房前屋后撒一点西红柿等种子，收获一些菜蔬。梁思成年轻时车祸造成的创伤现在又复发了，疼得坐立不安，索性穿着铁背心过活。照料孩子等大量的家务都得林徽因勉强负担，林徽因感到无奈痛苦，在给美国朋友费慰梅的信中她透露了自己的苦衷："每当我做些家务活时，我总觉得太可惜了，觉得我是在冷落了一些素昧平生但更有意思、更为重要的人们。于是，我赶快干完手边的活儿，以便去同他们'谈心'，倘若家务活儿老干不完，并且一桩桩地不断添新的，我就会烦躁起来，所以我一向搞不好家务，因为我的心总一半在旁处。"不久，一向身体就不太健朗的林徽因因为颠簸流离、营养不足、气候恶劣而爆发了肺结核，药物治疗又常常不及时，从此抱病卧床四年。在其病重的日子，她美丽的容颜就像经霜的秋叶一样慢慢凋零，其高傲的灵魂也在忍受着无边的孤独。她曾经给在京城时的好友沈从文写去信件，质问苍天：如果你真有，那么请明白地告诉我，像我这样的人需不需要还活着？如果不需，现在悬着的日子，也是一种奢侈；如果需要，那么还要有肺病吗？那同样是一种奢侈。在给费慰梅的信中，林徽因说："那些伺候了我们九到十年的破袍子烂衣服必须拿出来修补了。思成要到重庆去，他的东西必须先补。去年冬天他在重庆把它们磨损得这么厉害，它们就像大战后的军舰，必须拉到干船坞去大修，有些被鱼雷或炸弹毁坏得这么厉害，要修理还真的要很大的技巧。"两个幼小的孩子梁再冰和梁从诫常常偎在母亲的床前，或听其用微弱的声音辅导功课，或看着母亲嶙峋的肉体在剧烈的咳喘下那可怕的起伏，未经多少世事的心灵塞满了"会否失去母亲"的恐惧。金岳霖从昆明赶去李庄看林徽因，得知她家连一双鞋子都买不起，一支体温计被儿子梁从诫不小心摔碎，林半年来就是凭感觉测度自己是否在发烧！这一切怎不令知己老友们痛彻心扉！深爱着徽因的丈夫梁思成在忍受自己的病痛和照顾子女的疲累下，看着妻子的惨状，这个一向坚毅、稳健的男人也忍不住浩叹坠泪。梁思成，这个现代建筑学界的风云人物、梁启超的心肝宝贝成了林徽因的"特护",他学会了蒸馒头、煮饭、做菜、泡菜和用橘皮做果酱。梁思成一直对于妻子的病弱感到抱愧,在给费慰梅的信中,他说或许正是自己未曾尽到应尽的责任,耽搁了妻子的治疗和休养。另外林徽因的母亲自他们回国始一直就在跟着他们生活,现在当然也一起在李庄;其时梁思永也正经历着人生最大的灾难,他由于肋膜炎、肺炎发作,也卧床数月,甚至医生几次告以思成此病恐怕危险,思成还要腾出极大精力照料思永一家。

就是在如此这般艰难的条件下,梁思成、林徽因与同事们还是要投入紧张忙碌的学术考察和研究。他们当时的主要任务就是进行《中国建筑史》的写作。在这个恍如与世隔绝的小村里,没有印刷工具,他们只能采用手写和最原始的石印。每当夜幕降临,这对患难夫妻只能借着菜油灯摇曳的微光,佝偻着背一字一字地书写。林徽因无法下床,就只能靠在被子上工作,她的病榻前堆积起厚厚的《二十四史》和数以千计的照片、实测草图、数据以及大量的文字记录,她执笔撰写了五代、宋、辽、金等朝代的内容,并承担了全部书稿的校阅任务。与以前在美国和欧洲的生活相比,或者仅仅与回国后在东北艰难创业的初期相比,简直是天堂与地狱之别啊!当1942年年底,梁思成夫妇的美国朋友费正清来李庄探望二位,发现思成的体重消瘦到只有47公斤,林徽因咳嗽不断,每天还要工作到夜半,当时的《中国建筑史》才完成11万字,体力已经透支得非常过度。但费正清发现他们仍然雄心勃勃,并维持着在任何情况下都不会消泯的像贵族一样的高贵和斯文。有这样一个细节我们必须记下来,太平洋战争爆发前夕,美国学界及友人邀请梁思成全家到美国定居,他回信说:"我的祖国正在灾难中,我不能离开她;假使我必须死在刺刀和炸弹下,我要死在祖国的土地上。"林徽因,这样一位娇贵高雅的女人,当朋友说:"你身体如此虚弱,要是敌人来了,你跑都跑不了。"她天使一般地笑了:"那门前不就是扬子江吗?"

当然,他们也有极为快乐的时候,那就是有朋自远方来,如金岳霖、费正清等到访,他们夫妻高兴得简直要流泪。再一种"寻欢作乐"就是大家一起聊天。一天梁思成和老舍、华罗庚一起闲聊,老舍抱怨说整天坐着写稿,屁股都磨出老茧来了。梁开玩笑说:"为什么不抹点油?"老舍回答"只有二两油,不够抹的",华罗庚接上来说"我那份不要了,全给你"。逗贫嘴谁也逗不过老舍，所以他们"成立"了一个"废话协会"，老舍当主席，梁和华罗庚甘拜下风做副主席。梁思成当时47公斤还不是最瘦的，夏衍只有44公斤，而夏鼐45公斤，他们调侃成立一个"瘦协"，夏衍任会长，他和夏鼐是副会长，三人各提一根拐杖，见面不握手，碰碰杆就行了。梁思成的乐观和幽默处处体现在生活中，给一家人带来很多生趣。当物价飞涨家中揭不开锅时，他就不得不把家中衣物拿去当卖，他有一只戴了多年的手表，他开玩笑说："把这只表'红烧'了吧！这件衣服可以'清炖'吗？"①重病卧床的林徽因给费慰梅寄的信件中有一封是他们夫妇和金岳霖三人合写的，每人写一段（当时重庆发邮信函非常昂贵，一般都是一个信封夹带几封信），林徽因说忙碌的梁思成就像纽约中央车站，杂七杂八的各种事情像各线火车都向他冲来。她说自己也许仍是站长，但思成是车站，金岳霖就像一个过客，过客"对交通略有干扰，但总能使正常车站显得更有趣，使站长更高兴些"。梁思成附言："现在轮到车站了：其主梁因构造不佳而严重倾斜，加以协和医院设计和施工的丑陋的钢铁支架经过七年服务已经严重损耗，从我下面经过的繁忙的战时交通看来已经动摇了我的基础。"②林徽因、梁思成如此调侃自己非常痛苦的病状，真是难得的幽默和坚毅，这些流传开来的故事也足以反映出当时这些文人苦中作乐的生趣来。

### 面对救济，"感与惭并"

1941年，傅斯年辞去中央研究院代理总干事之职由重庆赶赴李庄，当他兴致勃勃地去看望梁思成兄弟时，才发现二人身陷如此危难困境。傅斯年极为牵挂不安，1942年4月18日他给朱家骅写信申请救济，信是这样写的：

> 梁任公家道清寒，兄必知之。他们二人万里跋涉，到湘、到桂、到滇、到川，已弄得吃尽当光，又逢此等病，其势不可终日，弟在此看着，实在难过，兄必有同感也。弟之看法，政府对于他们兄弟，似当给些补助……

① 梁再冰：《回忆我的父亲梁思成》，见《梁思成先生诞生八十五周年纪念文集》，清华大学出版社1986年版，第241页。
② 费慰梅：《林徽因与梁思成》，成寒译，法律出版社2010年版，第156页。

思成之研究中国建筑，并世无匹，营造学社，即彼一人耳（在君语）。营造学社历年之成绩为日本人羡妒不置，此亦发扬中国文物之一大科目也。……

总之，二人皆今日难得之贤士，亦皆国际知名之中国学人。今日在此困难中，论其家世，论其个人，政府皆宜有所体恤也。未知吾兄可否与陈布雷先生一商此事，便中向介公一言，说明梁任公之后嗣，人品学问，皆中国之第一流人物，国际知名，而病困至此，似乎可赠以二三万元（此数虽大，然此等病症，所费也不止此也）。国家虽不能承认梁任公在政治上有何贡献，然其在文化上之贡献有不可没者。而名人之后，如梁氏兄弟者，亦复少！

……此事弟觉得在体统上不失为正。弟平日向不赞成此等事，今日国家如此，个人如此，为人谋应稍从权。此事看来，弟全是多事，弟于任公，本不佩服，然知其在文运上之贡献有不可没者，今日徘徊思永、思成二人之处境，恐无外边帮助要出事，而帮助似亦有其理由也，此事请兄谈及时千万勿说明是弟起意为感，如何？乞示及，至荷。①

蒋介石知道这些情况后，从自己的特殊经费中拨出两万元慨然相赠。在这件事上，傅斯年的热血热肠纵然可敬，但蒋某人的所作所为也当可感，因为梁启超当年可是痛骂过国民党的！作为"史语所"的负责人，在请求救济事前傅斯年并没有征求梁氏兄弟意见，但当这一消息最终传到梁家，是林徽因最先得知，她在感激朋友的热血热肠的同时，也代表兄弟二人表达了惭愧不安，她的回信彰显了一个知识者有气节、有良知、有尊严、高尚清正、敢于共担时艰的可贵品质，不妨一录：

……接到要件一束，大吃一惊，开函拜读，则感与惭并，半天作奇异感！空言不能陈万一，雅不欲循俗进谢，但得书不报，意又未安。踌躇了许久仍是临书木讷，话不知从何说起！

① 原资料来源为《朱家骅档案》NO. 73—936，未正式出版。这封信的影印件在台湾王汎森、杜正胜编的《傅斯年文物资料选辑》一书第217页。本文引自吴荔明《梁启超和他的儿女们》，北京大学出版社2009年版，第202—203页。

今日里巷之士穷愁疾病，屯蹶颠沛者甚多。固为抗战生活之一部，独思成兄弟年来蒙你老兄种种帮忙，营救护理无所不至，一切医药未曾欠缺，在你方面固然是存天下之义，而无有所私，但在我们方面虽感到lucky终增愧悚，深觉抗战中未有贡献，自身先成朋友及社会上的累赘的可耻。

现在你又以成永兄弟危苦之情上闻介公，丛细之事累及泳霓先生，为拟长文说明工作之优异，侈誉过实，必使动听，深知老兄苦心，但读后惭汗满背矣！

尤其是关于我的地方，一言之誉可使我疚心疾首，凤夜愁痛。日念平白吃了三十多年饭，始终是一张空头支票难得兑现。好容易盼到孩子稍大，可以全力工作几年，偏偏碰上大战，转入井白柴米的阵地，五年大好光阴又失之交臂。近来更胶着于疾病处残之阶段，体衰智困，学问工作恐已无份，将来终负今日教勉之意，太难为情了。

素来厚惠可以言图报，惟受同情，则感奋之余反而缄默，此情想老兄伉俪皆能体谅，匆匆这几行，自然书不尽意。

思永已知此事否？思成平日谦谦怕见人，得电必苦不知所措。希望泳霓先生会将经过略告之，俾引见访谢时不至于茫然。……①

从这一封信，我们已可见得梁家后人为人处事之一斑。是啊，比起那些为国牺牲的将士，在大后方即便苦难也已经是天堂了！况且，哪一家又没有难处呢？李济的两个女儿都已养到十几岁，一个死于昆明，一个损于李庄！就是梁家自己的亲人也已有葬身于罪恶的侵略战争的：1941年，在成都，日军利用恶劣天气奇袭中国空军双流基地，一个中国飞行员不顾日机的轰炸扫射，冒死登机起飞，在机身未及拉起时就被击中，壮烈殉国，他，就是林徽因的三弟，在北平西总布胡同老宅家人呼为"三爷"的林恒。林徽因在三年后写下了那首有名的长诗《哭三弟恒》：

弟弟，我没有适合时代的语言
来哀悼你的死；

它是时代向你的要求，简单的，你给了。

这冷酷简单的壮烈是时代的诗

这沉默的光荣是你。

……

要相信我的心多苦，喉咙多哑，

你永不会回来了，我知道，

青年的热血做了科学的代替；

中国的悲怆永沉在我的心底。

啊，你别难过，难过了我给不出安慰。

……

　　"啊，你别难过，难过了我给不出安慰"，生者无以安慰死者，这是何等心竭无望的哀悼和呼号！在诗中，林徽因还悲怆地写下："今天你没有儿女牵挂需要抚恤同安慰，//而万千国人像已忘掉，你死是为了谁！"悲不自胜的林徽因面对着国人的健忘，简直无法评断弟弟的死是不是真的值得。梁从诫后来回忆，在李庄的岁月，每当七七卢沟桥事变的纪念日中午十二点，父亲都要带着他们在饭桌前庄严肃立，为抗战死去的将士们默哀三分钟。

　　在太平洋战争期间，美军轰炸日本本土，梁思成夫妇为盟军精心地标出了许多古城、古镇、古建筑的方位，所以后来东京、大阪等城市受到重创，但是古物最多的奈良和京都的古建筑绝大多数却幸免于难。这正是梁思成夫妇的功劳。至今日本学者谈到梁思成，都还崇敬之至，称他为"古都的恩人"。梁思成这样解释他提出这个建议的原因："要是从我个人感情出发，我是恨不得炸沉日本的。但建筑绝不是某一民族的，而是全人类文明的结晶。"是的，在一位富有人文情怀的学者的内心，古老而伟大的艺术是超越国界而为人类共有的精神财富！但是他在中华人民共和国建立后却未能保护住自己古都北京那些伟大精湛的建筑艺术，这是他终生引以为憾的！据说当胜利的消息传到李庄时，梁思成正好到重庆去迎接费慰梅，羸弱的林徽因庆祝胜利的方式是让再冰的男同学用轿子抬着到一里外的李庄镇上，他们在街上吃了一顿饭，又进了一家茶铺——这是她在镇上整整五年时间里的第一次"出游"，她以这种可能不利于自己健康的出行，来祭奠自己似水年华在这方水土的流逝，也以此迎接新的生活的到来！回到那处破残的家，她以难以压抑的激动给费慰梅写信，向朋友描述自己的快乐。梁思成如果在身边，他一定会吟诵那首传唱千年的杜甫的《闻官军收河南河北》吧？——

　　剑外忽传收蓟北，初闻涕泪满衣裳。

　　却看妻子愁何在，漫卷诗书喜欲狂。

　　白日放歌须纵酒，青春作伴好还乡。

　　即从巴峡穿巫峡，便下襄阳向洛阳。

　　1946年，在梁思成、林徽因建议下，清华大学（其时还在昆明，与北京大学、南开大学合为国立西南联合大学）拟设建筑系。他们回到阔别9年的北平，梁思成正式到清华大学工作，担任教授兼系主任。刚过不惑之年的梁思成，在中国政治上最为黑暗和堕落的年代，在多少人为了一己私利蝇营狗苟、发国难财的岁月，他和林徽因一起潜心中国建筑学的开创，为中国的大学先后创办了两个建筑系，在他的培养濡染下，带出了中国最早的一批建筑学专业学生，这是何等了不起的才华和功业！正如梁思成的父亲生前所教导他的，要记住曾国藩的那句话："但闻耕耘，不问收获！"其实，也就在"不问收获"、专心致志的钻研中，所有的付出都得到了回报。至此，他也达到了自己学术上的巅峰，成为国际知名的中国建筑学学者。

　　1946年11月至1947年6月，梁思成应美国耶鲁大学之聘，到耶鲁做访问教授——那是他父亲生前极其愿望一往的耶鲁。耶鲁大学，被美国人称为"总统的摇篮"，它其实位于康涅狄格州（State of Connecticut）的一个小城市——纽黑文（New Haven）。它于1701年由10位公理主义者在一个集会上创立，原名Collegiate School（大学学校），设在萨柏克（Saybrook）。1716年，该校搬到纽黑文，因为英国商人伊莱林·耶鲁（Elihu Yale）慷慨捐助他的藏书、货物及一幅乔治一世的字画而改名为耶鲁大学。耶鲁也是举世公认的"人文科学的殿堂"，它缔造了荟萃世界优秀人才的"国际社区"，拥有建于1752年的古色古香的康州会堂和哥特式（Gothic）建筑风格的斯特林纪念图书馆。这是一个建筑学家梦寐以求的读书教学的地方，近现代史上的中国学人容闳、詹天佑、马寅初、晏阳初、李斌宁也出身于耶鲁。1947年1月至1947年6月，梁思成又作为中国代表担任联合国大厦设计委员会顾问。关于这件事还有一段佳话。当时他们的朋友、语言学家罗常培也在美国，他去拜访梁思成时找不到他，于是留下一个字条："梁思成成天乱跑。"梁思成有一次也去拜访罗常培，适逢罗也不在，梁于是也留下一个留言："罗常培常不在家。"后来他们将其编成一副戏谑的妙对：罗常培常不在家，大儒常陪女弟子；梁思成妄思伏骥，拙匠思成联国楼。1948年，梁思成获得美国普林斯顿大学荣誉博士学位，这也是无上的殊荣；也就在这一年，他当选为中央研究院院士。

## 《中国建筑史》：病榻上铸就的辉煌

从1942年开始着手编写《中国建筑史》，到1944年，梁思成夫妇终于以两年之功完成了这部著作。梁思成20世纪20年代在留美学习时，看到欧洲各国对本国的古建筑已有系统的整理和研究，并写出本国的建筑史，唯独中国这个古建筑极其发达和壮美的东方古国，却没有自己的建筑史，他当时就立下夙愿——"中国建筑史要由中国人来写"。在他心中，一个国家的子民没有对自己母国文明的足够认识，没有一份深沉的民族自尊和自强之念，于己是一件悲哀可羞的事情，于国家民族则是未来的灾难；同时，他也把建筑视为民族性格的一部分。他所著就的这部《中国建筑史》正是我国第一部由中国人自己编写的比较完善、系统的"中国建筑史"。他当年的夙愿终于得以实现了，在民族命运飘摇不定的岁月，他从建筑文化摸索着中国文化的脉象，感知着这个伟大民族灿烂的过往！在第一章第一节《中国建筑的特征》中，有这样一段文字，

中国建筑乃一独立之结构系统，历史悠长，散布区域辽阔。在军事、政治及思想方面，中国虽常与他族接触，但建筑之基本结构及部署之原则，仅有和缓之变迁，顺序之进展，直至最近半世纪，未受其他建筑之影响。数千年来无遽变之迹，渗杂之象，一贯以其独特纯粹之木构系统，随我民族足迹所至，树立文化表志，都会边疆，无论其为一郡之雄，或一村之僻，其大小建置，或为我国人民居处之所托，或为我政治、宗教、国

防、经济之所系，上自文化精神之重，下至服饰、车马、工艺、器用之细，无不与之息息相关。中国建筑之个性乃即我民族之性格，即我艺术及思想特殊之一部，非但在其结构本身之材质方法而已。

梁思成对于建筑有着自己独特的思考和见解，他生动地将构件、装饰和建筑单体称作建筑上的"词汇"，对应地将构件之间、构件和它们的加工处理以及建筑单体之间的处理方法和相互关系称为建筑上的"文法"。这样，建筑在他的眼里，就是活色生香的语言表达了。在撰著的过程中，梁思成注重把西方科学的研究方法与东方建筑的魅力融会贯通，其总体布局也体现了梁思成科学的研究方法和指导思想，《中国建筑史》正是一部体现了东西方文化于一体的研究成果。梁思成在第一章的"绪论"部分首先从总体上阐明了中国建筑的基本特征，方便读者"先事把握，加以理解，始不至淆乱一系建筑自身优劣之准绳，不惑于他时他族建筑与我之异同"，接着提出了中国建筑史的几个分期，这种分期方法非常便于专业查阅和课堂讲解，之后是对宋《营造法式》与清工部《工程做法则例》这两部中国古代建筑的 "文法课本"的详细论析解读。这里要说的是，《营造法式》简直是一部"天书"，梁思成为研究它付出了无以计量的心血。有一个插曲值得一提，就在梁思成苦心钻研这部宋代伟大的建筑学书籍时，与此同时，在日本，有一个叫竹岛卓一的人也正在从事同样的研究，他以《〈营造法式〉研究》完成了自己的博士学位论文。在太平洋战争的后期，日本本土列岛遭到同盟军的轰炸，竹岛的两册研究稿被炮火轰毁。两个不同国度——一个战争发动国、一个被侵略国的学者的同一种研究被同一场战争所破坏或推延，这都是战争惹的祸！第二章以后，梁思成就是按照前边的分期逐个朝代阐述中国古建筑"词汇""文法"的历史演变与发展。《中国建筑史》的这种结撰方法有效地将中国古代建筑悠久的文化艺术一一展现在读者面前，读者能从中一目了然地看出建筑文化的传承与发展。其研究线索明晰，理论联系实例，语言精练生动，叙述详略得当，并能恰当地穿插相关的政治、经济、文化背景，又有史的宏观格局，能体现建筑文化与相关学科的密切关系，还能体现个性化的独特创造。这也正体现了学术与建筑教育结合的理念，在中国建筑学初创的阶段，这是一个难能可贵的方法。

这部在苦难岁月写就的伟著，每一个汉字都是由梁思成夫妇的血汗和泪水所浇铸，每一个汉字都是悲叹都是惊喜都是通向神圣的符码，每一个汉字都闪耀着战争岁月知识者那不屈的灵魂的光辉！这是一部不朽的著作！为了让外国人更多地了解中国建筑灿烂辉煌的艺术，在这一阶段，梁思成还用英文为外国读者写了一本通俗易懂的《图像中国建筑史》①，他期待自此以后这本由中国人自己写就的"中国建筑史"开始在国际上闪耀其光辉。但是此书的出版实在是经历了人间太多的风云变幻，它的本身既是现代中国一段历史的见证，又是一个辛酸的无法弥补的传奇！在梁思成接受美国耶鲁大学邀请到纽黑文去做中国艺术和建筑的客座教授时，同年他还收到普林斯顿大学的邀请，请他1947年4月参加"远东文化与社会"国际研讨会的领导工作，于是他带上了他的《图像中国建筑史》插图和英文稿本，期望在美期间寻找出版机会。留美时他和林徽因的好朋友费慰梅一起修改了文字部分。1947年4月，接到妻子病危电报的梁思成将图片、照片留给费慰梅，自己带着文稿登上归国的轮船，准备在半月的航行中进一步改订。在经过了生死磨难之后，林徽因病情慢慢转好。不久，北平和平解放，中美自此断绝一切往来，插图与文稿也从此相隔天涯。1955年，梁思成在遭受了妻子逝世的巨大不幸之后，决定振作起来，联系费慰梅，重拾自己多年前的计划，出版他的著作《图像中国建筑史》。几经周折辗转，他终于把信件捎到了费慰梅手上，请她把存放的图片、照片通过一个在英国的学生送还给他。费慰梅根据他的嘱咐把资料邮寄，并在1957年4月收到了该学生说包裹收妥的信函。直到1978年，费慰梅才知道梁思成始终没有收到包裹，原来这些资料直到1972年梁思成谢世还一直石沉大海，杳无音讯！怀着对朋友深深的歉疚和怀念，费慰梅开始追查包裹的下落。1980年，她通过一位英国朋友找到了当年那位受人之托的留英生在新加坡的住址，那个资料包裹这么多年竟然被她原封不动地束之高阁！几经交涉，包裹被送回北京，与清华大学所存梁思成当年所著述的英文文稿合璧。费慰梅接受清华大学建筑系主任吴良镛先生之委托，和梁思成第二夫人林洙历经三年核对插图、补正标码，终于在1984年这本失而复得的著作得以重见天日，由全球著名的美国麻省理工学院出版社出版了，这真是一个奇迹！

---

① 吴荔明《梁启超与他的儿女们》中译为《图说中国建筑史》。

梁思成几十年前的关于中国建筑文化的深刻认识和独到见解依然不失其领先性，立即引起了国际建筑学界的极大关注，为此，麻省理工学院出版社在1984年获得了美国出版联合会专业和学术书籍的金奖。1991年，精通英文和建筑的梁思成的儿子梁从诫把《图像中国建筑史》英文本翻译为中文，交由北京建工出版社出版，中国建筑学界才有机会读到这本学术巨著。《图像中国建筑史》几个月销售一空，在1992年获得了由中国出版协会评审的优秀图书奖。

## 那样的岁月那些爱

无论《中国建筑史》还是《图像中国建筑史》，都是梁氏夫妇血泪的结晶，更是二人爱的结晶！或许，林徽因拥有过太多的人间挚爱，尤其是来自优秀异性的爱恋和倾慕，但是，能有哪一份爱如梁思成所能给予她的如此厚重如此富有！林徽因当初在爱情和婚姻上的选择，就不仅仅只关涉情感的抉择，它更是一种文化事业的抉择，正如梁从诫曾经回答别人的话：徐志摩和林徽因之间谈不上多么深厚的爱情，因为徐志摩渴望的东西林徽因理解，但林徽因需要的徐志摩不见得懂得。真是知母莫如其子啊！徐志摩是一池春水，是春水中最激滟最妩媚的柔波，他的柔情蜜意和诗人气质让所有的妙龄少女倾慕；但梁思成是一座伟岸的峰峦，他坚毅、厚重、博大、宽容，值得不愿空置生命、珍爱思想自由的女人靠上自己疲倦的头颅，一生一世去相守！这一对"欢喜冤家"相挽相依、相辅相成，分享着人生的每一寸华丽与荣光，也量度着生命的每一节黯淡与忧伤，最终成为现代文化史上令人仰望的"双璧"！后人总是喜欢演绎徐志摩对林徽因的热切爱恋，不厌其烦地猜测林徽因从胡适手里要走的那一部分"志摩日记"；也有人愿为总要跟在梁思成与林徽因身边生活、终身未娶甘当"灯泡"的金岳霖抱打不平……我们宁愿相信这一切"绯闻"都是真的，或许他们恰好证明了梁思成有一位值得宠爱的女人，或许这些也徒增了梁林生命中美好温馨的情节，谁能保证自己漫长而充满变数的人生不会有那么一点点浪漫轻狂？所谓"爱人"，恰如一个人在漫无边际的沙滩上捡拾海潮冲来的贝壳，我们永远不可能知道哪一枚最完美、最卓异，我们只能在自己篮子中捡到的那有限的几枚中挑选一枚最适合自己的——是的，最合适的才是最优秀的。所以，我们真该对梁思成所有的包容、对林徽因所有的任性莞尔一笑。

顺便再啰唆几句的是金岳霖对林徽因矢志不渝的爱，圈子的朋友人所共知，梁家也从来不回避。徐志摩1931年就走了，而他对于梁家尤其是对于徽因最大的帮助，是在这一年把金岳霖这个哲学家引见到了北京的总布胡同梁家。金岳霖比梁、林要大几岁，在欧美留学多年后归国在清华大学哲学系任教授——其实当初的哲学系就他一个老师，当时也就只招了一个弟子。他曾经有过几次恋爱经历，但终究失败。他是那样奇怪的一个人，从来西装革履，皮鞋锃亮，戴着黑白两片的眼睛和宽宽帽檐的大礼帽，就连他的学问也怪怪的，他是中国当时独一无二的逻辑学家。1932年，当思成从外地考察古建筑回来，徽因像对一个哥哥倾诉一般告诉他：她同时爱上了两个男人，不知如何是好。梁思成虽然极为痛楚，但他保持自己的风度，说让她自己选择，他甚至觉得林徽因跟金岳霖生活比跟着自己幸福。当林把这个回答告诉金，金决定自己退出，因为"思成是真正爱你的，我不能去伤害一个真正爱你的人"。金岳霖从此成为梁思成和林徽因都最信赖的朋友，或者说他就是"梁家"的一分子，当二人发生口角的时候，就请更富有理性的"老金"来"断案"；当思成外出考察、出访的时候，一家老小也常常拜托老金照料，就在1946年他们回到北平前，费慰梅带着重病的林徽因乘机先行离开四川，安排她到昆明休养，是当时留在云南西南联大工作的老金照顾林的生活。梁思成、老金、林徽因他们会毫不顾忌地把他们之间的故事和相互的依赖都写信告诉费慰梅，他们之间建立了常人难以想象的、外人不可攻讦的友谊，这种友谊点亮了丧乱时代彼此的灰暗人生。在给费慰梅的信中，老金曾经说：离开了梁家，自己就像失去了魂儿一样。当梁思成、林徽因实在没有能力照顾两个孩子时，老金就像他们的父亲，照顾他们、疼爱他们。在林徽因去世后，金岳霖依然保持着对她的爱和深深的怀恋，有时拿起她的照片就会痛哭，也从不会将这种感情回避他人，直到九十多岁去世。孤身一人的金岳霖晚年一直跟着梁从诫生活，这个从小被金伯伯疼爱着长大的"小弟"一直称老金为"金爸"。老金、梁思成那一代人的情谊、胸怀和才智，或许是我们这一代所不能完全理解的。

不过，病苦并未因为梁思成对妻子的百般宠爱和金岳霖对朋友的至情至性而稍稍离开过他们，就在1947年12月，林徽因的肺结核病已经到了晚期，结核菌侵入她的肾脏，不得不做了一个肾脏切除手术！据医生告诉费慰梅，她短暂而灵动的生命即将走向终点，最多只有5年时间。

## 国徽·人民英雄纪念碑

在中华人民共和国成立前夕，不少知友亲朋都离开大陆去了国外，他们劝梁思成夫妇也早作打算，但是梁氏再次拒绝了，他深深感到，战争中那么多建筑毁于炮火，祖国的灾后重建是一项艰巨的任务，在这样的时期，作为一个建筑学的专家，怎么能置之不理、一走了之呢？！而留下来，或许意味着枯木逢春，或者是再次领受上帝安排的另一段艰辛旅程！1949年12月，梁思成、林徽因终于回到阔别九年的北京。在好友故旧重新团聚的热闹中，林徽因已经很难站着和大家一起合影，可是她脸上的笑容却是那样的灿烂，她依然活力四射地拥抱生活。

1949年7月10日，新中国政协筹备委员会在《人民日报》等报纸上刊出《征求国旗、国徽图案及国歌词谱的启事》，其中对国徽的设计要求是：第一，中国特征；第二，政权特征；第三，形式须庄严富丽，截止日期为当年的8月20日。启事发表后，收到国内及海外华侨的国徽应征图案900余幅，其中几乎没有符合要求的。9月27日，第一届全国政协第一次全体会议讨论并通过了国旗、国都、纪年和国歌四个决议案，只有国徽暂付阙如。大会主席团决定，邀请专家另行设计国徽图案。所以，1949年10月1日开国大典举行时，天安门城楼上未能悬挂代表新中国的国徽。就是在这样的情况下，产生了以梁思成、林徽因为首的清华大学营建系设计小组和以来自延安、中共党内公认的首席美术设计家张仃为首的中央美术学院设计小组。两方的设计历经半年多的反复讨论、修改，在吸纳双方优长的情况下，林徽因和梁思成共同起草了署名"清华大学营建学系"的《国徽设计说明书》。在新的国徽设计定稿中，经研究必须加入天安门，林徽因、梁思成接受了，又对它做了艺术改造，例如在天安门与五星的比重上，突出了五星，让有可能被解读为封建皇权象征之嫌的天安门被置于五星红旗的包围中，红黄互衬，演绎了国徽的内涵；设计者根据30年代中国营造学社绘制的天安门实测图，将天安门做了图案式、虚拟化的处理，设计不仅高度精确，又做了象征化处理，避免了与写实的天安门风景画趋近，非常具有民族特色，还能体现政权特征。这一梁氏夫妇又一次合作的艺术精品最终在1950年6月23日全国政协一届二次全体会议上决议通过，毛泽东亲自向与会代表展示了国徽设计模型，中华人民共和国国徽正式诞生。

之后，梁思成和林徽因又领导、参与了人民英雄纪念碑的设计。1949年9月30日，中国人民政治协商会议第一届全体会议决定，为了纪念在人民解放战争和人民革命中牺牲的人民英雄，在首都北京建立人民英雄纪念碑，纪念碑的设计应该能够体现"纪念死者，鼓舞生者"的意图，并在这一天举行了奠基仪式。人民英雄纪念碑的设计也经过了许多设计者的积极参与、献计献策，是体现共同智慧和才华的一件杰作。北京市人民政府曾向全国各地征集纪念碑的设计方案，曾征集到140多件，经广泛征求意见、反复讨论，最终选取修改的方案是由梁思成制定下来的，他在结合了多处古建筑外形的基础上，设计形成了纪念碑的雏形，并在碑顶上破天荒地加了个"小屋顶"的装饰，这一小小添加后来被广泛运用到其他新建筑上。设计过程中，林徽因被任命为人民英雄纪念碑建筑委员会委员。在设计工作中，林徽因不仅承担美术设计方面的任务，而且对于纪念碑的整体造型、结构等都提出过重要意见。在作为主要负责人的梁思成忙于赴苏访问等工作时，林徽因承担了设计小组的组织任务并亲自为碑座和碑身设计了全套饰纹，特别是纪念碑小须弥碑座上的一系列花环浮雕。林徽因的设计最能体现中国唐代的传统文化特色，刚柔并济，又能显示时代风貌和社会形态。如果我们仔细查阅这些设计的过程和最终定案，就会发现常常是林徽因首先拿出草稿，最后由梁思成综合各方意见做出定稿。这也是他们自学生时代就开始的合作，费慰梅在《梁思成与林徽因》中有这样一段话："在大学生时代，他们性格上的差异就在工作作风上表现出来。满脑子创造性的徽因常常先画出一张草图或建筑图样。随着工作的进展，就会提出并采纳各种修正或改进的建议，它们自己又由于更好的意见的提出而被丢弃。当交图的最后限期快到的时候，就是在画图板前加班加点拼命赶工也交不上所要求的齐齐整整的设计图定稿了。这时候思成就参加进来，以他那准确和漂亮的绘图功夫，把那乱七八糟的草图变成一张清楚整齐能够交卷的成品。他们的这种合作，每个人都向建筑事业贡献出他的（或她的）特殊天赋，在他们今后共同的专业生涯中一直坚持着。"

"一身诗意千寻瀑，万古人间四月天"（金岳霖悼念林徽因挽联）的林徽因在1955年4月1日逝世，人民英雄纪念碑建筑委员会决定把她亲自设计的纪念碑须弥座装饰纹样———一块汉白玉花圈纹饰镌刻于她的墓前，上面还刻着梁思成亲自题下的"建筑师林徽因墓"七个大字。我不由得想起林徽因那首诗《写给我的大姐》：

当我去了，
还有未说完的话，
好像客人去后杯里留下的茶；
说的时候，同喝的机会，
都已错过，
主客黯然，
可不必再去惋惜它。
如果有点感伤，
你把脸掉向窗外，
落日将尽时，
西天上，总还留有晚霞。

今天，每当我们凝望庄重大方、美轮美奂的国徽，或漫步在天安门广场，看到巍峨耸立、庄严肃穆的人民英雄纪念碑，再看看当时都抱病在身的梁思成、林徽因在病床上认真探讨纪念碑每一个设计细节的照片，我们是否应该向这两位为新中国初创时披荆斩棘的事业贡献了才智和心血的建筑学家献上我们深深的敬意？

## 北京城·大屋顶

从1931年到1945年，梁思成与林徽因等人走遍了全国15个省200多个县，对包括唐代佛光寺和隋代赵州桥在内的2 000多个古建筑遗存进行了广泛的勘察。梁思成等人当年勘测的古代建筑，相当一部分后来毁于天灾人祸，是他们的绘制图为那些消失了的建筑留下了永恒的身影。然而，梁思成并不是一个只沉溺于古典情趣，而不理会时代发展和社会进步的梦想家。在20世纪40年代，他就清醒地意识到中国城市已经走到传统与现代化的临界点，而对于他脚下的这座北平古城，他也深知没有任何力量能够阻止它的都市化进程。公正地说，在新中国成立初期，梁思成、林徽因都是被中央政府和北京市政府礼遇和器重的，梁思成迅速投身到建设中去，他身上继承的其父亲在社会活动方面的潜质得以充分发挥，他成为一个活跃的社会活动家，但根子上还是一个书呆子气难除的学者。

中国大地在经过了短暂复苏后，于20世纪50年代中期开始了一场又一场的政治运动，在运动中梁启超已经被作为改良主义的反面人物来批判了。在北京城整体改造征求意见的过程中，梁思成接受了北京市政府委员、协商委员会副主席和北京市都市计划委员会副主任职务，并积极参与北京市的城市规划工作。他和林徽因都曾经屡次给上层陈述自己的观点，并和北京市市长彭真以及其他当权人士发生过诸多争执，甚至是争吵。在梁氏看来，北京城的许多古建筑包括古城墙、城墙上的门楼都应该作为中华民族优秀的文化遗产和艺术精华保存下来，现代城市建设必须给"历史"留下足够的空间。虽然彭真还是很欣赏梁氏夫妇的学术才华，也尽力保护二人（这种"保护"后来也成为梁氏作为"彭真反革命集团"的罪证），但是梁与陈占祥共同拟就的《关于中央人民政府行政中心位置的方案》（即"梁陈方案"）被否定，他要求保护北京三座门、牌楼、城墙和庆寿寺双塔等文物建筑的建议，均告失败，绵延数百里的北京古城的老城墙都在那个疯狂的年代里被拆光。唯一值得安慰的是，在梁思成等人的努力下，北海团城等古迹勉强得以保存。在50年代"大干快上"的年代，拆掉的何止一个北京城，全国各地的古建筑都遭受了同样的厄运。有一次当梁思成听说自己曾经勘察过的河北宝坻建于辽代的三大士殿要被拆除，立刻向河北省政府反映，希望无论如何把这座古建筑保存下来。有人站在"人民"的立场立即反对：辽代的建筑又怎么样，不就是个没用的破庙？不如把这些木头拿去造桥，还能为人民服务。梁思成怎能阻挡得了"为人民服务"的浪潮？结局可想而知。一个知识分子关于文化的浪漫梦想终究破灭了，当北京古都已然消失，曾经竭力想保留其历史原貌特征的梁思成内心的痛苦无以言表。今天，我们又看到中国到处在修复古建筑和仿造古建筑，北京、南京、苏州等很多城市还曾经号召过市民捐献以前从城墙上拆下的旧砖头，早知如今何必当初呢？正因如此，命中注定了，梁思成要成为后人不断提起、不断感叹的人物！

1953年，梁思成去苏联访问，借鉴苏联当时流行的建筑理念，提出"民族的形式，社会主义的内容"的工作方向。两年之后，梁思成的建筑思想被归纳为"形式主义、复古主义"，受到全国性的批判，他的建筑理念被归纳为"大屋顶"。翻开1955年《学习》杂志第10期，有这样一篇文章，大标题是《论梁思成对建筑问题的若干错误见解》，作者是何祚庥。这是当时全国性的批判中的沧海一粟而已。文章开篇提出："梁思成先生是我国著名的建筑学家，在中国建筑史的研究上有一定成绩。然而，他近年来所鼓吹的中国建筑的方向却有着严重的错误。梁思成颠倒了建筑学中适用、经济和在可能条件下讲求美观的原则。梁思成的第一个错误是不适当地、片面地强调了建筑的艺术性，颠倒了建筑学中美观和适用、经济的正确关系。"确实，在看待建筑上，梁思成和林徽因更愿意从艺术的角度、美的角度来赋予建筑设计以更多人文内涵，例如在当初设计国徽时，林徽因的初稿就是以一个玉璧为主体，最后这项设计被否定了。梁思成确实偏爱"大屋顶"！但有一个背景，那就是那个时候国家真穷，当时国家计委提出增产节约运动，批评现在盖房子太费钱了，因为那"大屋顶"建筑也确实浪费。或许错误的既不是梁思成、林徽因，也不是何祚庥等反对者，而是那个时代。但我们生活在时代中的人，如何能提着自己的头发离开它呢？既然不能，那还是梁氏错了，或者说他的建筑艺术终究是生错了时代！但是，这种艺术理念的不同却被"上纲上线"，被定性为"梁思成所提倡的'民族形式'实际上就是复古主义的主张""梁思成的错误思想根源——资产阶级唯心主义""梁思成的建筑理论是直接违反总路线的错误理论"……这就远远脱离了学术讨论的范围，变成了政治批判。他努力反省自己，渴望能跟上这个时代，但是他终究跟不上。有一次梁思成到清华大学，他瘦小的身上穿着西服，带着宽边礼帽，一帮同学像孩子似的围着他看。梁先生诙谐地指着帽子自我介绍说："我就是梁思成，你们只要看这顶帽子就能猜着了，也是个'大屋顶'。"这里边有多少不屈、自负，也就有多少辛酸、无奈吧！

1956年4月，毛泽东提出"百花齐放、百家争鸣"的文艺方针，学究气的梁思成一下子又亢奋起来，在《整风一个月的体会》中说："由于党的某种工作方法或作风而令我吃的苦头也真不小，使我彷徨、苦闷、沉默。例如在北京城市改建过程中对于文物建筑的那样粗暴无情，使我无比痛苦；拆掉一座城楼像挖去我一块肉；剥去了外城的城砖像剥去我一层皮；对于批判复古主义的不彻底，因而导致了片面强调节约，大量建造了既不适用，虽然廉价但不经济，又不美观的建筑，同时导致了由一个形式主义转入另一个形式主义，由复中国之古转入复欧洲之古，复俄罗斯之古；在北京市的都市规划过程中，把'旧'技术人员一脚踢开，党自己揽过来包办一切的关门主义……"当时北京市委新建了办公楼，他批评这大楼"不可一世""大而无当""铺张浪费"，"里面是复欧洲之古的，外面像个把里子翻出来的洗澡间"。梁思成不得不一次次做检讨，他内心已经认党为亲娘了，要和那个资产阶级唯心主义的"故我"进行坚决无情的斗争，把自己改造成为一个红色专家、红色教师。为了"爱国""进步"，他心碎地向自己的学术宣战！不过，1955年梁思成还是被选聘为中国科学院院士（学部委员），这是不幸中的小小安慰吧。在这次政治冲击后，彭真约梁思成进行了一次夜谈，梁思成写了检讨，写了入党申请书，成了人大常委之一，社会活动骤然增多，但研究古建筑的工作被迫停滞。1959年，经过漫长的8年的等待审批，梁思成加入了中国共产党，但直到1961年国家给知识分子"摘帽"，他才能够重拾旧业。只可惜，"重整旧山河"的岁月也不多了。

## "反动学术权威"

恶浪逐天的"文化大革命"到来时，梁思成再遭厄运。像梁思成这样"出身有问题"又在学术上带有"资产阶级唯心主义"思想和"复古主义"倾向的知识分子，在这个非常时期不遭厄运那就奇怪了！

在梁思成心中，学术是自己朝拜的最高的殿堂，而学生则是通向这个殿堂的尝试者，于是培养建筑方面的优秀人才就成为梁思成给自己定下的一项伟大使命，因为很多古代的建筑文化如果还没有继承者就可能永远消亡了，他感到了急迫。但是他万万没有想到的是，正是这些他热爱的年青人，在政治风潮前猛然反目，变成了可以任意揪斗自己导师的凶神恶煞！1966年6月的一天，清华园内张贴起无数的大字报，熙熙攘攘的人群彻底改变了这方"温柔乡"的面目。原来，系里有人认为梁思成是"彭真死党"，是"反党分子"，是"混进党内的大右派"，是"反动学术权威"。"文化大革命"来得太快了！梁思成自1955年受批判以来，"除了'任务'，没有写过任何有关建筑问题的文章，以为这样总可以不至于再犯错误了"，但还是在劫难逃。在梁思成的记忆中，1966年开始的批斗比1955年猛烈得多，但如果学术上的自由争论是"反党"的同义词，提倡民族风格是"复辟资本主义"，那么，梁思成他只好承认自己是"反党"的，是"搞资本主义"的。所以，当"中央"派来了工作组，要他详细"交代"自己的入党经过、与彭真的关系等众所周知的情节，梁思成的态度很端正，他想只要自己好好交代了，就还能继续自己未竟的建筑事业。但是，他无论怎么认真如实地做"检查"，都无法"通过"检查，他一次次遭受抄家，一次次被贴大字报批斗！

　　1969年1月26日，所谓的"清华经验"出笼——那就是清华大学在这天召集全校师生会议，宣读毛泽东圈阅的《坚决贯彻执行对知识分子"再教育""给出路"的政策》，这份文件总结了对待知识分子5种政策，第4条是针对"资产阶级反动学术权威"的，其中有这样的话："在批了以后，不再让他们在校、系等各级领导岗位上当权，当教授的头衔可以保留；身体好，能做点事情的(如钱伟长)要用，他那一套体系必须砸烂，但在分体上，还有用，应有可取。年纪太大，用处不大的(如梁思成、刘仙洲)，也要养起来，留作反面教材。""反面教材"梁思成在一轮轮的揭发、检查、游街中，屡受天灾人祸的身体首先垮掉了，随之他开朗幽默的性格也丧失了，那个在李庄最酷烈的岁月还能够温文尔雅、谈笑风生的梁思成不见了，他变得沉默、胆怯、诚惶诚恐，他成了一只惊弓之鸟，他不敢在日记里写下一个字，时时处处为那将要来袭的"子弹"缩着自己的肩膀！在这片梁思成曾经深深挚爱的土地上，当历史的风烟渐渐散尽，当我们在21世纪的今天走在北京城的大街小巷，在那些高雅神秘的雕栏画栋面前流连忘返，我们怎不为这位中国建筑史上的国宝级人物无限伤怀？我们再次追怀、再次纪念这位真正的建筑大师，除了献上自己爱的礼赞，还能有什么更能切实的表达？

　　"文化大革命"期间，梁思成的娘和兄弟姐妹都没有逃脱被审查、被批斗的命运。梁思成非常敬爱的娘王桂荃当时已八十多岁高龄，身患痔疮癌几乎难以下床，不仅忍受儿女们四散分离的孤独无助，又被清理出自己的房子，扔在一间阴暗潮霉的小屋里，还被迫在街道上打扫卫生，最终在孤苦中告别人间，没有一个子女能够来向她告别；大姐梁思顺已经70多岁了，其3个子女或在国外，或遭流放，或被批斗，都不在身边，1966年，不堪凌辱的梁思顺死在自己家里；梁思达被派到下面的各生产队记账，1971年返回北京时，被迫退休，一直退到街道，而不是退到本单位，直到他去世还没有改变；"文化大革命"初起时，梁再冰夫妇正在新华社驻伦敦分社工作，她所感到的第一个巨大变化是突然就没有人给他们写信了，有两三年时间，父亲梁思成也音信全无，她甚至以为父亲已经不在人世，到1968年她才从广播中得知父亲的消息。1969年，梁再冰回到祖国，她看到她开朗乐观的父亲已被折腾成一个沉默的瘦巴老头儿……知识分子并不怕一死，或许死是一种苦难的解脱和生命另一形式的飞扬，但最怕死不死活不活却在精神上人格上备受摧残，这种毫无尊严的"活"能叫作"活"吗？性格上沉毅、冷静、达观的梁思成也不由得在内心偷偷地呼唤："神呵，你老人家若真的怜悯苍生，请带我去吧！"但是，他又怎么能后悔呢？在迎接中华人民共和国建立的前夕，1948年评选的中央研究院院士留下来的有60人，占总人数的74%，他们是：

数理学组的姜立夫、许宝（马录）、华罗庚、苏步青、吴有训、李书华、叶企孙、赵忠尧、严济慈、饶毓泰、吴学周、庄长恭、曾昭抡、李四光、翁文灏、黄汲清、杨钟健、谢家荣、竺可桢、周仁、茅以升、萨本栋；

生物学组的王家楫、伍献文、贝时璋、陈桢、童第周、胡先（马骕）、殷鸿章、张景钺、钱崇澍、戴芳澜、李宗恩、张孝骞、汤佩松、冯德培、蔡翘、俞大绂、邓叔群、罗宗洛、秉志；

人文组的金岳霖、汤用彤、冯友兰、余嘉锡、张元济、杨树达、柳诒征、陈垣、陈寅恪、顾颉刚、梁思成、梁思永、郭沫若、周鲠生、钱端升、马寅初、陶孟和、陈达、萧公权。

他们中的一些人，有的"有幸"活到"文化大革命"，我们可以想象他们的共同命运。

### 生命爱的另一章回

在这段艰难的岁月，多亏了一位女性，她以自己单薄的身躯和"卑微"的爱温暖着这个惊悸不安的灵魂，她就是梁思成的第二位夫人林洙。

1955年，年仅51岁的林徽因告别人世的时候，也正是针对梁思成的"大批判"正在发动的当口，在以后的七年里，梁思成独自一人在漆黑的长夜品味人生无边的孤寂。1962年，61岁的梁思成终于与清华大学建筑系资料室的林洙结婚，结束了自己老年的单身生活。林洙比梁思成小27岁，1928年出生于福州，是林徽因的老乡。1岁之后开始随着父母工作的变更到处迁徙，先后到过南京、宣城、湘潭、柳州、贵阳、昆明、上海，并在上海完成了中学教育，考上了上海圣约翰大学和南京金陵女子学院，林洙的父亲是一位铁道部工程师，他希望女儿北上考清华的先修班。他贸然给林徽因写了一封信，恳请她的帮助。1948年林洙到清华时，正好那年先修班没有办，于是林徽因就每周二、五下午要林洙来她家，她亲自辅导她的英语。当时林徽因肺结核已经到了晚期，且已做过肾脏手术，辅导其实总无法按时进行。林洙第一次遇到梁思成，是在建筑系的楼道里，虽然梁思成宽厚和蔼，但她对这位长辈毕恭毕敬。后来她和梁思成、林徽因古建筑思想体系的拥趸者程应铨结婚。程应铨是历史学家程应镠的弟弟，是一位难得的青年才俊，他仪表堂堂，清逸高蹈。但当程应铨被打成"右派"，林洙带着两个孩子与他离婚了。后来在1968年12月，程应铨换上访问莫斯科时所穿的崭新西装，跳入冰冷的游泳池，将自己冰封，那可是他无数次如鱼般游弋的池塘！

当初这位小老乡来到清华求学，谁也没有想到的是，数年后她的命运和梁思成竟然发生如此重要的交集，他成为她生命的中心，她成为他晚年一步离不开的伴侣，她是他最人的温暖和慰藉！梁思成的第二次婚姻遇到了来自亲友的极大阻力，尤其是其女儿梁再冰的反对。梁再冰仅仅比林洙小一岁，在她心目中，她的母亲林徽因的位置是无人可以替代的，林洙进入父亲的生活简直是对高贵的母亲的亵渎；二人年龄如此悬殊，梁思成的身体又是那样不好，这样的老夫少妻以悲剧收场的太多了；而且，在别人眼中，林洙是个离过婚、比较在乎名利的凡俗女人，还带着前夫的两个孩子，会成为晚年的梁思成极为沉重的家庭负担。或许再冰未能明白，对于一个才学品貌超群的男人来说，林徽因即便是天女，此刻也无法安慰他孤寂无望的心灵；他所从事的伟大的事业，换来的也无非是无尽的政治折磨和斗争，他猛然觉得人生还需要另一种形式的"活着"——和一个知冷知热的女人过平凡质朴的日子，像千千万万个普通人一样。我们从梁思成晚年对林洙说的一段话中或许也能找到部分答案。梁思成这样概括林徽因的才华："林徽因是个很特别的人，她的才华是多方面的。不管是文学、艺术、建筑乃至哲学她都有很深的修养。……所以做她的丈夫很不容易。中国有句俗话，'文章是自己的好，老婆是人家的好'。可是对我来说，老婆是自己的好，文章是老婆的好。……我不否认和林徽因在一起有时很累，因为她的思想太活跃，和她在一起必须和她同样地反应敏捷才行，不然就跟不上她。"[①]这里边是一个丈夫无尽的骄傲，但是不是也有一丝丝追忆往事的辛酸和苦涩？他说他如果要再找一个伴侣，就要找一个年轻的、漂亮的、健康的，要知道，林徽因从1930年仅仅二三十岁的青壮年时期，就开始了与肺病的搏击，期间深爱着他的思成付出过多少辛苦又该受过多少惊怕？他渴望拥有一种正常的晚年生活，这是人之常情。

在梁思成的坚持下，他们坚定地走在了一起，他也从此失去了一群一向开明的亲人，一度陷入了亲情的孤岛。那几年，梁再冰随同丈夫在英国工作，当她回国的时候，她亲爱的父亲已经风烛残年；只有梁从诫有时回来看望他的父亲和林洙。作为对梁思成、对林徽因都尊重的后辈，我们真为梁思成的坚持而庆幸！就像梁启超的晚年幸福离不开"王姑娘"的细心照顾，梁思成的晚年也得济于这位凡俗忠厚的妻子。1971年年末，当梁思成的朋友陈占祥去医院探望梁思成时，梁说了这样一句沉甸甸的话："这几年，多亏了林洙啊！"林洙伴随着梁思成度过了生命行旅最后的11年光阴，1972年1月9日梁思成病逝于北京，他的忌日比他父亲的1月19日早了10天。再一次失去丈夫的孀居之人林洙当时才只有44岁，她与儿女相伴度过晚年。自1973年起，林洙全力整理梁思成遗稿，先后参与编辑了《梁思成文集》《梁思成建筑画集》《图像中国建筑史》《梁思成全集》等书，为后人研究梁思成尽了自己的一份力；同时，她还一直照料着林徽因的老母，直到梁思成去世后半年，九十多岁的林老太太去世，是林洙为这个毫无血缘关系的"老妈妈"办理了后事。林洙还以饱蘸情感的笔触创作了《梁思成、林徽因与我》，回顾了自己40年来亲眼目睹的梁思成个人和家庭的各种境遇，忠实记录了她与梁思成相识、相知、相恋并一同走过的苦

---

① 林洙：《梁思成、林徽因与我》，中国青年出版社2011年版，第352页。

难岁月，让梁思成青春洋溢的青年、颠沛困顿的中年、孤勇坚韧的晚年活灵活现地展现在读者面前。

有一篇网文叫《不要和爱情讲道理》，其中有这样一段话，笔者觉得很有意味：

沈从文在给程应镠的信里，将林洙离开程应铨和再嫁梁思成统统归结为"本性上的脆弱"。"我们如真正开明，即不宜对之有任何过多的谴责和埋怨！""脆弱"朝褒义上理解，则是"世俗女子的进取心"，退避和进取皆有着鲜明的现实指向；若朝贬义里理解，则是类似昆虫的一点趋光性，世俗光耀下的本能反应。

林洙始终认为，她和梁思成之间有真正的爱情。梁思成给了她快乐。梁思成如山如海的宽阔，或许真的让一个世俗女子得到了情感的最大满足吧。她的爱带着金属的寒光掠过结发夫君——一个富有魅力的青年才俊，终落实惠及到长自己27岁的梁思成身上，照拂了他的晚年。林洙固有的忠厚和妻性，如迟桂花，在梁思成晚秋的季节幽幽开放。

当初，在英年男子那儿，她何其薄寒，施以冰季；而在垂暮老者那儿，她何其忠诚，报以春季。爱情，果然没有逻辑，没有道理可讲。①

在才学和品貌上，或许林洙在林徽因夺目的光环下连个影子都谈不上，林徽因是她心中永放光彩的女神；在她崇拜的丈夫梁思成身边，她甚至觉得得到他的爱是神的一时疏忽，"乱点鸳鸯"。但是，或许我们也可以说，林洙正是林徽因冥冥之中为梁思成安排好的风烛残年的良伴，她匆匆地走了，却放心不下自己的爱侣，终于把他后半生的幸与不幸交与这样一位平凡的小老乡来分担！如果我们愿意这样理解，这何尝不是一个生命的圆满喜剧？是的，请不要和爱情讲道理，或许在爱神面前每个人都有自己的致命"软肋"。我们不由得想起徐志摩的遗孀陆小曼，这个在以后的故事中屡被贬抑为"交际花"的民国才女，为了捍卫丈夫也包括自己的尊严，她未曾做过一句辩解，而是默默地整理志摩的遗笔。陆小曼、林洙，

① 见2009年12月25日文化中国—中国网http://www.culture.china.com.cn《不要和爱情讲道理》，责任编辑钟明。

这两个与徐志摩和林徽因的生命轨迹有过相遇的女人，她们的命运又何其相似！她们用自己的"卑微"撰写下了爱的世界属于自己的那个章回！由此，无论如何，我们也该为这两位女性呈上沈从文所谓的"真正开明"的理解和敬意，虽然有些迟到。

在梁思成逝世28年后的2000年，建设部设立"梁思成建筑奖"，自次年起，每两年评选一次；2001年，"梁思成先生诞辰一百周年纪念座谈会暨《梁思成全集》首发式"在北京人民大会堂隆重举行。首发的《梁思成全集》共分九卷，总计445万字，内收梁思成的古建筑调查报告、古建筑保护理论、城市规划理论、建筑教育理论等著作，由中国建筑工业出版社出版。多少学问大家，经"文化大革命"后都形销声灭，相照之下，上天对梁公，也算得恩宠有加了！

第六章
# 考古界巨子梁思永

◎

## 梁启超的"定心丸"

梁思永，是梁启超的次子，是梁启超第二夫人王桂荃的长子，1904年11月13日（旧历十月初七）出生于澳门。那一年，梁思成刚刚三岁。俗话说"三生四岁，闹人才会"，但梁思成小时候可不是一个爱打爱闹的孩子，他单单瘦瘦一副小身板儿，文弱安静，好像经不住风吹雨打的温室花朵。所以说，梁思永的出生让梁启超在"传宗接代"上吃了一颗定心丸，"思永"二字，既是家人对孩子健康幸福的祝福，自然也是其父一份暗暗的心事的寄托。思永的出生，也结束了梁启超、王桂荃的结合有可能被李蕙仙讨嫌的历史，作为正室夫人，她颇为大度地让王桂荃从澳门重新回日本的梁家。襁褓中的思永随着"娘娘"回了家，李蕙仙也接纳了思永这个结结实实的胖小子，她把他视为己出，做了他的"妈妈"。

梁思永的童年可谓幸福安乐。在他刚刚牙牙学语的时候，他们家就迁到了神户须磨海滨的那处"双涛园"，妈妈和娘娘常常带着他和姐姐思顺、哥哥思成一起到海边散步，在松林观鸟；当父亲从繁忙的报馆工作中腾出时间时，他也和兄姊一起围在父亲身边听他讲那些古代贤人达士的故

梁启超与梁思永、梁思达

事；到了他能听书的年龄，父亲就给他讲解中国古代的那些经史子集等经典著作，他有时似懂非懂，但永远是一副听得津津有味的样子。所以，幼年时期的梁思永受过父亲严格的国学教育。到了上学的年龄，他穿着日式的小和服、踩着嗒嗒作响的木屐，和兄姊一起去赶那班通向神户的小火车。在日本读小学期间，他的成绩总是很优秀，有时还超过了哥哥。小学读到9岁，梁思永和一大家子人一起回到自己从未踏过的母国。母国在他小小的见识中，就是父亲不厌其烦讲述的那些故事、那些古书，还有他们兄弟姊妹除了日语外始终能够说得滚瓜烂熟的另一种语言——汉语，那些方块的文字是多么富有魔力啊，他没想到自己的未来竟然也会和它们发生那么巨大的关联！

梁思永回国后被梁启超安排在英文学校恶补英语，1915年他和思成一起考入清华学校留美预备班。在清华期间，梁思永学习勤奋，学业优秀，同时也是一位兴趣广泛的活跃分子，经常与梁思成一起参加清华学校各种社团的文娱社会活动。他的母亲，那个被收了侧室却一直衷心地伺候着"妈妈"与父亲饮食起居的王桂荃，一定是"看在眼里，喜在心里"。1919年五四运动爆发，时年15岁的梁思永正处于热血沸腾的那个年龄段，积极参加学生联合会游行，结果被警察抓捕，关在北大沙滩红楼，只能吃焦干的馒头充饥。梁思永被释放时把干馒头也带了出来，拿给大家看，大概内心满怀着对自己英勇的自豪，他被拘期间的一张相片还一直被家人保存着。

1918年，李蕙仙将自己的娘家侄女李福曼（原字"鬘"）接到了天津梁家，和自己的孩子们一起生活、读书。李福曼1907年出生，比思永小三岁，比思庄大一岁，因此他们三个人常常一起玩耍、看无声电影。每逢开学，思永就到清华学习，每个假期就又回到天津，思永和李福曼这对青梅竹马的表兄妹就必然有机会重聚，在他们年轻的内心渐渐互生了好感，但是都不言说，心照不宣。李福曼性格有点随他的姑姑李蕙仙，偏于内向、孤僻、严肃，爱说爱笑、活泼好动的思永总想逗表妹开心，但表妹总拿着少女的矜持装作不懂，爱搭不理的样子，让思永很是无奈。1923年，梁思永在清华学校考取了到美国哈佛大学官费留学的名额。次年，梁思永出国在即，他觉得再不把自己的这种情感明明白白表达出来或许就来不及了，于是急切地想向李福曼表白，但当时年仅17岁的"傲慢小姐"就是不给他机会说，最终他不得不请求另一位住在梁家的表姐帮助自己。梁思永出国前并没有得到一个确切答复，不过性格爽朗、坚毅的思永相信表妹深深明白他的情感，并愿意等待他的归来。

梁思永和思成、徽因同船抵达了美国，到哈佛大学开始新的学业。哈佛大学位于美国波士顿附近的剑桥城，建于1636年，而美利坚合众国是1776年建国的，比哈佛建校还要晚近140年，所以哈佛是美国最古老的私立大学之一。哈佛大学是由当时的英国殖民者建立的，因为这批建立者中有不少是毕业于英国剑桥大学的人士，所以哈佛大学所在的城市就被命名为"剑桥城"，它最初的名字就叫"剑桥学院"。1638年，一位名叫哈佛的学院院长去世时，将自己一半的积蓄和400本图书捐赠给这所大学，这在当年是一批相当大的捐赠，当时"哈佛"建校只有两年，第一届学生只有9位。后来经过议院的投票，决定将这所大学命名为哈佛大学。但哈佛先生并没有留下任何影像，后人计划修建他的雕像时就找到一位比较帅的学生作模特，顶替哈佛先生。所以现在哈佛校园的哈佛雕像镌刻着Harvard的名字，却是别人的一张面庞。哈佛是美国最为著名的研究型大学，"哈佛模式"影响了美国国家的高等和中等教育政策。梁思永在哈佛大学研究院主攻考古学及人类学。

留学期间，梁思永参加了印第安人古代遗址的发掘，这种田野考察实践对于其日后的学术路径和方法有重要影响；他还对东亚考古进行了认真的研究。为了更多阅览中国古代文化典籍，他和思成常常写信让其父亲从国内为其邮寄，仅仅1925年5月、9月就邮寄了《后汉书》《战国策》《左传》及各种小说等大批书籍。1926年冬，他又托父亲查阅统计资料。期间，他与思成到加拿大的游历也增加了他的见识。在哈佛期间，梁思永的学业成绩在班里总是名列前茅，他每次成绩单下来也都会寄回国内，梁启超每每看到总是满意极了，以至于将这些成绩单再转寄给加拿大的大女儿，一同分享这份骄傲，并要这位"老姊姊"给弟弟们赏点什么奖品。梁思永性格活泼中富于沉稳、理性，所以，在留学期间，他还"兼任"思顺与徽因关系的调解人，大约思顺总担心思成在脾气秉性比较倔强的徽因面前吃亏，总是会对徽因有一些误解和不满，所以二人生一些小小嫌隙。思永在此时就会劝慰哥哥和徽因谅解姐姐对思成的偏爱，同时也会写信告诉父亲，让父亲出面劝一劝思顺。1925年5月1日梁启超《致梁思顺》书说："思永有两封信来，一封是你们不肯饶徽因，求我劝你，说得很恳切。"1925年7月10日，家书中又说："思顺对于徽因的感情完全恢复，我听见真高兴极了。这是思成一生幸福关键所在，我几个月前很怕思成因此生出精神异动，毁掉了这孩子，现在我完全放心了。"可见梁思永这个"和事佬"还是当得很过关。

## 任公精心打造的"考古专门学者"

梁启超晚年的大部分心思都花在了为儿女筹划学业和前途上。梁思永可谓任公精心打造的一位"考古专门学者"，也是中国现代第一位真正取得考古学学位的专业学者。梁启超为此花费了无数精打细敲的功夫，我们仅仅拿梁思永在哈佛大学学业未卒期间回国做田野考察一事即可知其大致情形。

梁思永在1926年曾经写信给父亲，说听说李济之[①]在进行野外考古发掘，表示想回国实习并搜集一些中国田野考古资料，作毕业论文。1926年12月，梁启超打听到李济之果然在山西乡下进行考古发掘，立刻运作这件事情。这里将谈及此事的几封信不厌其烦一一照录，我们一观其过程，看看这位重病中的老父怎样为儿子学业费尽心力：

李济之现在山西乡下（非陕西），正采掘得兴高采烈，我已立刻写信给他，告诉以你的志愿及条件，大约十日内外可有回信。我想他们没有不

---

① 原名李济，字济之，1896年生，1979年去世，中国近代考古学的开创者之一，是中国最早进行野外考古研究的学者。

愿意的，只要能派你实在职务，得有实习机会，盘费食住费等等都算不上什么大问题，家里景况，对于这点点钱还担任得起也。你所问统计一类的资料，我有一部分可以回答你，一部分尚需问人。我现在忙极，要过十天半月后再回你，怕你悬望，先草草回次数行。

思永回来的事，李济之尚未回信，听说他这回采掘很有所得，不久也要回京一次。

思永回国的事，现尚未得李济之回话。济之（三日前）已经由陕西回到北京了，但我刚刚进城去，还没有见着他。他这回采掘大有所获，捆载了75箱东西回来，不久便在清华考古室（今年新成立）陈列起来了，这也是我们极高兴的一件事。思永的事我本礼拜内准见着他，下次的信便有确答。[①]

梁启超给李济之发去了问讯函，但迟迟未得对方回复，仅仅22天时间，他三次给"太平洋对岸"写信，每封信都要谈到这件事情，可见他期待的殷切和等待的焦灼。1927年1月10日他又以很长的专函寄梁思永，信中说自己当天到清华拜访李济之，才知道寄到山西的信"打回头"到北京，李刚收到。这次发掘的是新石器时代的石层，地点在夏朝都城安邑附近的小村子，发掘了大量的陶器、石器和骨器，而且竟然还发掘到半个蚕茧，最让人惊喜。于是去信商讨让思永回来参与这次田野考察。梁听说他们这次考察成绩非常之大，仅仅12月底李济回京一趟，就带回75箱东西，他更希望思永能够参与实习了。[②]1月10日那天晚上，李济之和袁复礼在研究院茶话会上做长篇报告，报告中谦说自己是"半路出家的考古学者，真正专门研究考古学的人还在美国——梁先生之公子"，他们奉梁思永为"中国第一位考古专门学者"，令在场的梁启超替梁思永又是高兴又是惶恐。在当天的家信中，梁启超仔细地和思永分析了回来一年随同考察或整理发掘到的文物的设想：

---

① 分别选自1926年12月10日《致梁思永》、1926年12月20日《致孩子们》、1927年1月2日《致孩子们》，见《梁启超家书》，中国文联出版社2000年版，第423、425、427页。
② 1927年1月2日信中为75箱，1月10日信中写是76箱。见《梁启超家书》，中国文联出版社2000年版，第428、431页。

关于你回国一年的事情，今天已经和济之仔细商量。他说可采掘的地方是多极了。但是时局不靖，几乎寸步难行，不敢保今年秋间能否一定有机会出去，即如山西这个地方，本来可继续采掘，但几个月后变迁如何，谁也不敢说。还有一层采掘如开矿一样，也许失败，白费几个月功夫，毫无所得。你老远跑回来或者会令你失望。但是有一样，现在所掘得七十六箱东西整理研究便须莫大的工作，你回来后看时局如何（还有安迪生所掘得的有一部分放在地质调查所中也要整理），若可以出去，他便约你结伴，若不能出去，你便在清华帮他整理研究，两者任居其一也，断不至白费这一年光阴云云，你的意见如何？据我看是很好的，回来后若不能出去，除在清华做这种工作外，我还可以介绍你去请教几位金石家，把中国考古学的常识弄丰富一点，再往美两年，往欧一两年，一定益处更多。（城里头几个博物院你除看过武英殿外，故宫博物院、历史博物馆都是新近成立或发展的，回来实地研究所益亦多。）……①

在1月18—26日梁启超《致孩子们》一书，梁启超又表示对于梁思永决定回国一年之事极为赞成；1月27日信中，他批评梁思永字写得太难认识，要思永回国后跟着他学一年"九宫格"。在2月6—16日家信中，他再次问讯思永回国的打算是否有变化，又说："刚才李济之来说，前次你所希望的已经和毕士卜谈过，他很高兴，已经有信去波士顿博物院，一位先生名罗治者和你接洽，你见面后所谈如何可即回信告我（这里是指参与考察差旅费事。梁思永此前曾说想申请美国团体出资。——笔者注）现在又有一帮瑞典考古学家要大举往新疆发掘了，你将来学成归国机会多着呢！"

梁思永要暂停在美国的学业从地球那一边回来一趟自然是渴望不虚此行。当时中国正处于军阀混战的乱局，梁启超最小的儿子"同同"病危，老白鼻思礼也在急病中，梁启超自己身体可谓极为虚弱，尿血病更重，家祸国难一齐挤压，但他还是反复策划，权衡利弊得失，真是细致周到到家了。3月9日的信中，梁启超已报告说"小同同"不幸夭亡，并说京城和天津混乱之极，所以对于思永回国之事，他非常悲观地说"据现在情形还是不来的好，也许我就要亡命出去了"；3月10日又发一函，重复了这一意

① 1927年1月10日《致梁思永》，见《梁启超家书》，中国文联出版社2000年版，第431页。

见，即放弃前议，安心在国外读书好了。在4月21日信中，猛然又要思永考虑回国，因为在中亚细亚、西藏等地有过30多年冒险生涯的瑞典考古学者斯温·哈丁组织一个团体往新疆考古，"我想为你的学问计，这是千载难逢的机会，若错过了以后想自己跑新疆沙漠一趟，千难万难。因此要求把你加入去，自备资斧。……你若能成行——无论提前放假或暑假时来——大概在家只能住一两天便须立刻赶路"。他是希望儿子能跟着团队冒一次险的，这等于为思永的回国"考察"在去山西、待清华之外准备了"第三条道路"！但是接着在该月25号的信中，就说已和袁复礼、李济之商量让其暑假再回来；并再一次详尽地和儿子谈了去新疆或者山西两条考察路线的可能性及其可能的得失，还安排了回国的川资。4月25日的函件一定还未越过浩瀚的大洋传到梁思永手中，27号梁启超又专门致函梁思永，报告了一个失望消息：他这天会着了斯温·哈丁，知道思永从美国赶回来恐怕也赶不上这一批人出发了。但为了让儿子明白自己的良苦用心（如思成、思永般有教养的年轻人，又怎能不理解其父的拳拳之心？），他这样写道：

> 你前后几天工夫连接我三封信，前头所讲的话立刻取消，你们谅也觉得好笑。不过，这也算是我替你们学问前途打算的一段历史！我这几天的热心计划和奔走，我希望在你将来的学问生涯中也得有相当的好印象。……这事既不成，李济之却是还盼望你回来和他合作。据他说，山西的希望也许比新疆还大，他这回所以不肯加入哈丁团队（本来我们清华要派他的），就因为舍不得山西。……[①]

他再一次为思永详细分析了何时归国来参加李济之团队为最佳选择。5月26日，梁启超认为思成和徽因不适合在这一年回来，他们的学业回到战乱中的国内还派不上用场，希望他们最好在美继续学业，又说到思永的事："我还相当的主张他回来一年，为的是他要去山西考古。回来确有事业可做，他一个人跑回来便是要逃难也没有多大累赘。"在这期间他收到思永复信，说愿意到西部去，在5月31日"天将亮"时分写信说已在中国银行寄去了旅费。6月23日《致梁思顺》信中，言已得思永消息，说是6月21

---

① 1927年4月27日《致梁思永》，见《梁启超家书》，中国文联出版社2000年版，第470页。

日离美返国，但京津间局势极为紧张，又立即发电阻止。这位处在内外交困中的父亲兀自感叹："思永此次行止屡变，皆我所致，然亦缘时局太难捉摸耳。"但8月29日书信中，在安慰想家的梁思庄时，已有"日子过得极快，你看你三哥转眼已经回来了，再过三年你便变成一个学者回来帮着爹爹工作，多么快活呀！"，看来，思永已于暑假平安回到了国内。为次子回国参与考古这一件事，现存的梁启超家书中就有16封信反复商讨，第17封信说明"回国"这一程序终于"尘埃落定"！6月23日与8月29日的信内容很不衔接，梁思永归途以及到家后这一段时间，梁启超也一定有书信寄到海外报平安的，所以这些信函有可能遗失。阅读这一阶段梁启超的家书，我们可以知道仅仅为思永回国参与李济之这次考古团队的事，梁启超费了多少心血！这绝非一般为人父母者所能做到，不仅是指能力是否企及，更是心力是否愿为。真是好事多磨，梁思永本拟10月4日启程跟随团队考古，行装已经置备，火车位也定好了，猛然间又天下大乱：奉、晋战事于3日爆发，他只能选择待在清华学校整理李济在山西西阴村史前遗址所出土的那部分陶片，梁启超安排梁思永在清华大学国学研究院做助教。梁思永在国内整整待了一年，将李济之那些在山西的考古发现做了非常认真细致的整理，并编写成了英文专刊《山西西阴村史前遗址之新石器时代之陶器》，并使他后来因此获得了哈佛大学研究院考古专业硕士学位，成了中国第一位受过正规现代考古学训练的人。

这次思永回国，除了工作上的重要积累，还有一个方面就是可以有机会约见李福曼了。在思永去哈佛那三年多时间，李福曼开始是在天津中西女中读书，后来又以优异的成绩被保送到燕京大学教育系，由梁启超供应其学费。他们之间未曾通过一次书信，但是彼此内心都把对方放在最隐秘的地方牵挂着。梁思永这次回国在清华任教，有机会就到离清华不远的燕京大学去找李福曼，二人终于确定了恋爱关系，思永的内心自然感到幸福满足。梁家的上上下下都支持这门亲事，在1927年10月29日至11月15日那封《致孩子们》的家书中，梁启超谈起思成与徽因的聘礼事时说道"届时或思永福曼的聘礼同时举行亦未可知"。1928年梁思永又回到美国哈佛继续学业后，经常给李福曼用英文写情书，可能是为了表示对长辈的尊重，也可能是为了获得李家长辈的支持，或者是这样更能显出自己的郑重和严肃，他的信件都是先寄到李福曼父亲家，然后再由李家转寄自己的姑娘。

1930年梁思永回国，二人订了婚，并于次年1月结婚，相濡以沫度过了33年时光。

## "后冈三迭层"的发现

1930年梁思永从美国哈佛大学研究生毕业回国后，即到中央研究院历史语言研究所考古组工作，当时历史语言研究所的所长傅斯年提倡学者走出书斋，改变"读书就是学问"的传统，自己去调查研究。那正是中国田野考古初创的也是极其辉煌的阶段，当时李济之和袁复礼在仰韶、裴文中在周口店、董作宾在殷墟……一群大学问家都成了亲自挥锄挖掘地下文物的"乡村野老"。梁思永终于有很多机会参与自己一直想进行的野外考古调查了！仅仅这年秋冬季节，梁思永就随同考古组的同事们考察发掘了黑龙江的昂昂溪遗址，他又在热河发现了一处新石器时代遗址。小试牛刀，梁思永兴奋不已，但是东北的局势非常危急，野外考察面临着更多危险，工作难以正常展开，这一地区的考察被迫中断。1931年春天，新婚刚刚三个多月的梁思永又到河南安阳小屯和后冈参加发掘工作。这次发掘为他在考古界赢得了极大声誉，初步奠定了他在这一领域的学术地位。

当时在殷墟现场主持发掘的是董作宾。董作宾是我国著名甲骨学家、古史学家、"甲骨四堂"之一。1895年出生于河南南阳市宛城区长春街（现解放路）一个小店主家庭，少年时便博览"四书五经"及诸子百家学说，对古文字和篆刻艺术有很大兴趣。1922年，他应著名教育学家张嘉谋先生之约只身来到北京求学，结识了时任北京大学教授的徐旭生，得以进入北京大学旁听语言学，空余时间对罗振玉的《殷墟书契前编》进行摹印、研究。1923年入北京大学研究所国学门，习甲骨文，1925年获史学硕士学位，1927年赴广州中山大学任教，并结识了傅斯年。1928年在南阳中学任教期间去安阳考察，发现当地村民在殷墟挖掘并出卖甲骨，即向傅斯年建议由中央研究院主持进行系统发掘。10月，董作宾首次发掘获得甲骨残片784件，此后又先后15次参加安阳小屯村殷墟发掘，他用现代考古学的方法和出土的甲骨文及文献记载进行综合研究，第一个发现了殷墟甲骨卜辞中记"贞人"之名的现象。1928年，董作宾还参加了山东历城县龙山镇城子崖发掘，城子崖遗址上层为东周时代遗址，下层是首次发现的以磨光黑陶为显著特征的新石器时代遗存，最初被称为"黑陶文化"，后来该遗址被命名为"龙山文化"。董作宾发现龙山文化，是他在考古界的又一巨大贡献。

董作宾对于梁思永这个专门学过田野考古的年轻人的加盟自然欢迎。殷墟发掘首次是由董作宾主持的，其目标在于探求甲骨，根据他对于甲骨在地下堆积形态的研究，他提出了"殷墟淹没说"，即认为地上文物层是由洪水淤积而成的；殷墟的第二、三次发掘由李济之主持，他很赞同董作宾的观点。其实这是一种误判。梁思永参加的是第四次发掘，确认了版筑上的柱础石和窖穴等考古遗迹，复原建筑遗址，这就否定了董作宾和李济之主张的"殷墟淹没说"。在高楼庄附近的后冈发掘中，梁思永发现后冈上一层是白陶文化，属小屯文化；中层是黑陶文化，属龙山文化；下层是彩陶文化，即仰韶文化。在这之前，考古工作者只知道中国在石器时代有白陶、黑陶、彩陶文化，却不清楚先后次序。后冈遗址发掘之后，才知道仰韶文化在先，龙山文化居中，小屯文化在后。梁思永首次判断出这些文化的发展序列，这项研究填补了我国考古学的一项空白。这就是著名的"后冈三迭层"，也是梁思永对考古学的最大贡献之一。这"后冈三迭层"的发现，建立了中国考古学的典范，成为中国近代考古学迈入成熟阶段的显著标志。当这一消息传到梁思成那里，他很快赶到河南安阳表示祝贺，并考察了一些古建筑遗址。

1931年秋季，梁思永到山东城子崖主持龙山文化的第二次发掘。通过城子崖遗址的发掘，梁思永在错综复杂的地层堆积中，明确了仰韶（彩陶）、龙山（黑陶）和殷商（青铜）文化的迭压关系。在这次发掘中，梁思永和团队所有成员一起风餐露宿，甚至比其他一般队员要更为辛苦，因为他常常要卷起裤腿站在水中仔仔细细进行发掘层的考察分析，有时几个小时都不能离开，连饭都无法吃，只好用凉水冲泡几块干馒头充饥，有时为了防备雨季到来破坏考察现场，只好挑灯夜战，整理材料。他在龙山文化的重要遗址——日照两城文化遗址发现了4 500多年以前的珍稀陶器——高柄镂空蛋壳陶杯，这是一件稀世之宝。1972年，中美恢复邦交关系，美国总统尼克松访华踏上中国大地之初，就提出要看一看这只陶杯。1932年，在一次野外作业时，梁思永遭受风寒患上了重感冒，但是他依然不愿停下工作，直到发起高烧不得不离开现场。高烧不退的梁思永被迫回到北京住进协和医院，这才诊断出他的病已经转成了急性肋膜炎。有孕在身的李福曼日夜守候在丈夫身边，亲眼看着医生从他的胸部抽出四瓶暗黄色的脓液积水。从这以后，梁思永的身体就再也无法恢复以前的健康了，或者说他的病始终就没有好彻底，这成为他抗战时期罹患重病的前因。中央研究院历史语言研究所考古组在1934年编辑了城子崖遗址发掘报告集，梁思永任主编，并担任了部分章节的撰写工作。1939年，梁思永向"第六次太平洋学术会议"提交的论文中，全面总结了龙山文化，直至今天，史学界对龙山文化类型的进一步划分仍导源于梁思永半个世纪以前的创见。1941年梁思永、傅斯年、董作宾合著的中国第一本大型田野报告《城子崖》在四川李庄石印出版。

由于"史语所"工作地变更，在1932年到1934年两年时间，梁思永曾经举家到南京生活；1934年秋季，梁思永又开始了自己心爱的工作。他再次来到安阳，主持了侯家庄西北冈商代王陵区的发掘工作。从1928年至1937年大概十年期间，"史语所"在殷墟共进行了15次考古发掘。这15次发掘大致可以划分为三个阶段：第一阶段是1928年10月到1934年5月，包括9次发掘，发掘地点以小屯村为主，兼及后冈、四盘磨、侯家庄南地、武官村南霸台等处；第二阶段是1934年10月到1935年12月，这次发掘以侯家庄西北冈为主；第三阶段自1936年3月始到1937年6月结束，包括第13至第15次发掘，主要发掘小屯村北地及大司空村。梁思永主持的正是第二阶段的第10、第11次殷墟发掘工作。这次发掘历时近两年，规模之大、牵动人力之多、田野工作之精细及考古收获之丰富，在国内均属空前。梁思永利用新技术，改良了发掘方法，他率领的考古队发掘出了11座大型陵墓及1 200多座小墓或祭祀坑，发掘总面积约20 600平方米。另外，还发掘了同乐寨、范家庄和大司空村遗址，总面积约1 540平方米，出土青铜器、玉器、石雕以及木纹印痕花土等大量宝贵的文物，形象生动地揭示了商代的奴隶社会情况，为中国古代社会提供了重要的科学资料。当年曾追随梁思永参与安阳西北冈商代王陵发掘工作的夏鼐在《敦煌考古漫记》一书中回忆到这件事：

梁先生那时刚过30岁，肋膜炎病愈后并不很久。瘦长的身材，苍白的脸色，显然身体还没有完全恢复过来。但是在工地上，他像是生龙活虎一般地工作着。他的那种忘我的工作精神使他完全忘记了身体的脆弱。白天里，他骑着自行车在各工地到处奔跑巡视。对于各工地在发掘中所显露的新现象和产生的新问题，均随时都加以注意，加以解决。他有时下坑亲自动手，有时详细指点助理员去做。那次的工作地范围广达数万平方米，分成五六个区域，但是几乎随时到处都有梁先生在那儿。四百多个工人和十几个助理员，在他的领导之下，井然有序地工作着。像一部灵活的机器一般。晚间在油灯下，他有时和工作队助理员谈谈当天发掘中的新发现，有时查阅各人的田野记录簿，有时看着助理员们剔花骨等整理当日出土品，有时和他们谈论新问题——因之时常深宵还未入睡。①

从夏鼐这段回忆，我们可以看出梁思永对于发掘工作是何等投入。正当梁思永着手编写《西北冈发掘报告》之际，抗日战争爆发，他随着"史语所"搬迁，开始了漫长的颠沛流离的生活。

### "硬人"在李庄

抗战时期，梁思永在四川李庄生活工作了五年，当地人称他为"硬人"。这一称呼的出现是自有其因的。

卢沟桥的炮火不仅打断了思成一家在北平的生活，也打断了已到南京中央研究院历史语言研究所工作的思永的家庭安宁和学术计划，"史语所"要向后方撤退了。当时政府认为长沙是相对安全的城市，和梁思成全家一样，梁思永一家随同"史语所"也撤退到了长沙，他们借住在一户人家，思永像在南京时一样每天出去上班，妻子女儿留在家里。11月，日军开始轰炸长沙，自从长沙会战打响，他们就没有办法安宁了，天天忙着跑飞机。有一天，一个炮弹"哐"的一声砸在了院内，幸亏没有爆炸，否则思永一家是否能安然无恙就很难说了。受到惊吓的梁思永一家后来搬去与李济之家同住。但是随着战事渐渐吃紧，长沙终究待不下去了，他们一起迁到了桂林。从湖南长沙到广西桂林，一路的艰辛难以名状，但因当地物价还没有飞涨，一家人总算能够稍稍安顿下来度日了，饮食起居也都还差强人意。当时中央研究院的落脚点拟定是大后方昆明，所以他们在桂林稍作休

① 夏鼐：《敦煌考古漫记》，百花文艺出版社2002年版，第324页。

整后继续出发，但因为军阀割据，交通不便，再加上没有从桂林直通昆明的车，他们不得不绕道越南河内。长途迁徙，千辛万苦，最终总算如愿以偿地到达了昆明。作为"史语所"临时负责人的思永生就是一个工作狂人，生活稍有安乐似乎就觉罪过。在四季如春的昆明，梁思永总是笑骂这里的天气不冷不热，让人有不思进取的倦怠之意。当时物价飞涨，学富五车的大学者们常常为了果腹而煎熬，由于饥饿贫病，社会学家陶孟和失去了妻子，考古学家李济之失去了两个十几岁的孩子。但是，这些知识分子却保守着"贫贱不能移"的志向，更不会为了一己之私接受"嗟来之食"。思永一个人时断时续的工资收入入不敷出，李福曼只好在街边摆地摊，卖掉辗转带来的那些衣物或者女儿的心爱玩具，以换取有限的一点生活费。

当"史语所"决定迁往那个"地图上找不到的地方"四川李庄，梁思永一家1940年10月底也辗转从昆明迁到李庄，住在江边当地老乡罗南陔家，即羊街8号。梁思永是年轻一代考古学者中傅斯年最为重用的一位，他乐于服务公家事，使有些暮气的"史语所"显得稍微富有生机。惜才爱将的傅斯年本来打算在工作中慢慢历练梁思永，然后将自己的职务交由梁负责。抗战初期，傅斯年在京代总干事之职，在长沙的思永就代理傅斯年事务，兢兢业业，公私分明，所中同仁无不佩服；傅斯年在重庆时，所中许多事情也是托付思永承担。所以在1942年4月18日给朱家骅的求助信中，傅斯年这样评价思永："思永为人，在敝所同事中最有公道心，安阳发掘，后来完全靠他，今日写报告亦靠他。忠于其职任，虽在此穷困中，一切先公后私。"自从梁思永胃病大发后，他无法再帮助傅斯年了。从公心到私谊，傅自是很可惜了这样一个人才。但是在"史语所"的档案里，却留下了贫病交集中的梁思永另一封函件："弟不拟申请子女学校费用，谨将申请表等奉还。弟之列名请求暂垫柴款事，确是欠斟酌，当时只注意于希望研究所能够帮助境况特别困难的同人们解决燃料问题，但始终绝对没有要研究所为自己垫款之意，特函致歉，并望能接受此项说明。"他高尚清正、大义疏财的形象跃于纸上。

"史语所"的办公地点就在板栗坳山上，梁思永每周一早晨上山进所工作，周六晚上下山，非常有规律，他完全忘记了自己是一个带病之人，拼命地整理以前考古发掘的那些资料，有时周一从山下带些炸酱面等食物作为当天的午餐。但是这里夏天闷热异常、蚊叮虫咬，冬天雾霭蒙蒙、潮湿阴冷，对梁思永的健康很有伤害。梁思永本打算1941年10月底将西北冈发掘文物整理完毕，但由于几次病到几乎不能饮食，只好延迟时间。器物整理完后，他又开始着手编辑报告。不幸的是就在这年初夏，得过肋膜炎的梁思永终于抵不住闷热潮湿的气候，一下子卧病不起。由于江边过于潮霉，在傅斯年的关照下，他家搬到了板栗坳山上戏楼院旁边的茶花院（院内有两株红茶花），室内安上了木地板，装了顶棚、玻璃窗，还布置了一个小凉台。梁思永的独生女儿梁柏有曾经这样写到父亲在李庄的工作：

> 我那时刚七八岁。当时我们住在李庄的羊街8号罗南陔家，分前院后院。院里有桂圆树花椒树。罗家住前院，我们住后院，后来我们上了板栗坳茶花院。记得家里一屋子的头盖骨，很害怕。父亲成天在人头骨和各种陶罐之间敲敲打打，修修补补。
>
> ……我开始在李庄镇中心小学读书。后来读板栗坳的子弟学校。生活怎么苦我没感觉到，也许是"少年不识愁滋味"，我跟董作宾伯伯的儿子董敏董新一起玩。前些年董敏托我堂兄梁从诫从台湾带回一张照片，是当年板栗坳我们一群孩子的照片。有一张父亲在病床上的照片，胡子很长，样子很憔悴。他让我在他床头背《史记》，背不出来，就自己去拿尺子来打手心。[①]

梁柏有回忆中的这一段，父亲梁思永还能够下床工作，只不过"战场"已经搬到了家里。下面何兹全回忆中的板栗坳的生活过滤掉了困顿和嘈杂，显得宁静安详，就像是战时一处桃花源："山上没有点灯，用点着两根灯草的桐油灯。天一黑，院门一关，房门一关，满院寂静，四野寂静，宇宙间都是寂静的。睡觉！真是'日出而作，日入而息，帝力于我何有哉！'……板栗坳是个读书的好地方。无尘嚣之乱耳，无跑飞机轰炸之劳形。大家都安静地读书各不相扰。"[②]但梁思永板栗坳的日子可没有何兹全这样的安闲，他与疾病做着殊死搏斗！梁柏有回忆中的那张照片收入了吴荔明的《梁启超和他的儿女们》中，那是1942年梁思永在李庄板栗坳病榻上的照片，照片上梁思永无力地躺着，由于瘦弱，胳臂和手指显得特别

---

① 岱俊：《消失的学术城》，百花文艺出版社2009年版，第147页。
② 何兹全：《李庄板栗坳·史语所——我终身难忘的地方》，《新学术之路》，台北"中央研究院历史语言研究所"1998年编辑出版，第819页。

细长，头发、胡子长且凌乱，眼神无光，可以看出他极度虚弱。

梁思永在妻子的照顾下静居养病。但是他哪能闲得着？他在病榻旁放了一个几案，所需用的资料堆了满满一案台，随时可以翻查，他把纸张夹在一个小木板上，日日就靠在床头研究、书写，不亦乐乎。就这样，他完成了西北冈报告的纲要，共十三章三表，还完成了一至七章及二表的初稿，一共有84页草稿、15页表格、140页大小草图。这需要多大的毅力和精神支撑！梁思永还查阅了大量资料，准备着病好后考察川康古迹，但是病魔却一日日侵蚀着他的健康。自1941年开始，中博院、史语所、营造学社和北大文研所、四川博物馆等几家单位联合远赴中国大西北进行了一系列科学考察，傅斯年、李济之亲自挂帅，郭宝钧、石璋如、夏鼐、吴金鼎等一大批人类学和考古学家奔赴浩瀚的戈壁荒漠区域，发掘了彭山汉墓等，并揭开了成都西郊"抚琴台"的神秘面纱——原来是南宋以后湮没的王建陵墓。西北考察简直是抗日战争期间科学工作者创造的一个奇迹，当时的国民政府为了褒扬这次艰难条件下的西北考察，专门发行了"西北科学考察纪念邮票"。可惜当时的梁思永已经无力参加这些野外考察了。

## 病榻上的"囚徒"

1942年2月，梁思永的病情已相当严重，从胃病到重感冒，又转为气管炎，然后又转为一种叫"奔马痨"的肺病，来势凶猛异常，经常来山上探望弟弟的梁思成已经接到医生好几张病危通知，惊骇不已。当时燕京大学在成都复校，梁思庄正要赶到成都工作，收到了二哥思成谈思永重病的来信："形势异常危急，把我骇得手足无措。其实也因二嫂已病了一年，医疗看护方面都有了一些经验，所以三哥占了这一点便宜。"[1]无论梁思成何等轻描淡写，也已经掩饰不住梁思永健康状况极端恶化的事实。在"史语所"缺医少药又缺少经费的情况下，傅斯年曾经致函国立同济大学校长丁文渊借款，丁文渊在回信中写道："所需Glucose十支请敝校卫生组照办，请放心。思永兄病势颇重，实在忧虑；思成兄往还两地，更属苦事。"[2]

---

① 吴荔明：《梁启超和他的儿女们》，北京大学出版社2009年版，第200页。
① 岱俊：《消失的学术城》，百花文艺出版社2009年版，第232页。

常年卧病，梁思永的抵抗力极差，稍有不慎就有生命危险。为了防止意外感染，在那样艰苦的环境中也得"穷讲究"，他得用专门的托盘、专门的碗筷，每餐前后他的用品都得细细消毒；他得食用专门做得很精细的菜饭，否则便无法消受……梁思永不多言辞的爱妻李福曼在病榻边任劳任怨地伺候着他。自此以后，梁思永能够下床站起的时候就很少了，即便偶尔站起也离不开拐杖了，而且常年低烧。一个正值盛年、身体健硕的男人就这样因为田野考察付出了如此沉重的代价！梁思永和林徽因，这一双叔嫂在李庄过着同样的病榻上的生活，囚徒一般，或许林徽因的《十一月的小村》这首诗也能够反映思永的心怀：

我想象我在轻轻地独语：
十一月的小村外是怎样个去处？
是这渺茫江边淡泊的天，
是这映红了的叶子疏疏隔着雾，
是乡愁，是这许多说不出的寂寞：
还是这条独自转折来去的山路？
是村子迷惘了，绕出一丝丝青烟，
是那白沙一片篁竹围着的茅屋？
是枯柴爆裂着灶火的声响，
是童子缩颈落叶林中的歌唱？
是老农随着耕牛，远远过去，
还是那坡边零落在吃草的牛羊？
是什么做成这十一月的心，
十一月的灵魂又是谁的病？
山坳子叫我立住的仅是一面黄土墙，
下午通过云雾那点子太阳！
一棵野藤绊住一角老墙头，斜睨
两根青石架起的大门，倒在路旁
无论我坐着，我又走开，
我都一样心跳；我的心前
虽然烦乱，总像绕着许多云彩，

但寂寂一弯水田，这几处荒坟，

它们永说不清谁是这一切主宰

我折一根柱枝看下午最长的日影

要等待十一月的回答微风中吹来。①

或许，躺在床上的七尺男儿梁思永内心有着比嫂嫂更深的悲戚和孤独吧。一方小小的卧室，从玻璃窗能够看见一小片天空，时而阴沉，时而晴朗；当有一缕阳光照进窗内，他会不自觉地深深吸一口气，仿佛要尝一点外面世界的新鲜；当贤淑的妻子端着托盘进来喂他吃喝，他看着她失去光泽、日渐憔悴的脸庞，就努力多吃一小口，想以此宽慰妻子——他常常会回忆起1924年去美一直到1931年结婚那漫长的7年时光，他追了她7年呢，当年他以为他可以用一生一世来爱她，他是她的山、她的世界，现在发现她才是他的天、他的命！回头再看这桩婚姻，那个当年执拗、爱面子的"表妹"为了他失去了太多太多幸福！如果她当初不嫁给他呢？或许……这就是命运吗？他恍惚间不知道当初的选择究竟是对也错也。

在李庄人的眼里，梁思永是个无比坚强的汉子：

我们喊他硬人，他从不出门。天天在家写书看书。把馒头切成片，在烀炭火上炕一下就吃。后来，他得了病，把肉炖成丝丝，把馒头掰碎泡在汤里吃。有一天，梁先生说我要走了，只要一两个月就要回来。他是抬起走的，铺盖笼到头，滑竿一直平起抬，从高石梯抬到李庄街上。大船载到重庆住院，得了肺病，听说肋巴骨都取了几匹。②

"大船载到重庆住院"，这是发生在抗战胜利不久的1945年10月的事情。因为思永已经完全失去行动力，为了保证万无一失，梁思成先是亲自躺在担架上做了下山试验，然后才放心地把弟弟抬下山。一个弱妻、一个病弟、一个老岳母，再加上两家三个未成年的孩子，我们可以想象当时的梁思成内心的煎熬何其沉重，何况他自己也并非康壮之躯！那一次，梁思

---

① 林徽因：《十一月的小村》，见《林徽因文集·文学卷》，百花文艺出版社1999年版。
② 岱俊：《消失的学术城》，百花文艺出版社2009年版，第149页。

永在重庆高滩岩中央医院切除了七根肋骨。这是思永从一份外国刊物上了解的国外治疗肺病的一个方法，据说去掉肋骨可使肺部有病的部位逐渐萎缩，健康的肺叶会扩张自己的能量，发挥更大的作用。本来大夫预计需要去除9根肋骨，但生怕久病的思永实在体力不支，就少去了两根。梁思成、梁思永弟兄两人，一人穿着沉重的铁背心才能支撑起腰板，一人被切去7根肋骨，在这对患难兄弟耀眼的学术成就之后是何等难言的病苦！梁思永留在李庄的最后讯息是他在去重庆治病前，"史语所"为他联络民生实业公司为之解决船票的函件以及民生实业公司叙府分公司的回函：

　　本所专任研究员梁思永君、梁君夫人及医师徐德言君拟搭乘贵公司轮船由宜赴渝，祈惠予保留官舱铺位三个。
　　贵所研究员梁思永君等三人拟搭11月1日以后下驶轮船赴渝应请届时注意本公司门首船期消息牌告，至嘱留舱位一节，在可能范围内自当协助。①

　　由于当时光复东迁人员极多，交通甚为紧张，在复函中并没有确定舱位。1945年，艰苦卓绝的八年抗战结束了，对于梁思永来说，他终于不至于把残病之躯抛掷四川了，但他的返京却也是一桩极大的难题，他再也经不起长途的颠簸！这个难题又一次落在傅斯年的身上。经过在重庆的一段时间住院治疗后，1946年，送佛要送到西天的傅斯年经过联络协调，经交通部部长俞大维帮助，梁思永一家得以搭乘一架军用飞机飞回北平，这实在也体现了当时政府对于高端人才的一种爱护。

## 李庄，李庄

　　对着文献中保存下来的当年"史语所"在重庆时的资料图片，图片上那么多的图书、图纸、卡片，还有那么多的人头骨和腿骨的标本，我们可能深深地困惑：在那样的炮火连天、兵荒马乱之中，这批"史语所"的学人拖家带口、辗转流离数千公里，火车、汽车、轮渡、竹筏、

① 分别为10月22日的去函和10月25日复函，见岱俊《发现李庄》，四川文艺出版社2009年版，第137页。

轿子、滑竿、徒步——或者明白地说就是一种流亡吧——丢掉了西装革履，损失了金银细软，甚至夭亡了年迈的亲人、虚弱的幼儿……但他们竟然燕子衔泥般长途押运着这么多的宝贝文献到了大后方！岱俊在《消失的学术城》中有一个小小的片段，是说身为中博院助理研究员的李霖灿曾受命在纳西族地区搜集当地文化典籍，四年间在各地为中博院搜集了1 228册象形文东巴经和三册音节文字东巴经，200多册象形文经典。1943年9月，他奉命带着这些资料回李庄整理，纳西族当地村人和他一起上路，"他们押运几十匹骡马，驮着东巴经典和各种图册、祭器，过了泸沽湖，进入四川地界，经盐源到西昌，经乐山转船过宜宾到李庄已是1943年的11月。风餐露宿，历时两月"①。更为让人感叹的是，他们竟然在那样的环境条件下利用这些资料开展了那么多研究工作！这是多么让人震撼的一个奇迹——在中华民族最为艰难的岁月，她的一批优秀儿女在荒村僻野却迎来了自己智慧喷发人生，他们似乎以这种绚烂的绽放来告慰满目疮痍的祖国！

　　这是一批读书的种子，也是一批惜书如金的人，或者说是书籍和学术支撑了他们落难的生命！这里有一些关于"书"的细节值得交代。藏在李庄镇板栗坳的"史语所"图书馆是战时中国最完备的文科图书馆。"史语所"在北平期间对于图书借阅就有严格的管理规定，例如只有研究员、副研究员、助理研究员方可进入图书室，在图书室坚决不能会客，将图书放错位置者须公函劝告之，借阅书籍被卷角、圈画、污损等那更要致函警告等。这些近乎严苛的规定被带到了昆明，又被带到了李庄，因为千辛万苦运来的文献更需要大家的惜重。1942年12月24日，中国营造学社收到"史语所"专信警告："贵所还回敝所一批书籍中一册被鼠啮甚剧，恳念藏书不易，转请贵同人惠予爱护。"1943年10月9日，"史语所"图书馆致函技佐张洪夔："关于兄所遗徐文长故事一册，傅所长决定请兄照原书定价之百倍赔偿，此法前未作函通知，良用歉仄，如兄日后找到此书寄下，此款仍当奉还。"①还有许多文献活画出他们对图书的爱护。

　　李庄，这个千百年来长江边上的古老小镇，这个文化和历史遗迹沉淀的边远之地，这个傅斯年找到的"地图上找不到的地方"，因为这些知识

① 岱俊：《消失的学术城》，百花文艺出版社2009年版，第172页。

分子、这些民国时代最可宝贵的一群精英人士的到来，它在中国现代文化史上也变得举足轻重了——难道它千年的沉默、万年的期待就是为了给这一群落魄之人提供最后的庇护？据说，当年的海外邮件，只要写上"中国李庄"就能够寄达，它的国际辐射力该有多大！这个古老的小镇折射着中国文化、涵养着民族精神，至今漫步在古风犹存的李庄，它长长短短的街巷、粉墙黛瓦的建筑还似乎在诉说着抗战的猎猎风云，我们一经驻足，那些民国人物似乎就会从其曲折的小巷、低矮的屋檐间走过来，他们的憔悴容颜和那憔悴下的坚韧达观就会再现，让生活在消费主义时尚下的我们有点汗颜呢！

有一本书，叫《李庄往事：抗战时期中国文化中心纪实》，岳南著，2005年浙江人民出版社出版，它以纪实的手法，描述了李济之、梁思成、林徽因、童第周等文化精英与同济大学师生在艰难困苦中，不甘屈服、立志为学的精神风骨；

有一本书，叫《发现李庄》，岱峻著，2009年四川文艺出版社出版，它以翔实的资料、大量珍贵的图片，全面介绍了"李庄"在抗战这一特定历史时期的人文景观；

有一本书，叫《天下第一庄——李庄诗词集》，由何知礼院士主编、罗哲文教授作序，2010年中国文史出版社出版，它以大量珍贵的历史照片及诗词等史料向世人再现了中央研究院、中央博物院、中国营造学社、同济大学等单位在李庄那段鲜活的历史。

…………

我们为什么会一次次重叙李庄？我们为什么会一次次叩访李庄？仅仅是为了那片山清水秀吗？不知是谁说的一句话——中国需要周庄的杏花春雨江南，小桥流水人家；但是，中国也需要李庄的青灯黄卷苦读，热血挚情坚忍！是啊，李庄，那是抗战时期昆明西南联大外的另一个学术之城，李庄的书桌是中国文人抗战的鲜明象征！我们忘不了李庄，忘不了那些高贵不屈的灵魂！我们怀念它，绝不是对那种苦难的浪漫怀旧，是怀念中国自由知识分子百折不挠的抗争精神，我们怀念那片土地上那些不屈的文化精魂！他们中有傅斯年、陶孟和、李济之、李方桂、梁思成、董作宾、吴

---

① 岱俊：《消失的学术城》，百花文艺出版社2009年版，第61页。

定量、凌纯声、劳榦、周均时、丁文渊、李霖灿、罗尔纲、高去寻、石璋如、林徽因、梁思永……而后来一些在海内外有巨大学术影响力的学者如考古学家张光直和宋文薰、社会学家许倬云、语言学家梅祖麟、人类学家李亦园、古建筑学家罗哲文、城市规划学家吴良镛、"自然之友"会长梁从诫……都是"李庄"一代学者的传薪人！

王船山先生曾以"衣冠之亡"指代"文明的消亡"，他说："历代王国，无足轻重，惟南宋之亡，则衣冠文物，亦与之俱亡矣！"读此言，我们更应该感恩李庄、感恩这一些人，这些学富五车、蛰居李庄的落难人物让我们的"衣冠文物"得以幸存！

## "最杰出的考古家"

回到北京的梁家人终于又得以重聚，历经了战乱陆离之苦，他们更加珍惜来之不易的幸福时光。所有从外地回来的弟弟妹妹及侄子辈，都临时住在了思顺家。王桂荃和思顺看到梁思永手术后恢复得不错，自是非常高兴。休养几日以后，思永家搬到了考古所前身东厂胡同的三间房子去住。抗战结束了，内战又打响了，许多"史语所"的同仁也都去了台湾或者美国。就像满目疮痍的国土一样，孱弱无比的梁思永再也经不起折腾了，他继续着自己的蛰居生活，他在李庄病榻上的未竟之稿——那十三章三表的安阳西北冈报告在战争期间被运到了台湾，连这点安慰他的东西也没有了。值得欣慰的是，1948年，他凭借自己考古学的伟大发现被评为中央研究院院士。

1949年10月中华人民共和国成立，病床上的梁思永一下子感到振奋，他渴望能够为新中国筚路蓝缕的事业贡献自己的一份力量。刚刚成立的中国科学院考古所急需人才，由郑振铎出任所长，梁思永被任命为副所长。由于郑振铎还有其他重要职务，所以梁思永这个副所长躺在床上主持所里考古工作，制定长远规划，指导野外作业和室内研究，显示了非同一般的业务能力和组织能力，真的是"运筹帷幄之中，决胜千里之外"——这正是当年傅斯年极为欣赏的，可惜这位梁思永的老领导、好兄长和患难之交已经在到台后的1950年12月与世长辞了！1950年中国科学院考古所成立伊始，共有二十几个人，各自承担着极为繁重的任务。这年秋天，梁思永一个人"卧治"所中，他把从四面八方来考古所工作的人派到河南辉县琉璃阁和固围村进行了一次挖掘工作，并遥控指挥了全程。梁思永当时更为重要的一项工作是为新中国的考古事业发掘培养新一代优秀人才，这项事业任重道远，梁思永时时放在心上。他给年轻人布置必读书目，给他们制订学习计划，还要求学员每周向他汇报学习和工作情况，而且他对学员的治学态度、研究方法和思想修养也很关注。1951年、1952年，考古所人员又分别在河南琉璃阁、赵固、百泉和褚丘等地进行考古发掘工作，当要把一些发掘来的物件进行整理、研究并做出发掘报告时，没有工作经验的年轻人不知所措，梁思永一一予以指导。当时文化部、中国科学院和北京大学联合举办考古工作人员培训班，梁思永也积极支持，从教学人员的配备到课程的设置，从实习地点的选择到实习程序的安排，他都做了认真的说明和安排。这些培训班里出来的人员后来都成为全国考古工作的骨干力量。梁思永的研究生安志敏负责为培训班编写讲义，他编写的每一页每一条款都要经过梁思永亲自审阅和批改，不妥之处一一标注出来，以便更改。1952年，北京大学历史系成立考古专业，梁思永听到消息后极为兴奋，他又为其早期工作出谋划策，并让所里有经验的学者前去指导。1952年，考古所青年同志准备编写《辉县发掘报告》，梁思永躺卧在病床上用便笺纸写下了《殷墟陶器》和《考古报告的主要内容》两篇论文的提纲，以供年轻人参考，指导他们如何做发掘报告。这两篇文章残稿分别在1988年、1990年作为梁思永遗稿发表于《考古》和《文物天地》。

　　1953年的梁思永身体更加虚弱了，连说话都没有一点气力；他经不起任何刺激，可能一点突然的声响就会吓坏了他；如果坚持从床上起来，拄着拐杖走两步路，就会累得喘不过气。无论他的兄弟姐妹如何关心他，无论他青梅竹马的伴侣如何体贴他，他全身的脏器都不听使唤了，他是真的奋斗不了啦！1954年初春，梁思永再次由于心脏病发作住院，他知道自己再也陪不了爱妻李福曼了，他嘱咐妹妹思庄在自己走后要把李福曼母女接到家里来一起住。1954年4月2日，这位病榻上的考古专家终于闭上了疲惫的眼睛。一位正值壮年、业绩非凡的考古学者就这样"鬓丝禅榻寻常死"，实在是中国人类学和考古学界的巨大损失！梁思成亲自为弟弟设计了汉白玉卧式墓碑，郭沫若亲自题写墓志。

　　对于梁思永在中国近代考古学上的巨大成就，他的研究生安志敏曾经这样评价道："梁思永先生对中国近代考古学所做的杰出贡献，通过他的工作和论著，已为人所共知。这里需要补充的是，他对中国考古学人才的培养所做出的重要贡献。我国老一辈考古学家，像已故的夏鼐、尹达、郭宝钧和尹焕章等人都在历次殷墟发掘中受到梁思永先生的熏陶和培育，并为新中国的考古事业的发展，做出积极的贡献。目前留在台湾的石璋如、高去寻等人，也是殷墟发掘的参加者，并将有关资料的整理和研究成果，陆续公布于世。"①这里说到的"公布于世"，是指在1954年梁思永于大陆去世后，迁至台湾的"史语所"委托梁思永的弟子高去寻负责整理梁的遗稿。从1958年开始，高去寻从殷墟第1001号大墓开始编撰报告，到1976年完成1550号大墓的报告，前后历经了18个寒暑春秋，结成的报告竟达八大册1 164页939幅图版。就像当初的殷墟发掘一样，做成文字报告竟然也是如此巨大的考古工程！在1962年《侯家庄第二本1001号大墓·序》中，当时在台湾的李济之写下了这样一段说明：

关于这批资料的"取得"以及"保管"，实在不是一件容易的事。梁思永先生，中国的一位最杰出的考古学家，已经把他的全部生命贡献于这一件事了。他虽部分地完成了这一发掘工作，并将报告的底稿做了一个详细的布置，也写成了一大半，却不及见这一报告的出版。现在——他的墓木已拱了罢！——我们才能把这一报告印出来。我们希望由于这一报告的问世，研究中国史的学者，对于这位考古学家的卓越贡献，得些真正了解。②

还应该指出，这部叫《侯家庄》的巨著在台湾分册出版署名的作者依然是"梁思永"，这是在梁思永去世多年后，考古界对于其学术成就献上的最为诚挚的敬意，梁思永若有在天之灵，他也该含笑九泉了！

———————————
① 吴荔明：《梁启超和他的儿女们》，北京大学出版社2009年版，第210页。
② 吴荔明：《梁启超和他的儿女们》，北京大学出版社2009年版，第219页。

第七章

# 火箭导弹专家梁思礼

◎

## 任公宠爱的"老白鼻"

中国著名的航天专家梁思礼是梁启超最小的儿子，长相酷似父亲：肤色较深，眼睛大而有神，宽大的前额，一张扁扁的"梁家嘴"。据说，2001年，天津开始建造梁启超纪念馆，在创作梁启超的全身坐像时，创作者就有意参照了梁思礼的形象来塑造这座雕像。梁思礼出生于1924年8月24日，其生母为王桂荃，他出生20天后梁启超夫人李蕙仙就因乳腺癌不治而逝，梁思礼的降生稍稍安慰了陷入悲痛中的家人。他是中国共产党党员，我国著名火箭控制系统专家，导弹控制研制领域创始人，航天CAD技术倡导者和奠基人，中国科学院院士，曾任国际宇航联合会副主席，航天部总工程师、航天工业总公司科技委副主任。

在梁启超的九个子女里，梁启超最宠爱的孩子除了大女儿思顺，就是这个"老生子"思礼了，这从梁启超在家或对外界介绍思礼的时候，都十分亲昵地称他为"老白鼻"中可以窥见一斑。为什么叫"老白鼻"呢？其中一个原因就是梁启超51岁老年又得贵子，在前边几个孩子幼年的时候，可能任公各种事务缠身，无暇欣赏孩子们怎么降生、怎么学语、怎么开蒙，有这个老么时，终于有了一份闲情雅致，自然视若珍宝，宠爱有加，所以叫他"老贝贝"，富有幽默情趣的任公，把英文发音汉化了以后，就变成了"老白鼻"了；另一个重要的原因是思顺的二儿子生下来的时候叫小baby，后来有了思礼以后，年龄虽小，但比小baby辈分高，大家就叫思礼老baby。当时梁家的四五个大孩子都在海外，天真活泼的"老白鼻"给父亲带来无穷欢乐，排解了父亲晚年的寂寞。对梁思礼来说，饮冰室记录下了他跟父亲在一起的最美好的一段时光。

梁启超对"老白鼻"的一举一动都非常关注，他晚年写给亲友子女的书信中，经常用大量的笔墨非常细致地描述这位老来子的聪颖可爱、童稚可掬，透过字里行间我们可以看出梁启超是多么疼爱自己的小儿子，同时也可以看出梁启超在日常琐碎中发现生活的诗意和美妙的特长。任公这样描述幼子的乖巧："老Baby好玩极了，从没有听见哭过一声，但整天的喊和笑，也很够他的肺开张了。自从亲家收拾之后，每天总睡十三四个钟头，一到八点钟，什么人抱他，他都不要，一抱他，他便横过来表示他要睡，放在床上爬几爬，滚几滚，就睡着了。这几天有点可怕，好咬人，借来磨他的新牙。他虽然还不会叫亲家，却是会填词送给亲家，我问他'是不是要亲家和你几首'，他说'得、得、得，对、对、对'。"[1]在父亲的眼睛里，儿子的每一个活动都富有情调趣味，"喊和笑"可以"开张"他的肺，"滚几滚"就睡着了自然表明很乖，"好咬人"是为了"磨他的新牙"，就连"得得对对"的童音听起来也像填词作曲。还有"老白鼻一天到晚'手不释卷'"[2]，"老白鼻会唱葡萄美酒了，真乖得好顽"[3]，"老白鼻爱小弟弟爱到无以复加，隔几分钟就去摸一回，整天价说'背背驼驼他'。老白鼻新近又长进一种学问，昨日起阿时教他认五个字，今日居然完全记得"[4]。"二叔和老白鼻说，把两个小妹妹换他的小弟弟，他答应了。回头忽然问：'哪个小弟弟？'二叔说：'你们这个。'他说：'不，不，把七叔的小弟弟给你。'你们看他会打算盘吗？"[5]

① 中华书局：《梁启超未刊书信手迹》下册，中华书局1994年版，第617页。
② 1926年2月9日《致孩子们书》，《梁启超家书》，中国文联出版社2000年版，第388页。
③ 1926年6月5日《致梁思顺书》，《梁启超家书》，中国文联出版社2000年版，第398页。
④ 1926年9月29日《致孩子们书》，《梁启超家书》，中国文联出版社2000年版，第415页。
⑤ 1926年10月7日《致梁思顺书》，《梁启超家书》，中国文联出版社2000年版，第419页。

梁启超在饮冰室的书房里工作的时候，为了安静，人们是不能随便出入的，小孩也不让进，尤其大的孩子淘气的更不让进，单单思礼例外，因为他太喜欢"老白鼻"了。思礼有了特权，每次进了饮冰室以后，感觉是受到了莫大的嘉奖，总是摆出很受荣誉的样子。每当梁思礼来到爸爸的工作台边，梁启超在繁忙的著述间隙看到儿子，心情很是愉悦："每天老白鼻总来搅局几次，是我最好的休息机会。"①把"搅局"看作"最好的休息机会"，自然可见他对儿子的打扰没有丝毫责备之意。当儿子牙牙学语并开始接受最早的古典文学的开蒙时，1927年1月2日，梁启超在给海外孩子们的信中情不自禁地大加渲染："老白鼻一天一天越得人爱，非常聪明，又非常听话，每天总要逗我笑几场。他读了十几首唐诗，天天教老郭(保姆)念，刚才他来告诉我说：'老郭真笨，我教他少小离家，他不会念，念成乡音无改把猫摔。'他一面念说一面抱着小猫就把那猫摔地下，惹得哄堂大笑。他念'两人对酌山花开，一杯又一杯。我醉欲睡君且去，明朝有意抱琴来'，总要我一个人和他对酌，念到第三句便躺下，念到第四句便去抱一部书当琴弹，诸如此类的趣话多着哩。"②最有趣的是梁启超有一滑稽作品寄给大女儿的，用思礼的口气来描写："昨日好稀奇//迸出门牙四个//刚把来函撕吃(事实)//却正襟危坐//一双小眼碧澄澄//望着阿图和//肚里打何主意//问亲家知么？"③诗中"刚把来函撕吃"说的是思礼长新牙见什么都咬，借来磨他的新牙。为什么思礼和其大姐之间互称为"亲家"呢？这也是梁启超趣味主义的来源。他的意思不是儿女亲家，而是干亲家，就是大女儿的所有儿女，全是小儿子思礼的干儿子和干女儿，可思顺的孩子除了最小的周嘉平比思礼小以外，其他三位全都比思礼大，所以全不认思礼这个干爹，习惯呼他为"老八"或"八老爷"。

老白鼻年幼时，梁启超总爱把着他的手，用毛笔给远在海外的孩子写信，现在梁氏家族中还保留着他们一起写的"梁思礼吃大米，梁思忠吃大葱，梁思达吃大肥鸭"等顺口溜。在一件作品中，梁启超用梁思礼的口气写了封感谢信："谢你好衣裳，穿着合身真巧。那肯赤条条地，叫瞻儿

---

① 丁文江、赵丰田：《梁启超年谱长编》，上海人民出版社1983年版，第1115页。
② 丁文江、赵丰田：《梁启超年谱长编》，上海人民出版社1983年版，第1107—1108页。
③ 吴荔明：《梁启超和他的儿女们》，上海人民出版社1999年版，第321页。

取笑。爹爹替我掉斯文，我莫名其妙。我的话儿多着，两亲家心照。"①

"谢你的衣裳"是谢谢梁思顺从国外寄给思礼的新衣服；"瞻儿"是梁思顺的长子周同轼的小名，他比思礼年龄大得多，但论起来却是梁思礼的晚辈。思礼小时候最高兴的事最喜欢的事就是父亲带他到北京东安市场，在起士林西餐厅吃西餐，吃完西餐以后还买一些思礼喜欢的蛋糕，然后跟他一起坐着汽车回家。幼年的梁思礼受书香熏陶，表现出对"读书"的浓厚兴趣。梁启超对子女的早期教育格外重视，思礼两岁时，就由家里人教他读书。梁启超在家信中说，"老白鼻一天到晚'手不释卷'……都变成书呆子了"，"老白鼻好玩极了，最爱读书，最爱听故事，听完了就和老郭（保姆）讲去"。②

可以进入饮冰室的思礼也非常乖巧，父亲写文章时想抽香烟，叫思礼帮他拿。思礼不仅拿来香烟，同时还拿来火柴和他的烟嘴，使父亲大为高兴。梁启超对思礼的聪明、好学颇感欣慰，这减轻了他因另一个孩子夭折而造成的悲痛：1926年9月，王夫人又生下一个男孩。这是梁家的第十个孩子，取名思同，因其脸似"大同"的"同"字。不料，次年3月，半岁的思同因患肺炎而死。当时，思礼也犯同样的病，幸亏抢救及时，不至酿成悲剧。在思礼生病那几天，梁启超心里从来未曾有过的惴惴不安、失去章法裁度，"我对于老白鼻非常之爱，倘使他有什么差池，我的刺激却太过了"③。思礼的病持续了一个月之久，他在当月底5天内给海外的几个子女写下了3封信，每一封都要表白自己的难过和烦躁，如"老白鼻得病已逾一月，时好时发，今日热度很高，怕成肺炎，我看着很难过"④。"老白鼻病厉害极了，昨天早上还是好好的，说笑跳玩，下午忽然发起烧来，夜里到三十九度四，现在证明是由百日咳转到肺炎，很危险，拟立刻送到城里去协和医院。（还不知协和收不收，清华医生正在打电话去问。）只望他能脱渡危关，我们诚心求你妈妈默佑他。我现在心很乱，今日讲课拟暂停了，正在靠临帖来镇定自己。现在我立刻入城去"⑤。"老白鼻平安，真谢

① 吴荔明：《梁启超和他的儿女们》，上海人民出版社1999年版，第322页。
② 1927年3月9日《致孩子们》，《梁启超家书》，中国文联出版社2000年版，第455页。
③ 1927年3月29日《致孩子们》，《梁启超家书》，中国文联出版社2000年版，第460页。
④ 1927年3月30日《致孩子们》，《梁启超家书》，中国文联出版社2000年版，第461页。
⑤ 1927年4月2日《致孩子们》，《梁启超家书》，中国文联出版社2000年版，第462页。

天谢地，我很高兴，怕你们因前信担忧，所以赶紧写这封。"①从这些信中言语可以看出梁启超对于思礼是何等偏爱！看着活泼乖巧的思礼，梁启超常常忘掉了烦恼，沉浸在天伦之乐中。思礼后来回忆说："其实，在我的记忆中，我只是觉得父亲很疼爱我，当时我年纪很小，认识的字不多，很多事情也是后来看到父亲书信集的时候了解到的。"梁思礼告诉记者，当他读到父亲那些充满感情的文字时，一股暖流在胸中激荡，也正是梁启超的这些记述，让梁思礼能够追忆起更多在饮冰室的美好时光。

　　然而，这样幸福的日子过得飞快，梁思礼还没有在父亲的关爱下度过幸福的童年，父亲就永远地离开了他。梁启超去世的时候，在北京广济寺，广东同乡给他开了一个很大的追悼会，来了很多名流，梁家的儿女们跪在旁边迎接前来吊唁的人。当时家里人因为知道思礼和父亲的感情特别好，加上思礼的年纪太小，就骗他说父亲在那儿睡着了。当时因为棺材盖是开着的，可以直接看到父亲。思礼听了家里人的话，觉得父亲就是睡着了，可是心里也产生了疑问：怎么父亲老在那儿睡？一直到最后下葬，在香山附近（就是现在的北京植物园）的时候，把父亲放进墓穴时他才明白，再也见不到父亲了，于是他追着要往墓穴里头跑，家人紧紧抱着他，他哭得几乎背过气去。

　　虽然梁启超去世时，思礼只有四岁半，但对他来说，父亲的影响无处不在。思礼说："父亲生前曾许了个愿，60岁后不再从事社会活动，要专心致志地教育孩子，可惜他56岁便撒手人寰。父亲对我的直接影响较少，但他遗传给我一个很好的毛坯，他的爱国思想通过我的母亲及他的遗著使我一生受益。"梁思礼自小就很懂事用功，在天津培植小学读书时就名列前茅。小学毕业后，梁思礼考入了南开中学。中华书局曾编了一套《梁启超合集》，送给梁家每个子女一全套（思礼一直非常可惜的是他的这一套在"文化大革命"时被抄家丢掉了）。就从那个时候开始，思礼看父亲的一些文章，特别是看一些传记，《意大利三杰》《欧洲心影录》等，看了这些文章以后，思礼对父亲有了进一步的了解。在思礼看来，父亲对他最大的影响就是父亲的爱国主义思想以及父亲的忧国忧民。抗日战争爆发后，南开中学迁往重庆，思礼转入耀华中学，在这两所名牌中学里，他受

① 1927年4月2日《致孩子们》，《梁启超家书》，中国文联出版社2000年版，第462页。

到了各方面的良好教育。天津沦陷后，虽然生活在租界区，但是国难当头的气氛给少年梁思礼留下了很深的印象。他每天上学的路上都会经过一个日本人的宪兵司令部，司令部经常抓人，抓进去以后就灌辣椒水、坐老虎凳，活似人间地狱，所以人们经过那里的时候，就毛骨悚然。这种经历，使年少的思礼亲身体会到当"亡国奴"和"顺民"的耻辱，也见到老百姓在日本侵略者铁蹄下的痛苦生活。从那时起，他就产生了中华民族要想摆脱百余年来遭受的欺辱，就必须强盛起来的特别热切的渴望，下定了救国的决心。

年少时的梁思礼爱好广泛，并不是一个书呆子。据吴荔明《梁启超和他的儿女们》记载，思礼酷爱音乐，尤其是贝多芬的交响乐。他有一个绝活儿，就是能够把贝多芬的《命运》，从头到尾哼出调子来，而且基本无错误。这一绝活一直保持到老，他依然是那样地迷恋贝多芬的曲子。那时候梁思顺的家里有很多外国音乐唱片，思礼一去就和大姐的儿子们一起放唱片，一起唱，梁家人个个对思礼的音乐禀赋赞赏有加。另外，思礼自小就爱游泳，每逢暑假，大姐思顺全家去北戴河避暑，总带着思礼。思礼胆子很大，觉得在近沙滩的浅水里游泳不过瘾，总是在深海里遨游。

## 从南开到耀华

梁思礼开始是在天津南开中学，后来是在耀华中学"南开特班"接受的中学教育，他终生对这两所学校充满了感恩之情。

天津南开中学创始于1904年，原名天津南开学校，是著名教育家严范孙和张伯苓创办的南开系列学校的发祥地。南开中学的知名校友名单如果列一份，那简直可以编一部中国近现代教育史、科学史和文化史，在其培养的科学家中，很多都是中研院、中科院或国外科学院或工程院授予的"院士"，例如陶孟和、梅贻琦、江泽涵、殷宏章、黄家驷、李文采、张文佑、罗沛霖、陈新民、梁守盘、阎沛霖、何炳棣、吴阶平、关士聪、叶笃正、申泮文、刘维正、卜学鑴、刘东生、涂光炽、翁心植、张滂、马杏垣、魏荣爵、钱宁、夏培肃、徐僖、郭可信、刘宝珺、孙大中、王大中、王静康、程津培、龙以明等；从南开中学毕业的著名的政治家有周恩来、林枫、万国权、温家宝等；另外马千里、曹禺、端木蕻良、韦君宜、查良铮、周汝昌、黄裳、许国璋、资华筠、姜立夫、罗常培、熊十力、老舍、何其芳等这些大学问家、大作家等文化名人，也都是南开中学培养的学子。

梁思礼是南开中学1937届初中生。1937年南开中学的初中部和南开女中被日军轰炸，整个南开中学迁到重庆。迁到重庆的南开中学依然是当时重庆最为有名的中学，当时在李庄的中央研究院等各大研究机构人员的子弟也以能进入这所中学读书为荣，梁思成的女儿梁再冰和梁思永的女儿梁柏有就是在这所中学读的书。当时梁思永虽然卧病在床，但是对于女儿的教育却非常严格，他让女儿背诵古文和英语文章，如果梁柏有不能按要求及时完成，他就让她自己拿把戒尺打自己的手心，他要求女儿一定要考到南开中学去读书。在当年南开中学南迁时，梁思礼还是初中二年级学生，年仅13岁，因为年龄太小，无法随学校南迁，就要失学了。谁也不知道战争还要打多久，日军不敢招惹坐落于天津英租界的耀华中学，当时耀华的校舍条件其实也是非常困难的，但耀华的校长赵天麟不忍心看着像梁思礼这样一批青少年学子失去读书机会，就开始了"二部制"办学，即原耀华的学生每天上午至下午三点半上课，从南开中学等学校转来的学生被编为"南开特班"，从三点半之后至晚间上课；一年之后"二部制"又改成上下午分别上课，慢慢地南开转来的学生也融入了耀华。就这样，梁思礼就到英租界的耀华中学的"南开特班"上学，并在耀华完成了初高中学业，成了耀华中学1941届毕业生。抗日战争胜利后，南开中学又回到天津。1978年，天津南开中学被教育部确定为全国重点中学，现为天津市教委直属的国家级示范高中。天津耀华中学是1927年由庄乐峰创办的，初名天津公学。1934年取"光耀中华"之意而更名为耀华学校，其校训为"尚勤尚朴，惟忠惟诚"，其校歌也意蕴深远。因此，耀华中学历史积淀深厚、文化传承良好，是20世纪三四十年代天津非常著名的一所中学。1952年，耀华中学改名为天津市第十六中学，1988年复名为"天津市耀华中学"，同年创办超常教育实验班。

梁思礼只要回到天津，就一定会去拜访当初接收他转校的赵天麟校长，甚至"爱屋及乌"，只要是天津那边有事情找他例如《天津日报》要采访他，他就会欣然应约，而其他记者采访就不那么容易了，因为他实在很忙；他更是把南开的校训"允公允能、日新月异"深深刻在内心。在其晚年，已经是中科院院士的梁思礼被天津市评为"海河之子"，作为南开的校友，这也是南开中学的一项荣誉。2004年，南开中学100年校庆，梁思礼受邀回母校参加盛大庆典；2009年10月16日，南开中学举行105年校庆，85岁高龄的梁思礼又参加了纪念活动，同时在南开瑞廷礼堂给同学们做了一场关于我国航天事业发展的报告。他鼓励青年学子一定要有"青年精神"，要立大志，要成为高尚的人、对社会有用的人。最后梁思礼还给母校书写了一幅字："贺母校南开中学105诞辰，允公允能，日新月异。85岁老校友梁思礼。"凑巧的是，92年前的1917年，梁思礼的父亲梁启超也曾经接受当时南开中学校长张伯苓的邀请，也是在梁思礼讲座的这个瑞廷礼堂给学生们做了一场报告，也讲到青年的志向与责任，他说，"青年今日之责任，其重大百倍于他人，而又只此一策，足以兴国"；"一人之命运否泰，视其在中学校之生命如何以为伴，逮出中学而入大学，或置身社会，其实身体发达已足，意志已定。所以中学为人生最重要之时期，拟或最危险之时期"。当时刚进入南开中学读书的周恩来认认真真做了听讲笔记，发表在当时南开的校刊《校风》上。

1941年，思礼从耀华中学高中毕业了，良好的教育和广泛的爱好已经使思礼成长为一个头脑聪明、行动敏捷、漂亮敦实的小伙子。他传承了乃父梁启超性格方面的诸多优长，如心地善良，爽朗幽默，对人和和气气，善于与人交际。而此时梁家的经济状况也大不如前了，因为1937年七七事变后，全家被拆散了，梁思成、梁思永全家和梁思达都去了大后方；梁思顺全家和梁思庄住在北京，后来梁思庄也辗转到了成都；梁思懿在燕京大学读书；这段时间母亲王桂荃带着梁思宁和梁思礼住在天津，只靠过去的一点积蓄和房租度日、交纳学费。尽管如此，母亲王桂荃还是想尽办法四处打听出国留学的机会，最后通过朋友为他争取到了美国卡尔顿学院（Carleton College）的一个亚裔留学生全额奖学金名额。1941年9月，思礼揣着母亲给他的400元美金随同新婚的梁思懿、张炜逊夫妇踏上了赴美求学的旅程。就在他到达美国的两周后，珍珠港事件爆发。时局的巨变使梁思礼一时失去了与母亲的联系。这一年，他17岁。靠着除去旅费后剩下的200美金，他开始了8年艰苦的自费留学生活。

## 异国八年实现乃父遗愿

卡尔顿学院是美国一所私立文理综合性大学，1866年建校，位于美国明尼苏达州最著名的河流镇诺斯菲尔德，学校规模小，氛围好。在诺市两年间，梁思礼成绩一直名列前茅，但他很小就有着工业救国的思想，因此想改学工科。1943年他申请获得了美国租借法案中留美中国学生的生活津贴，于是进入了有"工程师摇篮"之称的普渡（Purdue）大学电机工程系，主修无线电，后来又学自动控制。从此他转入了自然科学的研究领域。梁启超生前一直遗憾他的孩子们没有一个是学自然科学的，曾于1927年给海外的孩子们写信说："我想你们兄弟姐妹，到今还没有一个学自然科学，很是我们家里的憾事……"[①]他没想到在他去世多年后，他最宠爱的"老白鼻"实现了他的遗愿。当时，在美国的华人是"下等人"，被视为"黄祸"，连租住房子都备受歧视，但临行前母亲"好好学习，将来长大了应该向你父亲学习，给国家做出贡献"的嘱托时时激励着梁思礼，他奋发图强，一心效法父亲。

在普渡大学期间，思礼学习优秀，社会活动能力强，曾获得多个荣誉学会的"金钥匙"。 美国大学的奖学金除了政府和学校提供的以外，很多都来自基金会、教会和个人捐助。在经济高度发达、税收制度非常严格的美国，许多人都愿意把部分收入投入各类基金会、教会尤其是教育类基金会里边去，这样对于他们个人来说可以减免税收，对于社会来说增加了社会运作福利。不少基金会的教育基金设有"金钥匙"，金钥匙是智慧和才华的象征，奖给那些在校学习成绩特别优异的学生，所以拿到"金钥匙"是一种特别荣耀的事情，梁思礼能够拿到好几个基金会的"金钥匙"，可见得他学业的卓异。

梁思礼和他的哥哥梁思成、梁思永一样，也非常热爱体育运动，曾经作为普渡大学古典式摔跤队队员，为这个队获得了1944年美国十大公立名校（Big Ten）摔跤冠军。同时，由于一度和家里人失去了联系，也失去了经济来源，为了完成学业，思礼开始了艰苦的勤工俭学生活。他不能享受假日的休息和娱乐，什么苦都肯吃，什么累活都能干。他开始是在学校里头当侍者，端盘子、洗碟子、洗碗。暑假时，他良好的泳技就能够派上用武之地了，他去纽约北面的旅游胜地银湖湾当救生员。梁思礼戴着太阳帽、穿着游泳裤，坐在泳池边特设的高台上，当游客们划着舢板，在狭长

① 吴荔明：《梁启超和他的儿女们》，上海人民出版社1999年版，第328页。

的湖面上尽情享乐时，这位年轻的中国留学生聚精会神地观察着泳池，如果有游客不慎溺水，他就得立即跃入水中抢救。寒假时，他又去罐头厂做工。他也喜爱参加社会活动，积极靠近中国学生进步组织，曾于1948年参加了北美基督教中国学生会（CSCA），并成为执行委员会成员，1949年他又参加了留美中国科学工作者协会，动员中国留学生回国效力。

　　1945年思礼大学本科毕业了，获得了普渡大学的学士学位。后来又进入辛辛那提大学（Cincinnati）学习，1947年获硕士学位，1949年6月获博士学位。这时的思礼已从一位初出家门的中学生，磨炼成一个充满自立精神与能力的人才。就这样，梁思礼自己在异国他乡艰辛地苦读了8年，这段生活经历，对培养他艰苦奋斗、独立生活以及敢于在困境中打开局面的勇气与毅力很有帮助。美国众多的就业机会、优厚的物质生活向他展示了诱人的前景。就在这一年，新中国即将成立的消息频频传来，他激动万分，他和美国全体进步的留学生们都向往一个崭新的中国。当时预订到回国的轮船舱位很不容易，而且非常之贵，梁思礼不得不一等再等，终于如愿以偿。1949年9月，思礼毅然登上了"柯立芝总统号"轮船。这个离开祖国和亲人8年、从一个十几岁的少年到拿着美国大学博士学位的"海归"，归心似箭，他期待着和家人团聚，也期待着自己的所学所得能够在新中国的建设中发挥效用。10月1日，客轮就要驶到香港，当梁思礼用随身携带的无线电收音机收听到毛泽东主席在天安门城楼上宣布新中国成立的声音时，全船爱国的中国学生欣喜若狂。当听到国旗为五星红旗时，梁思礼与同伴们找来一块红布，用纸剪了五颗星星，但不知五颗星如何放置，便凭着想象，把大五星放在红布中央，四颗小星星各放在红布的一角，一群即将投入母亲怀抱的归国学子，在红旗下为新中国的成立举行了别开生面的庆祝会。在香港思礼给母亲写了报告行期的信，客轮就到天津码头的时候，思礼看见母亲站在那儿等候着自己，八年了，她已经白发苍苍，伸着两臂来欢迎自己的爱子。对思礼来说，这不仅是自己的生身母亲，也是祖国母亲在欢迎着自己的归来。

## 人是要有点精神的

　　几年前，当梁思成、梁思永、林徽因从四川回到北京时，他们认为可以开始和平建设了，林徽因还在营造学社的石印刊物上发表了思考城市规划与民居建设的文章，但他们狂呼胜利的呐喊还没有消散，国共两党战争间隙、和平相处的蜜月期就被东北响起的内战炮火撕裂粉碎。时隔4年，当梁思礼回到国内时，终于确信战争的阴云真的消散啦，惨遭蹂躏的中国大地终于实实在在地要复苏了，新中国百废待兴，他可以大展宏图了！

　　1949年回到国内时的梁思礼仅仅25岁，这也正是最富有创造力和开拓性的年龄，在他这个年龄已经拿到美国名校的博士学位，理应是新成立的中华人民共和国难得的人才，何况他学习的又是先进的无线电和自动化控制技术！"物以稀为贵"，也像当初的梁思成、林徽因一样，他时刻准备着为祖国贡献自己的聪明智慧。1950年1月，梁思礼欣然接受了中国科协的安排，到邮电部电信研究所搞天线研究工作。天线研究与梁思礼所学专业并不十分对口，但也有相当关联，自己年轻嘛，不懂可以学。梁思礼愿意边学边干，他激情洋溢地投入了天线研究工作，而且爱动手的他感到了无限兴味。1950年6月25日，朝鲜战争爆发，中国确定了抗美援朝的战略方针。梁思礼立即响应政府的号召，报名参加中国人民志愿军，他觉得他能够利用所学的无线电知识到前线为军队服务。不过，组织上并没有批准他的参军申请，而是要求他留在北京工作。当时，中国要建设中国国际广播电台，需要他这样的人才，于是梁思礼开始参与广播电台的设计施工。在建设广播电台期间，梁思礼是一个见到有活儿就兴奋的主儿，就像傅斯年评价梁思永富有公益热情、值得托付一样，梁思礼也是积极主动地承担一些工作。在这期间发生了一件极不愉快的事情。1951年12月开始，党中央决定开展"反对贪污、反对浪费、反对官僚主义"的"三反运动"，1952年1月，又提出了"五反"斗争。由于职务要求和责任心太强，梁思礼曾经和供应天线零件的私营工厂打交道，那位私营资本家不知何故竟然揭发梁思礼有贪污行为，这让梁思礼极其震惊。当时他的母亲王桂荃正好把天津的住房卖了，到北京来和他一起生活，手里有一笔钱，这竟然成了他的罪证，他无论怎么解释审查部门也不相信。当时成立有一种专门的调查组叫"打虎队"，他被这个"打虎队"24小时不间断审讯，逼得晕头转向，只好糊涂的时候就承认有贪污的事，一旦清醒就立即反悔。他后悔自己在国外多年不了解中国情况，却一心一意要揽下那么多工作，现在真是跳进黄河也洗不清了。他被关在小屋里反省、写"犯罪"材料，心里像打翻了五味瓶，酸甜苦辣一起涌上心头，他回忆自己在饮冰室父亲跟前所接受的启蒙教育，回忆八年漂泊美国的留学生涯，回忆归来时那无与伦比的兴奋和自豪，回忆接受组织任务之初那份激动和不知疲倦的干劲……但是回忆解救不了他，只能增加他此刻的痛苦和委屈。在精神上遭受了难以形容的打击后，他甚至有了最坏的打算，那就是去蹲监狱。后来，组织上经过彻查，终于搞清楚了事情的前因后果，梁思礼被恢复了名誉，他的一颗遭受屈辱的心才渐渐回复了平静，他在内心很佩服共产党发生了误会就能自己改正这种实事求是的精神。现在仔细思考，这件事绝非空穴来风，或许那完全就是一个"莫须有"的罪名，当时大家都在搞运动，故去的梁启超当时在政治上已经被作为"保守派"批判，梁思成也曾经一次次被迫写下对自己父亲的批评，作为任公最为疼爱的幼子，梁思礼恐怕也是受到了这一出身的牵连。当然，这件事情也给了年轻的思礼一个教训，他发誓这辈子再也不和经济打交道了，心甘情愿做一个只管业务的知识分子。

梁思礼一直尊奉着毛泽东的一句话："人是要有点精神的。"对于这代人来说，所谓"精神"，就是将自己的理想与国家和民族振兴的事业紧紧联系在一起，就是做一个任劳任怨、无私奉献的"老黄牛"！刚刚从"三反""五反"的委屈中醒过来神，梁思礼就随着邮电部电信研究所并入了总参通信部电子科学研究所，任天线电波组副组长。1955年，越南准备在北越建立"越南之声"广播电台，梁思礼奉命前往提供技术支援。这是一项带有政治任务性质的"业务"，梁思礼和其他专家一起不敢有丝毫懈怠，最终顺利完成了建设任务，并获得了胡志明亲自颁发的奖章和奖状。这是梁思礼留学归来后第一项政治荣誉，当然这也是对其业务的最好肯定。

从无线电到天线研究，从中国国际广播电台到"越南之声"，梁思礼在专业领域已经成功转型，也在学术钻研和建设实践中超越了自我局限，"挑战自我"——他为此由衷高兴。不过，新的"挑战"可谓一个接着一个，梁思礼的事业在1956年又发生了重大逆转，他也迎来了自己事业的高峰！

## 中国第一代"驯火人"

1956年，是梁思成、林徽因参与设计的人民英雄纪念碑在天安门广场安放工程如期完工的年份，是新中国第一个自己设计施工的现代化深水商港湛江港投入使用的年份，是中国第一汽车制造厂试制成功我国第一批"解放"牌汽车的年份……中国科学研究领域也迎来了一个非凡的春天！这一年，党中央国务院主持制定"十二年科学远景规划"，梁思礼作为专家代表参加了制定工作，他主要负责起草"远景规划"中关于导弹与火箭即"喷气技术"的那部分内容。这可是新中国一项全新的事业，梁思礼个人也从来就没有经历过，所以这又是一个巨大的历史性的挑战。这是这一辈人无法逃脱的宿命和荣耀，他们要在世界科学的顶尖领域摸爬滚打，披荆斩棘，开疆拓土。在规划制定完毕后，梁思礼正式调入国防部，参与筹建第五研究院（即火箭、导弹研究院）。短短6年多时间，他已经调换了三个单位，正如那句很贴切很顺口的话："我是革命一块砖，哪里需要哪里搬。"搬来搬去，梁思礼被搬上了研究中国火箭技术的前沿阵线，这是他想也没想到过的，即便梁启超还活着，他大概也想不到当年自己宠爱的那个"老白鼻"竟然会成为一名导弹和火箭专家！

国防部第五研究院的院长是钱学森。钱学森1911年出生于上海，1934年9月到著名的美国麻省理工大学航空系学习，获得了航空工程硕士学位，后转入加州理工大学，成为世界著名空气动力学专家冯·卡门最得意的弟子之一，又先后获得航空、数学博士学位。1938年7月，钱学森在美国从事空气动力学、固体力学和火箭、导弹等领域的研究，并与导师冯·卡门共同完成高速空气动力学问题研究课题，建立了"卡门—钱近似公式"，成为世界知名的空气动力学家。36岁时钱学森便已成为麻省理工学院最年轻的终身教授。他曾随美国空军顾问团去考察纳粹德国的导弹技术，被美国空军授予上校军衔。在中华人民共和国建立后，钱学森一直在寻找归国效力的机会，但是当时美国政府对于他"格外器重、特别优待"，他遭到了软禁，一切行动都在监控之中，住家的四周都有特务走来走去——因为就像海军次长金布尔声称的："钱学森无论走到哪里，都抵得上5个师的兵力，我宁可把他击毙在美国，也不能让他离开。"中国当然更懂得钱学森的价值！这是一场谈判桌上的战争，谈得相当艰难！周恩来一次次和美国方面进行交涉，甚至不惜以释放11名在朝鲜战争中俘获的美军军人作为交换条件。在中国政府的交涉下，美国移民当局最终不得不同意放行钱学森。1955年秋天，钱学森经香港回到了梦牵魂绕的祖国。

1956年10月8日，国防部第五研究院正式成立，下设十个研究室，梁思礼被委任为自动研究室主任，他回到了自己的专业上来了，当年所学的无线电和自动控制又有了用武之地，这对于一个视科学研究为生命、视创造奉献为信仰的人来说实在是一件再喜不过的大喜事；况且，能够作为中国"第一代驯火人"参加到这样一项伟大的事业中，梁思礼感到无上荣耀！

"自力更生为主，力争外援和利用资本主义国家已有的科学成果"是当时五院的治院方针。但是，难题明摆着就在那里，即便你不说，它也不会消失，那就是该研究院除了钱学森以外，其他所有人连火箭、导弹长什么样子都没有见过！还是那句话："边学边干"，梁思礼全身心地投入了这一全新的事业领域，刻苦钻研业务。1958年，第五研究院和炮兵联合组建P－2导弹教导大队，梁思礼被任命为技术副大队长，和队员们一起接受苏联专家的培训。梁思礼穿上了军装，成为一个英武的军人，军衔是少校。真是"山不转水转"，当年他申请入伍参加抗美援朝战争而未获批准，现在竟然又成为一名军人！1959年，五院开始试制P－2导弹，梁思礼作为控制系统技术负责人之一担任驻厂工作组组长。

## 火箭导弹专家

20世纪50年代末到60年代，是中华人民共和国建立后内外交困的时期。当时"老大哥"苏联是赫鲁晓夫执政，他调整了内政外交政策。1956年苏共二十大之后，中苏两国间争论频生，摩擦迭起，两国关系逐渐从融洽走向分歧再走向破裂，最终导致了"珍宝岛事件"的发生。在此期间，苏联撤走了在中国进行各类援建项目的专家，包括对第五研究院的专家支援。这一方面使中国一下子陷入了"科技恐慌"，另一方面也促动我们自己的科学研究工作者更加忘我地投入科研事业，因为这不仅是一项"事业"的问题，更关联着中国是否可以自力更生谋求发展的国际形象和声誉。面对尖锐激烈的国际斗争环境，为了维护国家的独立与领土完整，中国航天技术也进入了攻坚阶段，谢光选、梁思礼、程开甲、房士良等一批导弹火箭专家就在钱学森的带领下开始了导弹研制的艰难历程。

1960年11月，我国曾仿制了苏联059导弹并试验成功了P－2地-地导弹，这个初步的成功大大激发了研究者的创造激情。这个时候，苏联专家

梁思礼

撤走了，中国就没有可仿制的导弹了，仿制的路走不通了，中国人只能走自己的路，这条路异常艰辛——在茫茫的戈壁滩上，科研人员用计算尺、手摇计算机这样简单的工具进行导弹设计计算。1962年，中国决定自行设计导弹。作为控制系统的主要负责人之一，梁思礼参加了这项工作。当时中国刚刚经历过"大跃进运动"以及牺牲农业、发展工业的政策所导致的全国性的粮食短缺和饥荒，即所谓的"三年自然灾害"，国家形势异常严峻。五院这批国家最高机密技术的研究者常常吃不饱饭，就连钱学森、屠守锷等受到中央特别关照的高级别专家也常常是酱油拌饭，并发生了身上浮肿等现象，但是这也阻挡不了中国第一代航天人为国争气的信念。面对国际封锁，他们夜以继日、加班加点，工作间常常彻夜灯火通明，负责政工的干部不得不一次次以严明纪律为由催赶他们回去休息。

　　1962年3月21日，中国首枚自行设计的地－地导弹就要在酒泉发射场进行发射试验了，各个系统的研究者都是既兴奋又紧张。党中央对于这次发射高度重视，发射时，聂荣臻元帅亲自到现场观摩发射，就坐在相离发射塔仅仅五公里远的一顶帐篷里。作为控制系统的技术负责人之一，梁思礼当时就站在离发射塔近两公里距离的吉普车旁边。但是，这次发射却以失败告终，那枚耗费了科研者多少聪明智慧、牺牲了食不果腹的中国人多少财富的导弹起飞没多久就摔了下来，"轰"的一声爆炸了，燃起了熊熊火焰——坠落地点离发射点只有300米！梁思礼几乎是条件反射般迅速跳上吉普车冲向爆炸地点，无奈地看着一片烈焰，他的心被烤得焦灼疼痛。这一次自主研制的第一枚导弹发射失败，满腔热血的梁思礼随后几天食不下咽，彻夜难眠，他深切感受到了导弹研究的复杂性和艰巨性，弹性理论发射前的17项试验等过去不被重视的因素，被确立为发射前必须完成的工作。这一年他的小女儿出生了，他给她起名"梁旋"，这个凯旋的"旋"寄托着梁思礼内心的宏愿，他相信下一次一定成功，他要英雄般胜利归来！

1964年，修改设计后的中国自行设计的第一枚中近程液体地-地导弹研制完毕，梁思礼依然是其中的控制系统主要负责人之一。发射试验那天是6月29日，这次发射成功了，这些设计者——一群大男人伟丈夫禁不住流下了欢悦的泪水！1965年，梁思礼被任命为中近程液体地-地导弹改进型号的控制系统主任设计师，和其他科学家一起研制全惯性火箭制导系统。这一年，第13发导弹进行飞行鉴定试验，梁思礼作为领导之一参加了试验，他成了火箭导弹研究领域举足轻重的专家。1965年5月14日，中国首次进行原子弹空爆试验。这时，中国航天人已经有了更为远大的目标——研制导弹核武器，中国航天事业昂首迈进了1966年！

## 1966：辉煌与悲怆

1966年，是中国航天事业上战绩辉煌的一年，是每一个航天人刻骨铭心纪念的一年。20世纪60年代初到70年代中期，由于科学技术的进步和现代战争的需要，导弹进入了改进性能、提高质量的全面发展时期，刚刚起步的中国航天技术必须紧追这一步伐。1966年10月的一天，中国自行研制的东风二型导弹首次携带原子弹头进行发射试验。这次遵照周恩来的指示，聂荣臻领导国防科委，在首次核效应试验的基础上，组织以10个兵种（后、空、海、炮、工程、装甲、通信、防化、铁道、军科、二炮。后来因任务不多，军科空缺，二炮从炮兵中分离出来，1969年后二炮成为独立的效应大队）为主，26个部、委、院、社、局（建委、农林、水电、铁道、电子、电力、建工、粮食，卫生工业研究所、农科院）参加的效应大军，10个效应试验办公室对应10个效应大队。发射时，导弹从酒泉发射基地起飞后，经过长途飞行，在"一年一场风，从春刮到冬"的戈壁滩罗布泊上空准确命中预定目标，发出了一声震天巨响，成功实现了核爆炸，那升腾而起的蘑菇云让人泪流满面。

2005年10月2日，中央电视台《焦点访谈》栏目播放了《回首航天路——首次导弹原子弹结合试验成功》的访谈，访谈人是敬一丹，受访人是当年参加这次发射的谢光选、梁思礼两位院士，这里不妨摘录一段节目内容：

**解说**：为了改进导弹设计，确保下一次的发射成功，戈壁滩上科研人员顶着风沙，冒着酷暑严寒，无数次反复计算、推敲和试验。两年以后，1964年，在原子弹爆炸前的4个月，中国自行设计的东风二型导弹发射成功，而这一切都是在极其秘密的情况下进行的。

**谢光选**：没有公布，也不知道，我们也不讲。到什么程度了，我妻子不知道我在搞什么。

**梁思礼**：所有的人全默默无闻地做着无名英雄，所以那时人家就说你"有子弹没有枪"，实际上我们的枪已经有了好一段时间。

**解说**：尽管原子弹爆炸之前中国的导弹就已经发射成功，但是把原子弹和导弹结合在一起实弹发射，一旦发射失败或者导弹偏离轨道，后果不堪设想。

**梁思礼**：当时那会儿我们的弹道是要经过兰新铁路，跨过我们弹道附近下面的很多居民，为了要保险，全临时撤离。

**谢光选**：那里有五万居民，周恩来同志操心啊，落到哪个地方的可能性有多大？后来我们经过计算，十万分之六。

**解说**：这一次发射试验，周恩来总理明确指示要严肃认真、周到细致、稳妥可靠、万无一失。为了确保安全，两弹结合试验前，导弹经过的区域居民全部被疏散，同时一旦导弹偏离轨道，导弹上的安全系统将自动启动。

**梁思礼**：所谓安全系统，就是万一它要偏离轨道或者不稳定的话，要在空中把它炸掉，变成碎片。

**解说**：经过充分论证和周密准备，中央批准进行两弹结合试验。1966年10月，中国自行研制的东风二型导弹携带原子弹头矗立在发射阵地上。

**梁思礼**：在场人员全撤离到几公里以外，只剩下最少的发射指战员跟保驾的技术人员进入地下室准备发射。这些同志进地下室之前，全都写好了遗书，有的党员交了最后的党费。

**解说**：1966年10月27日9时，东风二号核导弹点火升空，9分14秒后核弹头在距发射场894公里之外的罗布泊弹着区靶心上空569米的高度爆炸。

正如当时那支歌曲所唱的："我们战斗在戈壁滩上，不怕困难不怕强梁。任凭天空多变幻，哪怕风暴沙石扬。头顶烈日，冰雪宿营帐，饥餐沙粒饭，笑谈渴饮苦水浆。我们战斗在戈壁滩上，自力更生，奋发图强。"当1966年罗布泊上空那朵巨大的蘑菇云腾空而起，它宣告了中国成为世界上继美国、苏联、法国和英国后第五个拥有导弹核武器的国家，这大大增强了中国在未来战争中的自我防御能力，消息传开，举国为之欢腾。发射成功的第二天，《人民日报》发表了《中华人民共和国政府声明》。声明说，"中国发展核武器，正是为了打破核大国的核垄断，要消灭核武器"。声明还郑重宣布"中国在任何时候、任何情况下，都不会首先使用核武器"，同时郑重建议"召开世界各国首脑会议，讨论全面禁止和彻底销毁核武器问题"。

其实在1966年那一年，梁思礼还主持了远程液体地－地导弹控制系统的研究和方案制定工作，他又是核导弹和长征二号运载火箭的副总设计师，负责控制系统的研制工作。正是在梁思礼的主持下，我国首次把集成电路用于弹上计算机，并且还进行了全弹自动化测试。

但是1966年的中国，这些辉煌的创造只是它的一小部分，它留给中国人的，更多是灾难和沉痛。"文化大革命"的风暴席卷了全国，即便这些从事国家尖端科技事业的人物也不能幸免。梁思礼的哥哥姐姐不是被抄家就是被审讯，他的母亲在经受了无数折磨后于一个凄风苦雨的夜晚告别了人间，那时正好是划清阶级界限的时候，军管会不同意梁思礼回家为母亲送终，甚至连母亲的骨灰也未能收起来，这是他终生最为遗憾和抱愧的事了。梁思礼个人受到的打击算是最轻的，那就是"靠边站"。怀着丧母的深切悲痛，像在50年代那次在经济问题上遭受冤枉后一样，梁思礼再一次陷入了沉思——我所选择的道路难道错了吗？不！作为军人的梁思礼坚信自己的选择是正确的，更坚信自己的祖国能够再次认识到自己所犯下的错误，走到正确的轨道上来。但触目惊心的事实就在眼前，仅仅1966年，就有三位导弹火箭研究系统的专家死于非命，其中火箭材料专家姚桐斌的去世对于梁思礼震动最大，因为他也是从国外归来希图报效国家的科学家，而且是在周恩来总理的亲自关怀下回到祖国的，他的专业恰恰是当时的航天事业非常需要的！消息传到周恩来那里，这位日理万机的共和国总理当时正在接待外宾，一下子被这个噩耗骇住了，手中的酒杯跌得粉碎，他的心也被扎碎了，他下决心要用尽一切所能保护这些千折百难要开创中国科技事业的专家们。梁思礼有幸也在这些专家之列——在逆境中有人默默关怀着自己，他感到无限欣慰。作为军人，无论身处怎样的逆境，无论个人遭遇怎样的悲痛，服从就是天职，他从来不会计较个人的得失和名利，他知道，只要条件允许了，他就还要献身于航天事业。迎着各种各样的干扰，梁思礼又开始埋头于自己的研制工作，他必须负重前行！

洲际导弹，是一个国家国防实力的象征。1971年9月10日，梁思礼参与研制的远程洲际导弹第一发遥测弹飞行试验获得基本成功。由于计算机软件问题，发动机提前关机，导弹打远了，但整个方案被证明是可行的。可是洲际导弹在十年动乱中几经折腾，一直无法纳入正轨。1974年，梁思礼被下放到河南省驻马店正阳五七干校。他在这所五七干校度过了一年时光，其工作是养猪。一个航天专家做了猪倌，这是何等荒唐的事！但梁思礼并没有怨天尤人，相反却是拿出造导弹的耐心来养猪，并且养得津津有味。梁思礼对养猪的每一个环节都非常重视，配种、接生、催肥、杀猪、食用，他全程进行质量控制。除了杀猪，其他工序他都亲自操作，他养的小克郎猪膘满体壮。这个尖端科学领域的专家成了一个养猪专家！

但是，"文化大革命"给梁思礼带来的沉重打击还远远不仅是这些！他为此失去了唯一的儿子，他叫梁左军。梁左军有着梁思礼小时候一样的调皮可爱，也有着同其一样的聪敏智慧，甚至他的长相、神情都酷肖年幼时的梁思礼。由于梁思礼的工作常常是一连几个月住在研究所或试验场，他的妻子麦秀琼不但要忙于自己的工作，还要照料两个小女儿，所以就把儿子梁左军放在母亲王桂荃那里上学。小家伙从小和奶奶生活在一起，和奶奶的情感比对父母还要浓烈。奶奶死于非命时，梁左军还不满十岁，他不明白为什么朝夕相处的奶奶忽然间没有了，他感到万分的恐惧，精神上产生了异常，本来活泼的性格猛然间变得孤僻内向。随着年龄的增长，这种精神上的抑郁更加显现出来，再加上他又特别渴望自己能够对得起"梁启超的孙子"这样一个名分，所以做事争强好胜。随后下乡、高考、上大学，当理想和现实出现巨大的断裂，他的精神分裂就越来越加剧了。在医治无效的情况下，在父母结婚的纪念日，他跳楼自杀。那一年，左军30岁，在这个"而立"之年，他选择了放弃。这是梁思礼心灵深处永远也无法弥合的最深最痛的创伤，他轻易不敢揭开，每当想起就忍不住自责痛悔，老泪纵横。

## 伏枥仍存万里心

1976年，中国的科学事业又迎来新的春天，春意盎然，万象更新，年过半百的梁思礼也迎来了自己事业上的又一个春天——

1976年开始，梁思礼担任了长征三号火箭控制系统技术负责人。

1978年，梁思礼集中精力研制远程导弹和长征二号，并参加了多次飞行试验。

1980年，他参加了向太平洋发射远程火箭的飞行试验，并成为1985年国家科技进步奖特等奖主要获奖者之一。

1980年，梁思礼被调任七机部运载火箭研究院副院长，主管导弹质量和可靠性，被公认为中国航天可靠性工程学的学科带头人；那一年5月，我国向太平洋公海发射洲际导弹，这是我国第一次在国际舞台上公开显示我国导弹技术实力和国防实力。

1981年，梁思礼接受了两项任命，一是航天部总工程师，二是通用测试设备（CAMA系统）总设计师，负责航天部通用计算机自动化测试系统研制工作，在四年后取得成功，并由此成为1987年国家科技进步二等奖和航天部科技进步一等奖主要获得者之一。

1982年，梁思礼参与研制控制系统的潜地导弹水下发射成功，我国科技水平和国防实力又登上一个新台阶。从此我国有了水下机动发射的固体导弹，大大提高了导弹的生存能力，增加了威慑力量。

1987年，梁思礼当选为国际宇航科学院院士，这标志着他所从事的科学研究在国际宇航界的重大影响。

1988年，梁思礼作为国防科工委组织的"核武器和空间裁军研究组"成员，开始进行核战略导弹和外太空武器裁军的研究工作。

1993年，梁思礼被评选为中国科学院院士，第八届全国政协委员。

…………

2003年，10月15日，中国神舟五号航天飞船将航天员杨利伟送入太空，这次成功发射标志着中国成为继苏联和美国之后，第三个有能力独自将人送上太空的国家。梁思礼作为参与"神五飞天工程"的火箭控制系统专家，他表示，在无人发射成功率上，我们已经达到92%，赶上了美国和苏联水平；对于这次载人发射，因为没有一个国家、没有一次发射敢于说自己成功率百分之百，所以他曾经信心满怀地预测，"神五"的成功率绝对在百分之九十七以上。发射成功后，他说："今日能够圆了父亲的科技梦，是我的荣幸。更重要的是，圆了中国人数千年的飞天梦想，更让我激动。"

这些年，由于工作性质特殊，梁思成还在默默参与"神州"系列运载火箭的研制工作，并期盼着中国能够实现"探月计划"。在一次接受采访时，当记者问到"您为我国国防事业的发展付出了一生的心血，是什么精神支持着您"这个问题时，梁思礼回答道：

我自己认为是奋发图强的爱国主义精神。我1924年出生，经历过战乱，看到国家衰败，民不聊生。中华人民共和国成立后，中国人不仅站起来了，而且还拥有了自己的导弹、核武器、运载火箭和人造卫星，这在过去是不可想象的。毛泽东同志说过："人总是要有点精神的。"我认为一个人如果没有发愤图强的精神就不会干出什么大事。20世纪60年代美国、苏联封锁我们，卡我们的脖子。我们发奋图强，人家不让我们搞导弹，我们非搞出个样子给你看看。就是这股子劲头促使我们奋发向上，百折不挠。那时我们老五院各分院的科研办公大楼每晚都灯火通明，同志们都自动来加班或学习，直到深夜。当时政委、指导员来到办公室的主要任务之一就是说服动员大家早些回家休息，不要干得太晚，但是往往赶也赶不回去。就是靠这种发愤图强的爱国主义精神，使我们的事业从无到有，从小到大。我们这一代人有一个共同特点，那就是把个人的事业和发展与国家的利益紧密地联系起来，融为一体，其核心思想就是爱国主义。不久前，我回家乡广东江门参加了梁启超研究会新闻发布会，感慨颇多。要使贫穷落后的祖国繁荣强大起来，使受百年凌辱的祖国真正站起来，能以平等的地位居于世界民族之林，这是百余年来多少中国的仁人志士为之奋斗的目标和愿望。我们是以实际行动一步一步地向着这个目标前进的。①

　　这一切一切的背后，离不开一位默默无闻的女性几十年如一日的支持和奉献，那就是文静、儒雅而贤淑的麦秀琼。这个当年的"小八路"和"洋博士"梁思礼结婚半个多世纪以来，豁达、相知、共勉是他们彼此相亲相爱、相濡以沫的法宝——"无论在多困难的日子里我们没有吵过一次架，我庆幸生命中有了她，她为我牺牲了许多许多"②。这正是一位丈夫的肺腑之言，他的军功章确实应该有她的一半！让我们祝福这一对老人晚年更加健康幸福！

---

①　《刺天长剑——中国战略导弹总师梁思礼访谈录》，原文地址http://www.qqywf.com/view/b_5857894.html。
②　吴荔明：《梁启超和他的儿女们》，上海人民出版社1999年版，第351页。

## 结篇
# 梁氏家族文化启示

◎

梁启超及其子女所取得的巨大成就照耀了中国的近现代历史，也一直是我们茶余饭后津津乐道的话题。有时我们不免会产生这样的疑问：为什么梁家子女都能够在自己的学科领域成就一番事业甚至成为领军人物？难道真的是上天特别厚爱给予其超凡的慧心？这和他们所接受的家庭熏陶和教育是否有紧密关系？如果有，究竟在梁氏家庭教育中有哪些精华是值得我们汲取的？前文在评述梁启超幼年所受家教时，曾经涉及其曾祖父、祖父和父母亲三代相传的家学家风，也谈到其祖父和父母对他的严厉教育，也就是说梁氏家族好的家风是渊源有自的。这里我们以梁启超的教育理念为主要谈论对象。

### "仰不愧，俯不怍"：德性与智识

我们先从梁思成结婚前的一封信谈起。1927年12月5日，梁启超给远在美国的儿子梁思成写信安排他的婚礼事宜，在信中，这位父亲以自豪的口吻告诉儿子："有一件事要告诉你们，你们若在教堂行婚礼，思成的名字便用我的全名，用外国习惯叫作'思成梁启超'，表示你以长子资格继承我全部的人格和名誉。"①这不是一个父亲一时兴起对于儿子的特别奖赏，也并非仅仅是对西方世界子承父名的简单模仿，作为一位在国际上享有盛名的文化人物，"梁启超"这个名字不是一般儿女能够攀得上的——但梁思成是梁启超倾注了无数心血、精心雕塑的一位无论在人格或学术、无论在国学或西学方面都堪称楷模的人物，所以才能够担当得起"思成梁启超"这一名号。从这封普通的家书中我们可以看出，梁启超对于子女的教育首先是强调"人格与名誉"，他把这作为一个人的立世之本。

梁启超一生都非常崇拜曾国藩的家教。在1900年给麦孺博等人的信中，梁启超这样检讨自己："弟日来颇自克厉，因偶读曾文正家书，猛然自省，觉得非学道之人，不足以任大事。自顾数年以来，外学颇进，而去道日远，随处与曾文正比较，觉不如甚远。……故弟近日以五事自课：一曰克己，二曰诚意，三曰主敬，四曰习劳，五曰有恒。盖此五者，皆与弟性质针对者也。时时刻刻以之自省，行之现已五日，欲矢之终身，未知能否？"②20世纪20年代初，他曾经到苏州讲学，谈到"为学与做人"的关系，他说："我老实不客气告诉你罢，你如果做成一个人，知识自然是越多越好，你如果做不成一个人，知识却是越多越坏。……屈原说的，'何昔日之芳草兮，今直为此萧艾也，岂其有他故兮，莫好修之害也'。"③我们看梁启超一生在政治上的追逐、在传媒上的发展、在学术上的开创、在文学上的"革命"以及在经济、司法、图书馆学等领域寻求突破，像拓荒牛一样"开天辟地"，但是他从来以"仰不愧，俯不怍，浩然自得于怀"④为信条。

我们不排除梁启超也是有个人成见的，也是有私情私欲的，甚至政治抱负也颇为迫切，但他不会没有原则，以醍醐、卑琐的手段谋取一己之私。梁启超就司法总长任后，对于安置同志、同学很头疼，他发表了《告乡中父老书》："启超顷以时局艰难，勉负职任，只图负责，不敢怙权。顷在中央整躬率物，谢绝请托，破除情面，冀励末俗，咸与维新，仰乡中

① 1927年11月23日—12月5日《致孩子们》，《梁启超家书》，中国文联出版社2000年版，第508页。
② 丁文江、赵丰田：《梁启超年谱长编》，上海人民出版社1983年版，第227页。
③ 马勇：《梁启超随想录》，山西高校联合出版社1994年版，第197页。
④ 丁文江、赵丰田：《梁启超年谱长编》，上海人民出版社1983年版，第499页。

父老兄弟人等，共体此意。"另外，他为了实现自己的政治理想，有时甚至不顾亲朋师友的规劝而"以身饲虎"，但当发现对方的治国思路不符合时代要求和国民意愿时，他会毫不犹豫地与之决裂，由此时人给了他一个"善变"的恶誉，但他"自问一生无他长，惟心地之光明磊落，庶几可以质诸天地鬼神，胸中不能留一宿物，有所行有所知，则告人若不及。凡朋辈与仆相处稍久者，无不知其为城府洞达之人，而咸病其浅率，乏深沉之度，良师友屡以此相戒，虽刻意欲改之，而卒丝毫未能改也……"①在他晚年息影政坛以后，每当政治社会发生新的动荡，他都会感到极其的良心不安，觉得自己这样过"老太爷"的生活似乎对不起国民曾经对自己所寄予的期望，甚至在经过1926年割除一个肾脏这样大的手术后，他还在说"我常感觉我的工作，还不能报答社会上待我的恩惠"，这其中确实是一份可贵的"居庙堂之高则忧其民，处江湖之远则忧其君"的知识分子情怀，这是一份晚清到五四几代知识分子所坚守的德性。

德性的养成绝非一日之功。梁启超说："固男子也，抑常读先圣昔贤之书，而硁硁以自绳也。"②梁启超把德性与修读"先圣昔贤之书"相提并论，这是其一生坚持的自我约束、教育学生和教育子女的方法。1923年在东南大学课毕告别时，梁启超发表了一通演讲，他批评现在中国的学校，都变成了贩卖知识的杂货铺。知识从来不可轻视，但也不能完全倚重知识来支撑人生，否则这么多人匆匆忙忙来这世上"忙"一遭就毫无意义了。"精神的饥荒"其实远比"知识的饥荒"要可怕，所以，一要"裁抑物质生活，使不得猖獗，然后保持精神生活的圆满"；二是"先立高尚美满的人生观，自己认清楚将精神生活确定，靠其势力以压抑物质生活"，以寻求精神生活之自由。③1927年初夏，梁启超带着清华研究院学生到北海游玩，发表了一席长谈，论及学生道德和知识方面的修养、学校制度和社会风俗以及改造之法等，后来刊入了《清华研究院同学录》。梁启超讲道："现在的学校，多变成整套的机械作用，上课下课，闹得头昏眼花。进学校的人大多数除了以得毕业文凭为目的以外，更没有所谓意志，也没有机会做别的事。……我要想把中国儒学道术的修养来做底子，而在学校

①② 丁文江、赵丰田：《梁启超年谱长编》，上海人民出版社1983年版，第497页。
③ 梁启超：《东南大学课毕告别辞》，见《梁启超文集》，北京燕山出版社1983年版，第672页。

功课上把他体现出来。……一面求智识的推求，一面求道术的修养，两者打成一片。现世界的学校，完全偏在智识一方面，而老先生又统统偏在修养一方面，又不免失之太空了。所以要斟酌于两者之间。我最希望的是在求智识的时候，不要忘记了我这种做学问的方法，可以为修养的工具；而一面在修养的时候，也不是参禅打坐的空修养，要如王阳明所谓在事上磨炼。"在这里，梁启超提到了"智识的推求"和"道术的修养"的关系，他批评大学教育急功近利，放弃了对学生人格修为的培养，造成了学子只以"求文凭"为目的，这种德性与知性的脱节最终造就的是偏废的人。梁启超以曾国藩、李鸿章和袁世凯做分析。在他看来，曾国藩那班人的修养是值得崇敬和效法的，因为"他们看见当时的社会也坏极了，他们一面自己严厉的约束自己，不跟恶社会跑，而同时就以这一点来朋友间互相勉励，天天这样琢磨着。……这么样坚忍，这么样忠实，这么样吃苦有恒负责任……最先从自己做起，立个标准，扩充下去，渐次声应气求，扩充到一般朋友，久而久之便造成一种风气，到时局不可收拾的时候，就只好让他们这班人出来收拾了"；而李鸿章"就根本不用……道德改造政策，而换了他的功利改造政策。他的智力才能确比曾文正公强，他专奖一班只有才能不讲道德的人物。继他而起的是袁项城，那就变本加厉，明目张胆的专提拔一种无人格的政客，作他的爪牙，天下事就大糟而特糟了。……李文忠公功名之士，以功名为本位……袁项城就以富贵为本位了"。我们虽然不能说梁启超对这三位历史人物的评价一定完全公允，但他那般对"书呆子"修养以及乱世担责的期待确实是极为殷切的。作为清华大学教授，他怀着抱负拿起了教鞭，在未约定到多数教员合作以前，一个人是很难以为力的。但是，他对于年轻一代还是抱有希望，他希望同学们都能理解他的苦口婆心，"造成你理想的新风气，不见得我们的中国就此沉沦下去的。这是对于品格上修养的话。至于智识上的修养——在学问著述方面改造自己。……（总之）（一）是做人的方法——在社会上造成一种不逐时流的新人。（二）做学问的方法——在学术界造成一种适应新潮的国学"[①]。这次宏篇大论是有针对性的，也是梁启超积郁许久不得不发的话，就在这一年，清华的正常学业秩序其实已难以维持，他也于次年离开清华。

---

① 丁文江、赵丰田：《梁启超年谱长编》，上海人民出版社1983年版，第1 138页。

梁思成等梁家子辈从小就受到梁启超这种"修养"与"智识"并重的教育思想的影响——一方面是父亲的言传身教、耳濡目染，另一方面也和梁启超对子女国学教育的看重有关系，他把国学作为"修为"的路径。在子女几岁的时候，梁启超就对他们进行国学启蒙。梁思顺自幼就由父亲教她写字读书作诗词，因此古文功底很好，在诗词研究方面造诣甚深，她所选编的《艺蘅馆词选》曾被传诵一时，并被多次再版。该书的自序体现了思顺对于中国古代诗词涉猎之广博、研究之透彻、见解之深入。梁思达、梁思懿小的时候在天津都曾经专门休学，请清华国学研究院的谢国桢做他们的国学老师，每天课以各种古文经典，以训练其学养和修为。这里我们主要以梁启超对梁思成的德性修养为例。一方面，梁思成从小跟随父亲在日本，常常听父亲讲书，小学又上的是中文学校，打下了坚实的国学基础；另一方面，他在日本生活那么多年，耳闻目睹了日本社会的近代文明，在英国学校和清华学校读的又是"洋书"，所以，中学和西学自小即融入了他的学养之中。1912年，梁启超在给思顺的多封家书中都谈到赠其《东坡集》《韩柳合集》的事情，并谈到奖给梁思成"四书"事，在11月9—10日信中，他说："尚得仿宋本四书一部（王文敏公旧藏本）。吾留以自养矣。思成学课归汝监督试验，若至明年二月汝出报告谓其有进益者，吾则于其生日时以此赉之。""自养"二字颇值得玩味。"四书"那是梁启超诵读如流的国学经典，但是当他得到新的套书，内心的欢愉不能自胜，并认为重读经典是一种"自养"之道。就在12月3日，他将宋本四书"赏于思成"，并强调"此书至可宝"，自然是希望思成一要爱惜书籍，二要好好拜读、好好领会。12月5日信中他又强调，在寄给各个子女的礼物中，"思成所得四书乃最贵之品也。可令其熟诵，明年侍我时，必须能背诵，始不辜此人赍也"。这一年，梁思成仅仅10岁，梁启超已决心打造其国学功底，而且要求甚严——由思顺督学，随时向他汇报，且次年就必须出口成诵。同一封信中，梁启超还许诺说，自己得到一套明刻本《李杜全集》，"字大寸许，极可爱"，"思成若解文学则吾他日赏之"。还是在1912年，他曾经意欲让思成到青岛学习，也是锻炼他学会自立之意，并嘱咐其在未成行之前"多用力于国文"①。1913年3月20日家信中，他又

① 1912年11月24日《致梁思顺》，《梁启超家书》，中国文联出版社2000年版，第51页。

谈到已为思顺、思成、思永三人购得善本旧书十余种，如王氏仿宋本《史记》、胡氏仿宋本《文选》、仿宋本《白香山集》《欧阳文忠全集》，各自按爱好自取，不过他认为年长的思顺有优先权，建议其取《白香山集》。对于几位外孙，他也是同样要求，1925年5月，当时桂儿、瞻儿还年幼，但他已要求他们好生写字，"别要辜负美材"，"叫他读《论语》最好"。

或许是因为多年的政治奋斗让梁启超感到厌倦和劳累，晚年的梁启超已无心眷顾于世事纷争的起起落落，他越来越看重中国传统文化的价值，并希望自己的儿女们也能从文化中发现永恒的美丽。在梁思成成人后，梁启超对梁思成国学的训练也一直没有懈怠过。就在1923年梁思成遭遇车祸住院期间，梁启超还要求儿子趁机补修国学。5月11日，即车祸刚刚发生后的第四天，梁启超就开始"课彼在院中读《论语》《孟子》《资治通鉴》，利用这时候多读点中国书也很好"[1]。从一封梁启超给思成的信中我们可以看到他曾经仔细地为思成安排了"读书计划"：

父示思成：吾欲汝以在院两月中取《论语》《孟子》，温习闇诵，务能略举其辞，尤于其中有益修身之文句，细加玩味。次则将《左传》《战国策》全部浏览一遍，可益神智，且助文采也。'更有余日读《荀子》则益善。各书可向二叔处求取。《荀子》颇有训诂难通者，宜读王先谦《荀子集解》。可令张明去藻玉堂老王处取一部来。[2]

1923年7月26日，梁启超又与梁思成书，曰："汝生平处境太顺，小挫折正磨炼德性之好机会，况在国内多预备一年，即以学业论，亦本未尝有损失耶。"[3]在我们常人看来，撞断了腿骨绝非"小挫折"了，哪还有心思诵读国学？梁启超对儿子受伤的惊惧和心疼从其这一阶段给梁思顺的信中已暴露无遗，但对着梁思成发话，却是认为这是"磨炼德性之好机会"。确实，儿子受如此重创，父亲恐怕比儿子还要着急，但急是急不好

---

[1] 丁文江、赵丰田：《梁启超年谱长编》，上海人民出版社1983年版，第995页。

[2] 丁文江、赵丰田：《梁启超年谱长编》，上海人民出版社1983年版，第995—996页。

[3] 1923年7月26日《致梁思成》，《梁启超家书》，中国文联出版社2000年版，第323页。

的，静下心来读书或许是自我安抚、休养和补救的最佳选择了。思成遵照家父训示，在住院期间认真攻读国学。1925年林长民死于非命时，梁启超在12月27日给思成的信中还是以同样的思路鼓励儿子和林徽因："人之生也，与忧患俱来，知其无可奈何，而安之若命。你们都知道我是感情最强烈的人，但经过若干时候之后，总能拿出理性来镇住它，所以我不致受感情牵动，糟蹋我的身子，妨害我的事业。"从这两件事上，我们看出了梁家对子嗣的教养，他们继承了古代儒家的教训，爱护自己的身体，因为发肤受之父母，任何人无权糟践自己的生命，这种思想在当今也是颇有教育意义的；同时他们也会勇敢、乐观地直面既成事实的灾难，将不幸降低到最低限度，并能够将普通人看来的"不幸"转化为另一形式的"机遇"。可以说，在20世纪20年代的中国，对于一个在学业上已经接受了较多西式教育的青年来说，这种学习既是一种文化视野的开阔，更是一种人格品性的修炼，如任公所言"益修身""益神智""助文采"。梁启超的九个子女先后有七位都选择到国外留学，从他们接受的整体教育而言，可能算得是"中学为体，西学为用"了吧。正是由于这种教育，梁思成最终成长为一位"仰不愧，俯不怍"的建筑史专家。

　　德性教育，研读国学只是第一步，其他方面的教育也与此相辅相成。首先是孝道。《弟子规》曰"首孝悌，次谨信"，"孝"是圣训之先。梁启超不仅自己对于父母长辈严守孝道，也非常注重对儿女孝心的培养，这才使得梁家这个大家庭和睦融洽。关于这一点，我们会在后边"和睦家风"一节详细分析。梁启超对诸子女的德性教育是全方位的，例如怎么认识付出与获得的问题。李蕙仙在归国前一段时间经营着一份投机生意，可能是粮食期货或股票之类，时而赚时而赔，梁启超在多封家信中屡屡相劝其不要搞这种投机，他认为全家已经无忧饥寒，夫人的职务应该是专力教诲子辈读书做人，驰念投机挣钱，贪此区区，是断不可取的。但是李夫人当断未断，再为冯妇，梁启超在1912年12月18日信中写道："切勿见猎心喜，吾家殆终不能享无汗之金钱也。"这句批语相当严厉，体现了一个大丈夫治家的威严。"君子爱财，取之有道"，梁启超"若稍自贬损，月入万金不难，然吾不欲尔尔"[1]，梁启超的孩子深受父亲这种"不享无汗之

---

[1] 1912年12月《致梁思顺》，《梁启超家书》，中国文联出版社2000年版，第64页。

钱"的影响，所以，当梁氏兄弟面对傅斯年以惜才爱友之心为自己申请特别救济时会觉得"感与惭并"，且梁思永写信拒绝救助；所以，当梁思礼在"三反""五反"中被人诬陷经济上有问题时，他能够那么坦然相对，并最终真相大白。

当然，要"从汗水中获得回报"就要勤奋苦干。梁启超经常教育学生和子女，"万恶懒为首，百行勤为先"。"勤奋"是梁启超非常看重的德性之一，这其实也是梁启超自己身体力行的。在勤恳治学方面，梁启超的确做到了以身作则。在1899年给妻子李蕙仙的两封信中，他都说虽然遭遇了变法失败，但是"志在救世，不顾身家而为之，岂有一跌灰心之理"，要多读些书，以待他日之用。当他遇到自己心仪的女子何蕙珍，至情至性的他终于选择了放弃，不管其中的原因是担心影响与妻子的感情，或是如他所言不忍何蕙珍这样的女子受辱没，或是自己是"一夫一妻世界会"发起者，其中非常重要的另一个因素则是"君父"忧危、家国患难，无端牵涉儿女之情，不可饶恕。梁启超精力过人，在任何人生阶段都有自己的事情做，从政、办报、讲学、著论……只要没有外务干扰便手不释卷，即便在参与护国一役那样的危险行程中也不忘偷闲读书。尤其是在他晚年疾病缠身时，医生再三再四要求其休养，亲朋挚友更是苦逼，他还是一有余力便要工作，顺境、逆境都不能磨折他的志气。更宝贵的是，梁启超能常常把这些心得感验随时传达给孩子们，使他们受到熏陶。梁家的几个子女在读书和工作上都继承了父亲那种投入的精神和坚韧的意志。梁思成、梁思永在李庄那样艰苦的环境下做出非凡的学术成就，没有深厚的德性积淀是万万无法实现的。所以，当我们读到梁启超告诉思庄"求学问不是求文凭"时，我们一点都不会觉得奇怪。

其实，梁启超能够这样教育子女，也是因为他个人就是一个严守德性、永远以诚示人的典范，在对待师友方面他体现出深厚的道德修养。梁启超对待朋友诚信而深自谦牧，在给蔡锷、张君劢、徐志摩及其他弟子的信函中，梁启超总是极为谦逊，例如称蔡锷为"吾弟"，称君劢为"先生"，且语气相与商教，极为中肯，如"敢于就正于先生""望有以教之"等，可见，梁启超与朋友弟子情感恰恰、教学相长、相互砥砺之情形。前文曾经谈过，梁启超自己一生在学术上、政治见解上，不管是与导师康有为相同或相异，不管是私下争议还是公然发表异见，但在生活中，他都严格遵从师生礼规，终生以先生之命为命，先生有求必应。早些年他追随康有为时自不待言，后来到了海外十数年他思想发生变化，但对康有为的敬重不改。到了回国后，二人在政治上越来越分道扬镳，当张勋和康有为一起上演复辟的丑剧时，梁启超立即与段祺瑞准备起兵讨伐张勋，并组成了"讨逆军总司令部"，即"马场誓师"。梁启超发表了《代段祺瑞讨张勋复辟电》《反对复辟电》，并骂张为"贪黩无颜之武夫"、康为"大言不惭之先生"，康梁由此彻底分裂。真的应了那句话："吾爱吾师，吾更爱真理。"但是政治上的决裂绝不意味着尊师呈礼的结束。仅举两个例子。1923年5月20日，康有为漫游至津，当时正在北京翠微山闭门谢客、养疴读书的梁启超知道消息后是"欢喜踊跃"，渴望即刻"赴津敬谒"，并邀请老师能来翠微山小住。细心的梁启超还考虑到，如果老师"厌京尘不欲荏止"，希望其能够在天津待些时日。在1927年3月康有为70寿诞时，梁启超与同门多人亲往上海祝寿，他在寿联上对于先生之道德文章有着极高的评价：

> 述先圣之玄意，整百家之不齐，入此岁来已七十矣，
> 奉觞斗于国叟，致欢忻于春酒，亲授业者盖三千焉。

就在该月的31日，康有为逝世于青岛。梁启超非常伤感，与同门在北京先哲祠为其举行公祭，梁启超撰写了祭文和挽联，挽联曰：

> 祝宗祈死，老眼久枯，翻幸生也有涯，幸免睹全国陆沉鱼烂之惨；
> 西狩获麟，微言遽绝，正恐天之将丧，不仅动吾党山颓木坏之悲。

康有为晚年妻妾颇多，生活担了较重，以致身后颇为萧条，梁启超得知消息后赶快电汇几百元以解燃眉之急，并代大女婿周希哲送上奠敬一百。在信中他给女儿说，你们虽穷，但还有得典当借贷，希哲早年受南海提携之恩最早，总应该尽一点心。可见梁启超对于导师之情感。其实，梁启超一家子女对于康有为颇有意见，正由于这个"保皇派"，梁家后来受了不少牵连。

梁启超与弟子吴其昌的师生情谊也是清华园的佳话。1927年，吴其昌主持编辑了《清华学校研究院同学录》。梁启超亲自题笺，首刊是王国维

师的遗像、手迹，各位师生均有照片，学生们还各缀小传，不少小传都出自吴其昌之手，文字亦庄亦谐，颇有文采。这是师友间其乐融融的一次合作。据《学人魂陈寅恪传》记载，陈寅恪曾经给辅仁大学校长陈垣写信推荐吴其昌，他说："吴君其昌，清华研究院高才生。吴君高才博学，寅恪最钦佩，而近况甚窘，欲教课以资补救。如有机缘，尚求代为留意。吴君学问必能胜任教职，如其不能胜任，则寅恪甘坐滥保之罪。"可见得，吴其昌是一位深得众导师厚爱的人杰。只可惜天不假年！1943年，胜利出版社组织编纂《中国历代名贤故事集》，吴其昌受托作《梁启超传》。这时他病体沉重，赢弱不支，甚至发烧吐血，但他受命奋兴，日夜赶稿，自12月中旬开笔到1944年1月19日身体极弱而封笔，一口气写了五万字。就在1月23日，年仅40岁的吴其昌与世长辞，可以说，他不惜自己的生命与死神赛跑写下了先师的传记！从梁启超、陈寅恪与吴其昌的故事中，我们可以深深感悟到这些学界前辈提携后人的大德，也可以感受到学界后辈对师者的尊崇和景仰。这些学苑古风源远流长，可惜现在已流脉殆尽，学界、校园到处充斥着功利和计谋，睹今思昔，不由不让人感慨系之！呜呼哀哉！

从以上这些我们可以看出，梁氏家教是在"读先圣昔贤之书"的基础上从各个层面打造儿女的人格修养，并切切以身作则。今天我们常常抱怨伦理解构、价值失序，梁启超的这些说教或许对我们有重要的启示意义。当今世界，我们绝不可能回到大兴国学的传统教育中去，那只能让中国的现代教育和科技更加滞后于西方，且渴望中的文化复兴恐怕是那些传统文化中的沉渣再次泛起，但是，读一点国学作为修养之道似乎也是应该的，况且德性的培养有许多渠道，特别是如何辩证地看待德性与智识的关系是值得研究的一个重要课题。

## 政治误人："择术不可不慎"

"学者术之体，术者学之用，二者如辅车相依而不可离，学而不足以应用于术者，无益之学也，术而不以科学上之真理为基础者，欺世误人之术也。"①这是梁启超论及"学"与"术"之关系的一句话。胡适曾

---

① 马勇：《梁启超随想录》，山西高校联合出版社1994年版，第310页。

经这样评价梁启超："梁任公为吾国革命第一大功臣，其功在革新吾国之思想界。十五年来，吾国人士所以稍知民族思想主义及世界大势者，皆梁氏之赐，此百喙所不能诬也。去年武汉革命，所以能一举而全国响应者，民族思想、政治思想入人已深，故势如破竹耳。使无梁氏之笔，虽有百十孙中山、黄克强，岂能成功如此之速耶？近人诗'文字收功日，全球革命时'，此二语惟梁氏可以当之无愧。"胡适主要强调的是梁启超的舆论文章对民族思想、政治思想的巨大影响力。确实，作为晚清到民初舆论界之执牛耳者，梁启超在革新国民思想方面功莫大焉，这也是梁启超一直引以为自豪的。但从其晚年淡出政坛、从事文化教育的心态来言，他也确实认为自己早年在政治上的抱负是付之东流了。可以说，在从政与治学之间的游移和煎熬折磨了梁启超一生，他多次感到"有点苦，因为一面政治问题、军事问题前来报告商榷者，络绎不绝，一面又要预备讲义，两者太不相容了。但我努力兼顾"。虽然生命的最后几年终于选择了大学讲堂，但为时已晚，总觉得太多的学问要做，争分夺秒中终于耗尽了体力。

从政治中摸爬滚打出来的梁启超深深懂得"政治误人"的道理，"在中国政界活动，实难得兴致继续，盖客观的事实与主观的理想，全不相应，凡所运动皆如击空也"[1]，更重要的也是因为"做官实易损人格，易习于懒惰与巧滑，终非安身立命之所"，所以他自己转向了文化教育事业，也希望儿女包括女婿、儿媳能够在学术领域方面有一技之长。因此，他对儿女们的道路选择极其慎重，要求他们最好能够从事科学文化等事业。他曾经在给思顺书中评价政客的道路，"古人说'择术不可不慎'，真是不错。……思忠呢，最为活泼，但太年轻，血气未定，以现在情形而论，大概不会学下流（我们家孩子断不至下流，大概总可放心），只怕进锐退速，受不起打击。他所择的术——政治军事——又最含危险性，在中国现在社会做这种职务很容易堕落。……这种过度的热度，遇着冷水浇过来，就会抵不住。从前许多青年的堕落，都是如此"[2]。梁启超对于儿子的政治热情不愿高压，怕打断他的勇气，又不能任由其走错了路，所以常常陈以利害，加以规劝。在他看来，对于聪明人来说，走错了路也没有什么大

① 1913年3月25日《致梁思顺》，《梁启超家书》，中国文联出版社2000年版，第118页。
② 1927年5月13日《致梁思顺》，《梁启超家书》，中国文联出版社2000年版，第480—481页。

不了的，回头另走即是，但对于修养不够的人，也许便因挫折而堕落。对于梁思忠报考军校，梁启超内心并不十分情愿，因为从军总和政治结合太紧，军阀乱世，简直没办法说谁是正义谁是非正义，或许无端地葬送了自己的聪明才智甚至生命。可见为了儿女的"择术"问题，梁启超用心何其良苦！

择术其实和择业是二而一的。在子女的择业上，梁启超做到尊重子女自由意志，绝不横加干涉，但从另一面来说，这绝对不是袖手旁观，不理不睬，而是要以婉转的方法提出自己的建议，协助他们做出适时的调整。也就是说，梁启超在教育子女上采用的是一种互动式、启发式的方法，他经常会给子女们提出很多问题，但不强迫子女被动接受事物、观念，不做出结论。他通过和子女们的讨论，通过启发他们的思维，在关键处加以点拨，让子女们自己得出结论，明白道理。梁思顺的丈夫周希哲在菲律宾做领事很受商民爱戴，梁启超听说后写信给思顺："（希哲事）令我喜欢得了不得。我常想，一个人要用其所长（人才经济主义）。希哲若在国内混沌社会里头混，便一点看不出本领，当领事真是模范领事了。我常说天下事业无所谓大小（士大夫救济天下和农夫善治其十亩之田所成就一样），只要在自己责任内，尽自己力量做去，便是第一等人物。希哲这样勤勤恳恳做他本分的事，便是天地间堂堂的一个人，我实在喜欢他。"[1]梁思成在留美期间，梁启超为其未来家庭着想，也对其建筑艺术的学术方向有过一些意见："思成学课怕要稍为变更。他本来想思忠学工程，将来和他合作。现在忠忠既走别的路，他所学单纯是美术建筑，回来是否适于谋生，怕是一问题。我的计划，本来你们姐妹弟兄个个结婚后都跟着我在家里三几年，等到生计完全自立后，再实行创造新家庭。但现在情形，思成结婚后不能不迎养徽因之母，立刻便须自立门户，这便困难多了。所以生计问题，刻不容缓。我从前希望他学都市设计，只怕缓不济急。他毕业后转学建筑工程何如？"[2]

思庄当时打算跟随思顺到加拿大留学，这也是梁启超的一个想法。在1925年7月10日《给孩子们》书中，他这样解释："你三个哥哥都受美国教

① 1923年11月5日《致梁思顺》，《梁启超家书》，中国文联出版社2000年版，第333页。
② 1927年8月29日《致孩子们书》，《梁启超家书》，中国文联出版社2000年版，第460页。

育，我们家庭要变'美国化'了！我很望你将来不经过美国这一级（也并非一定如此，还要看环境的利便），便到欧洲去，所以在加拿大预备像更好。稍旧一点的严正教育，受了很有益，你还是安心入加校罢。"他的建议可以分几个层面来说，一是家庭避免"美国化"，他希望思庄入加校；二是加校的教育比较"守旧""严正"，这一点对于思庄有益；三是到加校是为了将来到欧洲留学做准备，欧洲的教育和美国也很不同；四是最终决定权在思庄，她可以看"环境的利便"。后来思庄听从父亲建议，在加拿大完成中学学业后考入了蒙特利尔著名的麦基尔大学，在分科前梁启超又给予她鼓励和建议：

庄庄在极难升级的大学中居然升级了，从年龄上你们姊妹弟兄们比较，你算是最早一个大学二年级生，你想爹爹听着多么欢喜。你今年还是普通科大学生，明年便要选定专门了，你现在打算选择没有？我想你们弟兄姊妹，到今还没有一个学自然科学，很是我们家里的憾事，不知道你性情到底近这方面不？我很想你以生物学为主科，因为它是现代最进步的自然科学，而且为哲学社会学之主要基础，极有趣而不须粗重的工作，于女孩子极为合宜，学回来后本国的生物随在可以采集试验，容易有新发明。截到今日止，中国女子还没有人学这门（男子也很少），你来做一个'先登者'不好吗？还有一样，因为这门学问与一切人文科学有密切关系，你学成回来可以做爹爹一个大帮手，我将来许多著作，还要请你做顾问哩！不好吗？你自己若觉得性情还近，那么就选他，还选一两样和他有密切联络的学科以为辅。你们学校若有这门的好教授，便留校，否则在美国选一个最好的学校转去，姊姊哥哥们当然会替你调查妥善，你自己想想定主意罢。[1]

10月31日，他又给思庄说："庄庄学生物学和化学好极了，家里学自然科学的人太少了，你可以做个带头马，我希望达达以下还有一两个走这条路，还希望烂名士将来也把名士气摆脱些，做个科学家。"梁启超是非常有远见的，对子女学业的计划和分析细致入微，很有道理，但又不武断下命令，这一点很让儿女受用。后来思庄在加拿大最终并没有修读生物

---

① 1927年8月29日《致孩子们书》，《梁启超家书》，中国文联出版社2000年版，第495页。

学，而是根据自己的兴趣选择了文学方向，梁启超照样非常支持，1930年她获得文学学士学位。1931年思庄到美国哥伦比亚大学专攻图书馆学，后来在这个领域卓有建树，成为著名的图书馆学家。

除了学业方向选择上的建议外，梁启超绝对不许子女做冬烘先生，他非常注重书本知识与课外实践的结合，并能根据子女学科的不同以及外界时机的不同给予子女建议。对于思成的游欧他是极端赞成，因为学习建筑没有实地考察、成竹在胸，只有书本知识是断不可以的，虽然当时筹措那样一笔经费比较困难，但他还是尽力玉成此事了；对于思永的考古实践，他更是费尽心力去安排，这一点我们在"梁思永"一章已有详细叙述；对于思顺、思庄的学业，他一直期待她们能够学成以后回到自己身边好好锻炼，而且思顺在日所学即为高级日语（宫廷日语），当时就担任父亲的秘书，得到了很多锻炼，后来他又安排思顺学习英语和经济，还把全家的资金经营和几个弟妹的学业用度交思顺一手管理。

但是，梁启超并非支持所有"尽早参与社会实践"的愿望。1927年，中国发生"大革命"，在美国军校学习的梁思忠希望回国在一些国内事务中进行历练，这在梁启超的"万千心事"中又添了一桩，因为思忠是一个个性比较浮动的角色。他回复儿子："至于你那种改造环境的计划，我始终是极端赞成的，早晚总要实行三几年，但不争在这一时。你说：'照这样舒服几年下去，便会把人格送掉。'这是没出息的话！一个人若是在舒服的环境中会消磨志气，那么在困苦懊丧的环境中也一定会消磨志气。你看你爹爹困苦日子也过过多少，舒服日子也经过多少，老是那样子，到底志气消磨了没有？——也许你们有时会感觉爹爹是怠惰了（我自己常常有这种警惧），不过你再转眼一看，一定会仍旧看清楚不是这样——我自己常常感觉我要拿自己做青年的人格模范，最少也要不愧做你们姊妹弟兄的模范。我又很相信我的孩子们，个个都会受我这种遗传和教训，不会因为环境的困苦或舒服而堕落的。你若有这种自信力，便'随遇而安'地做。现在所该做的工作，将来绝不怕没有地方没有机会去磨炼，你放心罢。"[1]他教育儿子要专心学业，不要看着国内的形势着急，"你们现在着急也无益，只有把自己学问学够了回来创造世界才是"。实际上，他把"爱国主

---

① 1927年5月5日《致孩子们》，《梁启超家书》，中国文联出版社2000年版，第477页。

结篇　梁氏家族文化启示

义"提升到崭新而广阔的境界。

当然，对于环境舒服与否和消磨意志之间的关系，梁启超是"因材施教"的，在梁思成回国后是选择到清华还是到东北大学工作这件事上，梁启超就明确告诉儿子，清华园实在是"温柔乡"，太舒服了，不愿意儿子刚刚事业起始就到这种环境中消磨时光。周希哲的驻外领事工作因为国内局势不定，常常拿不足工资，还要养活几个子女，生活有些困难，梁启超本来打算帮其重新调动一个岗位，但是思顺夫妇还是愿意维持现状，梁启超很鼓励这种选择："你们不愿意调任及调部也是好的，知足不辱，知止不殆，只要不至冻馁，在这种半清净半热闹的地方，带着孩子们读书最好，几个孙子叫他们尝尝寒素风味，实属有益。"①当后来思顺又为生计事着急愁闷时，梁启超的批评就不客气了："凡着急愁闷无济于事者，便值不得急他愁他，我向来对于个人境遇都是如此看法。顺儿受我教育多年，何故临事反不得力，可见得是平日学问没有到家。……现在处这种困难境遇正是磨炼身心最好机会，在你全生涯中不容易碰着的，你要多谢上帝玉成的厚意，在这个当口做到'不改其乐'的工夫才不愧为爹爹最心爱最心爱哩。"②"你和希哲都是寒士家风出身，总不要坏自己家风本色，才能给孩子们以磨炼人格的机会。生当乱世，要吃得苦，才能站得住（其实何止乱世为然）……拿现在当作一种学校，慢慢磨炼自己，真是再好不过的事，你们该感谢上帝。"③

正是由于这样的教育，梁家的子女都养成了乐观为怀的个性。20世纪50年代梁思成因为"大屋顶"问题受到批判时，他依然能保持自己幽默风趣的风度，有一次生病到梁思庄家里休养，一天吃饭时梁思成说："唉！我是个无齿之徒，有不白之冤啊！"大家吓了一跳。④原来，"无齿之徒"是说自己没有牙齿，"不白之冤"是说自己到老都是满头黑发，可见得政治冲击也无法泯灭他天性的乐观幽默。

---

① 1926年6月11日《致梁思顺》，《梁启超家书》，中国文联出版社2000年版，第399页。
② 1927年1月27日《致孩子们》，《梁启超家书》，中国文联出版社2000年版，第440页。
③ 1927年5月13日《致梁思顺》，《梁启超家书》，中国文联出版社2000年版，第480页。
④ 吴荔明：《梁启超和他的儿女们》，北京大学出版社2009年版，第167页。

## "兴会淋漓"与治学的专博

梁启超自诩"有极通达、极健强、极伟大的人生观，无论何种境遇，常常是快乐的"，这绝对不是他吹牛，"兴会淋漓"是其做事的一贯作风，是一种常态。无论是遭遇政治上的挫败还是生命上的危急，无论是遭遇经济上的困顿还是情感上的磨折，他都能够以良好心态来看待问题，并能时时刻刻从各种事务中发现趣味。

在《趣味教育与教育趣味》这篇演讲中，梁启超有一段风趣的论述："假如有人问我，你信仰的什么主义？我便答道：我信仰的是趣味主义。有人问我，你的人生观拿什么做根柢?我便答道：拿趣味做根柢。我生平对于自己所做的事，总是做得津津有味，而且兴会淋漓，什么悲观咧，厌世咧，这种字面，我所用的字典里头可以说完全没有。我所做的事常常失败——严格的可以说没有一件不失败——然而我总是一面失败一面做，因为我不但在成功里头感觉趣味，就在失败里头也感觉趣味。我每天除了睡觉外，没有一分钟一秒钟不是积极的活动，然而我绝不觉得疲倦，而且很少生病。因为我每天的活动有趣得很，精神上的快乐，补得过物质上消耗而有余。"[①]在《学问与趣味》的讲演中，他的话更有"趣味"：

我是个主张趣味主义的人，倘若用化学化分"梁启超"这件东西，把里头所含一种原素名叫"趣味"的抽出来，只怕所剩仅有个零了。我认为，凡人必常常生活于趣味之中，生活才有价值，若哭丧着脸捱过几十年，那么，生命便成沙漠，要来何用？中国人见面最喜欢用的一句话："近来做何消遣？"这句话我听着便讨厌。话里的意思，好像生活得不耐烦了，几十年日子没有法子过，勉强找些事情消他谴他。一个人若生活于这种状态之下，我劝他不若早日投海。我觉得天下万事万物都有趣味，我只嫌二十四点钟不能扩充到四十八点，不够我享用，我一年到头不肯歇息，问我忙什么，忙的是我的趣味，我以为这便是人生最合理的生活，我常常想运动别人也学我这样生活。[②]

①② 丁文江、赵丰田：《梁启超年谱长编》，上海人民出版社1983年版，第953页。

天津梁启超饮冰室书斋

正是由于他对"趣味"的注重，在对学生学业的指导和对儿女学业的建议上他也能充分考虑他们的兴趣所在。1926年，当思庄说自己暑假后即进加拿大皇后大学读书时，他非常高兴："全家都变成美国风，实在有点讨厌，所以庄庄能在美国以外的大学一两年，是最好不过的。"当思庄考取加拿大麦基尔大学以后，9月29日他立即去信祝贺："满地可我也到过，离坎京极近，暂时我大大放心了。……我很不愿意全家变成美国风。在坎毕业后往欧洲入研究院，是最好不过的。"他说尤其喜欢看思庄给哥哥们信中那份活泼样子，"我原来有点怕，庄庄性情太孤寂些，因为你妈妈素来管得太严；她又不大不小夹在中间，挨着我的时候不多……所以觉得欠活泼。这一来很显出青年的本色，我安慰极了"。1926年12月20日家信中，他说希望思庄特别注重法文学习，将来毕业后最少留法一年，他问女儿："你愿意吗？"为了鼓励思庄努力学习法文，在1927年1月27日信中，他表扬了女儿的成绩："庄庄很乖，你的法文居然赶过四哥了，将来我还要看你的历史学等赶过三哥呢。"他要求子女们在学业之外都要培养自己的"娱乐的学问"，如音乐、文学、美术、体育等，如果有这方面的天才，无论自己选择的是什么学科，那也必须腾出时间让这娱乐的学问"发荣滋长"。

但是他对于子女也有自己的担心，例如胸襟不够或许会造成伤害。对于思顺和思永，梁启超认为大概绝无问题了。"思成呢？我就怕因为徽因的境遇不好，把他牵动，忧伤憔悴是容易消磨人志气的（最怕是慢慢地磨）。……我所忧虑者还不在物质上，全在精神上。我到底不知徽因胸襟如何；若胸襟窄狭的人，一定抵挡不住忧伤憔悴，影响到思成，便把我的思成毁了。你看不至如此吧！"他于是嘱咐大女儿一定要常常帮助思成注意预防，"总要常常保持着元气淋漓的气象，才有前途事业之可言"。[①]在另一

①1927年5月13日《致梁思顺》，《梁启超家书》，中国文联出版社2000年版，第480页。

封信中，他还专门开导思成，值得抄录在这里：

　　思成和思永同走一条路，将来互得联络观摩之益，真是最好没有了。思成来信问有用无用之别，这个问题很容易解答，试问唐开元、天宝间李白、杜甫与姚崇、宋璟比较，其贡献于国家者孰多？为中国文化史及全人类文化史起见，姚、宋之有无，算不得什么事。若没有了李、杜，试问历史减色多少呢？我也并不是要人人都做李、杜，不做姚、宋，要之，要各人自审其性之所近何如，人人发挥其个性之特长，以靖献于社会，人才经济莫过于此。思成所当自策厉者，惧不能为我国美术界作李、杜耳。如其能之，则开元、天宝间时局之小小安危，算什么呢？你还是保持这两三年来的态度，埋头埋脑做去便对了。

　　你觉得自己天才不能副你的理想，又觉得这几年专做呆板工夫，生怕会变成画匠。你有这种感觉，便是你的学问在这时期内将发生进步的特征，我听见倒喜欢极了。孟子说："能与人规矩，不能使人巧。"凡学校所教与所学总不外规矩方面的事，若巧则要离了学校方能发见。规矩不过求巧的一种工具，然而终不能不以此为教，以此为学者，正以能巧之人，习熟规矩后，乃愈益其巧耳。（不能巧者，依着规矩可以无大过）你的天才到底怎么样，我想你自己现在也未能测定，因为终日在师长指定的范围与条件内用功，还没有自由发撼自己性灵的余地。①

　　梁启超耐心地给儿子讲解怎么正确看待所学规矩与天才创造、学业的成就与否等问题，而且充分陈述了自己对于"读万卷书，行万里路"、扩大眼界和胸怀的理解，他说："况且凡一位大文学家、大美术家之成就，常常还要许多环境以及附带学问的帮助。中国先辈说要'读万卷书，行万里路'。你两三年来蛰居于一个学校的图案室之小天地中，许多潜伏的机能如何便会发育出来，即如此次你到波士顿一趟，便发生许多刺激，区区波士顿算得什么，比起欧洲来真是'河伯'之与'海若'，若和自然界的崇高伟丽之美相比，那更不及万分一了。然而令你触发者已经如此，将来你学成之后，常常找机会转变自己的环境，扩大自己的眼界和胸次，到那

----

① 丁文江、赵丰田：《梁启超年谱长编》，上海人民出版社1983年版，第1115页。

时候或者天才会爆发出来，今尚非其时也。今在学校中只有把应学的规矩，尽量学足，不惟如此，将来到欧洲回中国，所有未学的规矩也还须补学，这种工作乃为一生历程所必须经过的，而且有天才的人绝不会因此而阻抑他的天才，你千万别要对此而生厌倦，一厌倦即退步矣。至于将来能否大成，大成到怎么程度，当然还是以天才为之分限。我生平最服膺曾文正两句话：'莫问收获，但问耕耘。'将来成就如何，现在想他则甚？着急他则甚？一面不可骄盈自满，一面又不可怯弱自馁，尽自己能力做去，做到哪里是哪里，如此则可以无入而不自得，而于社会亦总有多少贡献。我一生学问得力专在此一点，我盼望你们都能应用我这点精神。"在这封信上，梁启超还注明："这几张可由思成保存，但须人人传观，因为教训的话于你们都有益的。"这种教育其实也和梁启超所谓辩证看待事情的"好"与"坏"、能做什么时"得做且做"、不要怨天尤人有关系。

梁启超在生活中时时处处都能发现趣味，也能从坏的事情中挖掘"好"的一面。1926年3月，他因为尿血症多年，万不得已住进了协和医院治疗——当时他正逢寿辰。按一般五十多岁长者的情况，必然是一副有病在身的苦状，但是他却能从住院生活中挖出兴味来。在1926年3月10日给子女信中他写道："贺寿的电报接到了，你们猜我在哪里接到？乃在协和医院三〇四号房。你们猜我现在干什么？刚被医生灌了一杯蓖麻油，禁止吃晚饭。活到五十四岁，子孙满前，过生日要挨饿，你们说可笑不可笑。"如此孩气十足，这哪像一位五十多岁、重病在身的老人的笔致？而且他还调侃外孙子："Baby：你看！公公不信话，不乖乖，过生日还要吃泻油，不许吃东西哩。"在住院期间，他还给许多医生护士们写了扇面，也真是如他自己所写，是一副"快活顽皮样子"。也就是在这次住院中，他割去了一侧肾脏，但因为协和孟浪把好肾割去了，所以病况并没有实质改善。当其他人都对医院大加挞伐时，他却能从既成的事实中很快解脱出来，从好的一面来看待这次手术。1927年3月，梁思同夭亡，梁思礼也大病一场，社会又一片混乱不堪，甚而天津租界也不安稳了，梁启超在这样的情况下还坚持在清华正常上课，他抱定"有一天做一天"的主义，"我是捱得苦的人，你们都深知全国人都在黑暗和艰难的境遇中，我当然也该如此（只有应该比别人加倍，因为我们平常比别人舒服加倍），所以这些事我满不在意，总是老守着我那'得做且做'主义，不惟没有烦恼，而且有时兴会淋漓"。

梁启超常常将生活的乐趣与读书兴味一起来看。他是学问趣味方面极多的人，生活内容异常丰富，所以能够保持不厌不倦的精神。每当经过一段时间，他的趣味就转到一个新方向，"便觉得像换个新生命，如朝旭升天，如新荷出水，我自觉这种生活是极可爱的，极有价值的"，这种"烂漫向荣的长处"伴随了他一生。[①]当我们一味抱怨先天资质的不足和外部环境的失恰而"得过且过"时，想想梁启超教育儿女的"埋头埋脑"和"得做且做"，则一定能够从中受益。

不过，"兴会淋漓"的心态在治学方面也可能产生负面影响，例如过分依顺"兴味"、旁好太多而导致读书治学的驳杂不精，在这个方面，梁启超总是拿自己做一个"反面教材"来教育学生和子女。以下录其1910年题录长女梁思顺《艺衡馆日记》一篇，可窥其教育子女为学专精情形之一斑：

> 古人于为学，终身与之俱。日计虽不足，月计必有余。
> 业终及行成，匪系聪与愚。偶锲旋复舍，不能摧朽株。
> 盈科进无息，溟涬成尾闾。程功固要终，辨志良在初。
> 汝于百家学，乃今涉其涂。日记肇更戌，藉用知所无。
> 卒岁得千纸，占毕亦云劬。吾唯爱汝深，责难与凡殊。
> 文章所固有，相期在道腴。简编我手答，戢戢蝇头书。
> 发蒙通德艺，陈义杂精粗。当学岂只此，为汝举一隅。
> 吾学病爱博，用是浅且无。尤病在无恒，有获旋失诸。
> 凡百可效我，此二毋我如。灯火自亲人，忽忽岁已除。
> 言念圣路遐，益感日月徂。作诗诰小子，敬哉志弗渝。[②]

在这首诗里，梁启超开导女儿，一个人应该在幼年就要树立远大治学目标，学业成就与否和"聪""愚"关涉不大，朝三暮四、"锲旋复舍"是最大的忌讳，只有持之以恒才能有更大更深的造就。他反省自己"吾学病爱博，是用浅且无。尤病在无恒，有获旋失诸"，所以告诫女儿千万要

---

① 丁文江、赵丰田：《梁启超年谱长编》，上海人民出版社1983年版，第1152—1153页。
② 丁文江、赵丰田：《梁启超年谱长编》，上海人民出版社1983年版，第536—537页。

吸取老爸的教训，"吾唯爱汝深，责难与凡殊"，希望女儿能够体谅自己的一番苦心。梁启超是一个精力超群之人，所以涉猎特别广博，他对于自己治学得失的总结即"博""浅""无恒"等，可以说一定程度上也是事实。刘海粟在《忆梁启超先生》中写自己一次去天津梁宅，两人长谈，刘问梁："你为什么知道的东西那样多？"他想了一想，恳切地说："这不是什么长处，你不要羡慕。我有两句诗：'吾辈病爱博，用是浅且芜。'一个渔人同时撒一百张网，不可能捉到大鱼。治学要深厚。你应当尽一切力量办好美专，造成一批人材；此外还要抽出时间集中精力作画。基础好，天分好都不够，还要业精于勤。以上两件事要毕生精力以赴，不能把治学的摊子摆得太大。盖生命有限，知识无穷。'才成于专而毁于杂'，一事办好，已属难得。力气分散，则势必一事无成。"[①] "才成于专而毁于杂"，这也确实是梁启超一直对自己的遗憾之处，所以他告诉孩子们在学习自己"烂漫向荣"的长处的同时，切忌取他"泛滥无归"的短处。在《治国学的两条大路》中，他谈到治学方法："我们要做博的工夫，只能选择一两件专业为自己性情最近者做去，从极狭的范围内生出极博来，否则，件件要博，便连一件也博不成，这便是'好一则博'的道理。……资料越发丰富，则驾驭资料越发繁难，总先求得个'一以贯之'的线索，才不至'博而寡要'，这便是'以浅持博'的道理。"这种将"博"与"狭"辩证运用于治学的方法现在也是很有教育意义的。

## "优游涵饮，使自得之"与健康的幸福

梁启超虽然注重子女的学业，但对子女身体健康的重视度绝不亚于学业。当然，对于其父亲大人和细婆庶母，两位夫人和几位外孙的身体也十分关注牵挂，许多家信中都有问候，嘱咐其营养调理，但这里主要谈及子女问题。

1912年12月，当时梁启超在国内，而家人还留在日本，原因之一是当时为思顺学业请了几位辅导老师，教授政治、经济、法律等。思顺渴望早日完成学业，所以和老师商量每天课业安排得重一些。梁启超知道后立

① 刘海粟：《忆梁启超先生》，见《追忆梁启超》，上海人民出版社1991年版，第298页。

即函示女儿："每来复十四小时大不可，吾决不许汝如此。来复日必须休息，且须多游戏运动。（……必须听言，切勿着急）从前在大同学校以功课多致病，吾至今尤以为戚，万不容再蹈覆辙……汝必须顺承我意，若固欲速以致病是大不孝也。汝须知汝乃吾之命根。吾断不许汝病也。"这是梁启超在给思顺信中极少有的严厉语气，而这严厉中却是蕴藏着无尽的父爱，是对女儿健康无以复加的关心。梁启超平日事务那么繁忙，家中又有一大群孩子，他竟然能够很清楚地记得思顺小时候在大同学校生病一事，可见得他对子女身体健康多么上心！在以后的几封家信中，他又一再向女儿强调课业不可太重，必须劳逸结合，必须有自娱自乐的时间。1923年9月6日，梁启超得知思顺的儿子周有斐生了一场大病，梁启超在心疼孙子的同时，更心疼自己的女儿，他《与宝贝思顺》书曰："得书知斐儿经此险病，幸亏到底平安，只是因为你的孩子，苦了我的孩子了。你现在好吗？没有熬出病来吗？"——"因为你的孩子，苦了我的孩子了"，梁启超这种考虑问题的角度和细致周到实在是普通父母所难得一有的，这样的问候怎能不惹起子女的信任和热爱？

　　子女中最劳梁启超操心健康问题的是梁思成。前文已说过，梁思成生来就体质虚弱，感冒发烧不断，梁启超总是为其提心吊胆，无论他走到哪里，哪怕是再忙、再远，甚至是在自己住院手术甚至参与发动护国战争的纷乱中，他匆匆几行家书也要问及思成的身体情况。1912年10月，梁思成又染小恙，梁启超在10日家信中即问及"思成病痊愈否"。这年11月，他考虑思成是否去青岛读书事，也还是以"体质平复"与否作为依据。1915年年初，当时梁启超正返籍省亲，梁思成和梁思顺都感风寒，在极其忙碌的行程中，他还一再问候。1923年思成遭遇车祸，梁启超之父爱更是大发，一连多封信向大女儿说明情况，对此的担忧持续经年。1924年6月，梁思成出国前又生病，梁启超又是牵挂不已，时时在天津与北京间往来信函咨询情况。梁思成经受那场车祸留下了健康隐患，在他去国之后，梁启超更为此操心不已。期间，四个大的孩子（思顺、思成、思永，后来又加上思忠）全在国外，李夫人故去，整个葬礼及周年祭需要梁启超操劳，他自己的尿血症也已经很不乐观——但梁启超很多封信中都要一再叮嘱子女特别是思成要注意身体调养，1925年和1927年是他最为费神的。1925年5月1日、5月9日家书中他一再问："林宗孟说思成病过一场（说像是喉症），谅来他是瞒着家里，怕我忧心，但我总要你见着他面，把他身体实在情形报告我，我才真放下心哩。""思成身体究竟怎么样？思顺细细看察，和我说真实话。成、永二人赶紧各照一相寄我看看。"这年10月，梁启超在李夫人周年之际，将夫人灵柩葬于香山，在"剧烈的悲悼"之后，当他得知思成完全康复时，11月9日信中他说："思成体子复元，听见异常高兴，但食用如此俭薄，全无滋养料，如何要得。我决定每年寄他五百美金左右，分数次寄去。"接着传出了林徽因父亲林长民去世的噩耗，其家事烦琐，徽因情绪一直很不稳定，势必牵涉到思成，这尤其增加了梁启超对思成身体的牵念。在11月27日《与思成书》中，梁启超谆谆教导儿子："第一你要自己镇静，不可因刺激太剧，致伤自己的身体。……你不要令万里外的老父为着你寝食不宁，这是第一层。……第二，……我从今以后，把她和思庄一样的看待，在无可慰藉之中，我愿意她领受我十二分的同情，度过她目前的苦境。她要鼓起勇气，发挥她的天才，完成她的学问，将来和你共同努力，替中国艺术界有点贡献，才不愧为林叔叔的好孩子。这些话你要用尽你的力量来开解她。"①1927年年初，梁启超接到一群孩子的一堆照片，他焦急地问道："思成为什么这样瘦呢？像老了好些……"当时梁启超才接受过肾脏切除手术半年多，而儿子的"瘦"却成了他的心病。1927年6月，思成多日未寄家信，正在悬念，前此寄给思成的一包照片竟然打回天津，让梁启超和王桂荃惊慌失其常度，后来细细检查，才发现是地址写错街号了。这些事情都累积在梁启超的内心：

　　我这两年来对于我的思成，不知何故常常像有异兆的感觉，怕他渐渐会走入孤峭冷僻一路去。我希望你回来见我时，还我一个三四年前活泼有春气的孩子，我就心满意足了。这种境界，固然关系人格修养之全部，但学业上之薰染陶熔，影响亦非小。因为我们做学问的人，学业便占却全生活之主要部分。学业内容之充实扩大，与生命内容之充实扩大成正比例。……你常常头痛，也是令我不能放心的一件事，你生来体气不如弟妹们强壮，自己便当自己格外撙节补救，若用力过猛，把将来一身健康的幸福削减去，这是何等不上算的事呀。前在费校功课太重，也是无法，今年

① 丁文江、赵丰田：《梁启超年谱长编》，上海人民出版社1983年版，第1 068页。

转校之后，务须稍变态度。我国古来先哲教人做学问方法，最重优游涵饮，使自得之。这句话以我几十年之经谂（验）结果，越看越觉得这话亲切有味。凡做学问总要'猛火熬'和'慢火炖'两种工作，循环交互着用去。在慢火炖的时候才能令所熬的起消化作用融洽而实有诸己。思成，你已经熬过三年了，这一年正该用炖的工夫。不独于你身子有益，即为你的学业计，亦非如此不能得益。你务要听爹爹苦口良言。①

　　"猛火熬"和"慢火炖"实在是一种非常有效的治学方法。当思成接到天天悬念的父亲的家书，赶快回了一封平安长信，梁启超甚是欣慰，在1927年11月23日至12月5日信中，他写道："我近来最高兴的是得着思成长信，知道你的确还是从前那活泼有春气的孩子，又知道身体健康也稍回复了——但信中有'到哈佛后已不头痛'那句话，益证明我从前的担心并非神经过敏了。你若要我绝对放心，辄要在寒假内找医生精密检查，非把它根本治好不可！你这样小小年纪，若得了一种痼疾将来不能替国家社会做事，而且自己及全家庭都受苦痛。这件事我交思顺替我监督着办，三个月后我定要一张医生诊断书看着才放心的。"

　　"健康的幸福"着实是梁启超一直警醒孩子们的。思庄在加拿大中学提前一年考上大学，梁启超一再叮咛："你们弟兄姐妹哥哥都能勤学向上，我对于你们功课绝不责备，却是因为赶课太过，闹出病来，倒令我不放心了。……姊姊来信说你因用功太过，不时有些病。你身子还好，我倒不十分担心，但做学问原不必太求猛进，像装罐头样子，塞得太多太急，不见得便会受益。我方才教训你二哥，说那'优游涵饮，使自得之'，那两句话，你还要记着受用才好。"②他要求思庄以后每月有一封家信报告日常生活情形，免得家人悬望，并嘱咐其饮食最要当心，若有点不舒服，立刻请医生，万不可惹出病来，而且交朋友最当谨慎，一切事都常常请姊姊哥哥们当顾问。

　　对于自己的身体，梁启超如果有什么病状也会随时报告给家人，包括怎么吃药、怎么住院、怎么休养、怎么饮食、怎么间以度假和治学等，但他谈及自己的病情时（哪怕住院手术）从来都没有一般病人那种悲观、阴

①② 丁文江、赵丰田：《梁启超年谱长编》，上海人民出版社1983年版，第1 153页。

郁、忧愁，这里边虽然有担心在外的子女们过虑的因素，但也确实是任公个人修养所致——事实如此，忧患不但于事无补，更会徒增愁闷。只有在加紧治疗的同时将病看淡，才更容易康复。说到怕增加家人病愁，这里举三封信为例，是1922年在东南大学讲学期间寄给随夫在菲律宾做外交官夫人的思顺的，当时思顺已年届而立。第一封写于12月2日：

我的宝贝思顺：前书想收。我很后悔，不该和你说那一大套话，只怕把我的小宝贝急坏了，不知哭了几场。我委实一点病也没有，若有，我不能不知道，但君劢相爱太过，我也只好容纳他的好意。现在已减少许多功课，决意阳历年内讲完，新年往上海玩几天。汝母生日以前，必回家休息，汝千万不许耽忧着急。我明年上半年决意停讲，在家中安住数月后，阴历三四月间，拟往庐山，即在彼过夏，汝暂勿回来亦好。我虽相信汝，但汝来往一次亦不大易，不必汲汲也。汝能继续求学甚好。汝学本未成，汝为我爱儿，学问仅如此，未为尽责也。①

当月8日又与梁思顺一书说：

宝贝思顺：怎么样啦！吓着没有？我近日精神益焕发，因为功课减少之故。我早上听佛学的功课到底被君劢破坏了，因此益清闲，每日专心致志著一部书，讲一门功课，从容极了，医生再来检查也没有什么话说了。君劢说若能常常如此，他又不愿意我速归了。因为他是江苏人，恨不得我在江苏多一天，江苏多得些好处。我说"那么我还是阴历年底才走"。他说："很好。"我说："你走了（他阳历年底必要走），我便拼命连日连夜地讲。"他又慌了。你说这位书呆子好笑不好笑？我阳历过年时，到上海玩十天八天，回头或者还在南京三两天才回家，到家时大约亦在阴历腊月半了。我写了这封信以后，打算回家后再写信给你了，你千万别要因为接不着信又疑心我病。你的三个小宝贝好么？你看《晨报》和《时事新报》没有？若看，应该看见我许多文章。②

① 丁文江、赵丰田：《梁启超年谱长编》，上海人民出版社1983年版，第971页。
② 丁文江、赵丰田：《梁启超年谱长编》，上海人民出版社1983年版，第971—972页。

风雨饮冰室——新会梁氏家族文化评传

又18日一书说：

宝贝思顺：我又想起你了，说不写信又写了。我告诉你一件事，令你欢喜。前几日唐天如先生来，细细诊察我身体一番，说的确没有病，我现在很放心了，欠著许多讲演债，打算这两个礼拜内陆续还清他。我最迟亦回家去过汝母生日。江翊云月内来菲，赴万国律师公会。他路过南京时或者会着我，你可以问我的近状。[①]

一位病中的老父亲以如此健康乐观的心态看待自己的疾患，同时如此殷殷关切远在海外子女的身体状况，不独令儿女感恩，也令天下为父母者感叹吧！

## "爹爹里寻妈妈"：情感与交流

在对儿女的教育中，李蕙仙和梁启超恰好是一对个性鲜明对照的"严母"与"慈父"。李蕙仙为人严厉，梁启超恰恰是一个情感极为丰富的人物，"你们须知你爹爹是最富于情感的人，对于你们的爱情，十二分强烈"[②]。梁启超此言确实不虚，他惯于向子女表达爱心、交流情感，也从不吝惜向子女败露自己的脆弱之处，真可谓"亦师亦友亦慈父"。

我们简略举几个小的方面的例子。例如，在对儿女的称呼上——虽然他们都已到了谈婚论嫁的年龄，甚至已为人妻，梁启超开言必是"大宝贝思顺""小宝贝思庄""不甚宝贝的思成思永""对岸一大群可爱的孩子们"，看似滥用，实为考究。俗话说得好，"男儿要贱养，女儿要娇养"，在"男女有别"的问题上，梁启超把握得很有分寸，他既要传达出对子女同样的关切，但是在表达语气和语词选择上对女儿们格外多一些疼爱，也有助于培养她们的优越感和大家闺秀的气质；对男孩子要严厉郑重一些，例如思成车祸住院时，他一边是用急切并温暖的语气告诉"大宝贝"情况，一边给思成的信却是换了一副"示训"的口吻。本来传统家庭

---

① 丁文江、赵丰田：《梁启超年谱长编》，上海人民出版社1983年版，第972页。
② 丁文江、赵丰田：《梁启超年谱长编》，上海人民出版社1983年版，第1 145页。

对于儿子已看得极重，梁家也毫不例外，李夫人一向就偏爱思成、思永，所以梁启超就声明自己更爱女儿，这不是和夫人对着干来挑拨事端，思成等自然知道是父亲平衡儿女心理的方法，所以男孩女孩都会觉得很开心。

可能有些父母大人觉得向子女过度表达自己的思念之情和宠爱之心有些难为情，梁启超不这样看待。自称"多情泪人"的梁启超生活中喜也罢忧也罢，总能惹起他的情感起伏，而且他觉得一个人情感饱满与否是决定其生活是否幸福的重要因素，必须学会涵养情感、时常交流才能增进了解，也能提高幸福感，并且能健壮体魄，所以，正如他能够很直爽地把檀香山"艳遇"向妻子汇报一样，梁启超也从不回避向儿女们倾诉衷肠，从不吝惜对自己孩子们的情感外露，尤其是对于跟在自己身边最多、为自己和家庭付出辛苦最多的梁思顺，他更是毫不掩饰自己的情感。在1922年11月29日给思顺一书中，他说："我的宝贝思顺：我接你这封信，异常高兴，因为我也许久不看见你的信了，我不是不想你，却是没有工夫想。四五日前吃醉酒（你勿惊，我到南京后已经没有吃酒了，这次因陈伯严老伯请吃饭，拿出五十年陈酒来吃，我们又是二十五年不见的老朋友，所以高兴大吃）忽然想起来了，据廷灿说，我那晚拿出一张纸写满了'我想我的思顺''思顺回来看我'等话，不知道他曾否寄给汝看。你猜我一个月以来做的甚么事，我且把我的功课表写给汝看。"

1925年4月17日，思顺、思庄已在赴加拿大途中，梁启超相思难耐："宝贝思顺、小宝贝庄庄：你们走后，我很寂寞。当晚带着忠忠听一次歌剧，第二日整整睡了十三个钟头起来，还是无聊无赖，几次往床上睡，被阿时、忠忠拉起来，打了几圈牌，不到十点又睡了，又睡了十个多钟头。思顺离开我多次了，所以倒不觉怎样，庄庄这几个月来天天挨着我，一旦远行，我心里实在有点难过。但为你成就学业起见，不能不忍耐这几年。庄庄跟着你姊姊，我是十二分放心了；但我十五日早晨吩咐你那几段话，你要常常记在心里，等到再见我时，把实行这话的成绩交还我，我便欢喜无量了。……祝你们一路安适，两个礼拜后我就盼你们电报，四个礼拜后就会得你们温哥华来信，内中也许夹着有思成、思永信了。"这封信末所谓的"电报""温哥华来信""内中也许夹着……信"等也是梁启超一种表达牵挂的方式——他渴望儿女经常来信，但不能强硬要求，所以这样委婉表达。1925年5月1日有"神户信收到，一两天内又当得横滨信了"。

1925年7月10日有"庄庄，你的信写许多有趣话告诉我，我喜欢极了。你往后只要每水船都有信，零零碎碎把你的日常生活和感想报告我，我总是喜欢的"。这其实也是一种婉转的要求。梁启超也常常仔仔细细审看孩子们寄回的照片和信件并"评头论足"，诸如：庄庄为什么没有戴眼镜、思顺却像更年轻了、庄庄真变白了吗、思成为什么这样瘦呢、思永的字真难认……

在李夫人去世后，梁启超更愿意把满腔父爱化为温存柔情，以慰藉孩子们的丧母之痛。1925年5月，在寄给思顺的小影上，他题写了《虞美人》一阕，明明是伤情不堪，思念叠叠重重，但为了安抚远在重洋的游子，劝解他们兄妹在异国重逢、"哭罢应还笑"，这也是一种自我抚慰吧——

> 一年愁里频来去（小女去年侍母省婚跋涉海上数次），
> 泪共沧波注。
> 悬知一步一回眸，
> 嵌着阿爷小影在心头。
> 天涯诸弟相逢道，
> 哭罢应还笑。
> 海云不碍雁传书，
> 可有夜床俊语寄翁无？

在同一时间，梁启超又以《鹊桥仙》"自题小影寄思成"：

> 也还安睡，
> 也还健饭，
> 忙处此心闲暇。
> 朝来点检镜中颜，
> 好像比去年胖些？
>
> 天涯游子，
> 一年恶梦，
> 多少痛愁惊怕！

开缄还汝百温存，

"爹爹里寻妈妈"。

这个走南闯北、叱咤风云的天之骄子，把一年来自己的丧妻之恸小心压下，把儿女的失母之悲总结为"痛、愁、惊、怕"，并感慨孩子们去年侍奉母亲病床前的孝心；他报告儿子自己能吃能睡，一切安好，减免游子诸多牵挂，并用思成来信中语"爹爹里寻妈妈"，温存地安抚思成：妈妈虽然离去，爹爹对儿女会更加疼爱有加，"爹爹里寻妈妈"——其舐犊情深读来让人几乎落泪。从这些诗文中，我们也能感受到梁启超对其夫人李蕙仙深深的怀恋和追忆。

梁启超舐犊情深，在其交游的圈子里是众人皆知的。1925年7月3日，梁启超在《与适之足下书》中说："又有寄儿曹三词写出呈教（乞赐评）。公勿笑其舐犊否？"①

## 和睦家风，心境常泰

前文在谈到梁启超幼年家学时，曾经说到梁家的家风"夫唱妇随，父慈子孝，和睦融洽"，梁启超从小在这种家风下长大，自然受益匪浅，后来梁启超的家庭教育能够施行、儿女们能够读书成才也和他努力保持的和睦家风有极大关系。

古人说："万恶淫为首，百善孝为先。"好的家风的养成首先离不开尊老行孝。民间有俗谚曰："房檐滴水点点照。"意思是说如果前一辈人尊老爱幼、家风淳朴，后辈人就会自然而然地承继这种传统，相反，儿女辈也会不守伦理家规。梁启超是家中长子，非常孝顺。梁启超刚刚逃亡到日本时，家信中一再嘱咐妻子要照料好父亲大人，在"家书抵万金"一节，我们也曾经摘录过几封书信。在他浪游天涯的一生，他时时处处无不牵挂着父亲的身体和心情忧乐，所以历次给思顺的家信，他要反复问讯老人的健康情况，当有了高兴事的时候，他就告诉思顺一定要转告爷爷，博大人一笑；如果是不如意的事情，或者纷杂混乱的事情，他就要嘱咐思顺

① 丁文江、赵丰田：《梁启超年谱长编》，上海人民出版社1983年版，第1 045页。

那一封信可以不必呈禀爷爷；如果他出外较久，他会将每一段行程在信中禀报父亲，以免悬念。例如在他1912年离开日本返回国内时，10月5日、10月8日、10月11日、10月13日、10月17日、10月24日、10月29日、11月3日、11月10日等一系列发寄梁思顺的家信中他都叩问"重堂"，或者是问其心绪如何，或者是问其需要什么物品，或者是问有否归意，或者是让女儿婉劝其不要再睡地铺……总之，牵念之情甚殷。时常家书禀报行旅平安、问候家人特别是父亲情况，其实已经成了梁启超的生活习惯，有时他收到父亲的信件，看到其心迹之一般，也会高兴得赶快转告其他家人。每逢父亲寿辰，如果梁启超在身边，一定会尽心操办，让高堂高兴；如果不在一地，也会尽量赶回父亲身边，以慰远念。

俗话说"长兄如父"，为使父亲安享晚年，梁启超这个长兄实实在在尽到了长兄的职责。梁启勋、梁启雄等弟兄，从学做人到做学问到成家立业，都受到梁启超的极大影响，子侄辈上学、求职也深深受惠于梁启超的教导和福荫。梁宝瑛先后娶有两个小妾，最后一位比李蕙仙年长不多，生育的子女年龄也很小，梁启超不唯要照顾自己一母同胞的弟弟妹妹，也尽心尽力关怀细婆所生的子女。在梁宝瑛去世后，梁启超作了《闻讣辞职书》和《哀启》，并辞去了所有职务，居丧一月，每到忌日一定要很正式地祭奠。为了不使细婆一个人孤单，梁启超把她接到天津居住，这样方便照料，他在给儿女的信中说，自己的亲生父母都不在人世了，所以当在细婆面前更行孝道，让她老人家开开心心地过个晚年，也算是对父亲的尽孝。1926年，细婆的一个女儿不幸亡故，"白发人送黑发人"，细婆非常伤感，所以梁启超尤其照顾得仔细，在9月4日给海外家书中，他写道："四姑的事，我不但伤悼四姑，因为细婆太难受了，令我伤心。现在祖父祖母都已弃养，我对于先人的一点孝心，只好寄在细婆身上，千辛万苦，请了出来，就令他老人家遇着绝对不能宽解的事（怕的是生病），怎么好呢？这几天全家人合力劝慰他，哀痛也减了好些，过几日就全家人京去了。"就在这个月底，王桂荃又生下一子，"别人还不怎么，独有细婆，欢喜得连嘴都合不拢来。自从四姑的事情以后，细婆没有过笑容，这两天异常高兴，令我们也都安慰"。

梁启超认为，父母之于子女，生之育之，保之教之，故为子者有报父母恩之义务，人人尽此义务，则一家人心境常泰，健康平安，家庭必有正气；而且这种"报恩"之正气也会导引社会的向善向上。梁启超不仅自己在父亲、庶母面前尽孝，也时时要求子女如此。在1912年年底，梁宝瑛打算携带小妾及几个年幼子女从日本返回原籍，梁启超在18日信中告诉思顺："祖父归乡后，汝与思成每十日必须（着重号为原信所有）寄一安禀往，吾书亦当择寄去。（吾题汝日记书共有若干字，可检来当为汝再写一遍，又吾诗副本可检寄）"他历年那么多封信中谈到"祖父"和"细婆"，其实也是对子女一种身体力行的孝道示范。

家风和睦的基础需要婚姻美满。梁启超自有他的婚姻观，那就是要慎重选择伴侣，一旦选定，就不能三心二意。我们曾经谈到，梁启超1900年在游檀香山之时对何蕙珍心生好感，他非常坦率地向妻子汇报，当妻子说要禀告父亲大人乞请准允时，梁启超非常适时且坦诚地要求妻子不要禀报高堂，"卿必累我挨骂矣；即不挨骂，亦累老人生气"，并向妻子表白："曾记昔与卿偶谈及，卿问别后相思否？吾答以非不欲相思，但可惜无此暇日耳。于卿且然，何况蕙珍？在昔且然，何况今日？……任公血性男子，岂真太上忘情者哉。"对于李蕙仙，虽然梁启超不太欣赏其个性，但确实一直非常尊重和关爱，家信中他常常道问夫人平安、心情如何以及有什么用品需要买回，妻子喜欢吃火锅，所以梁启超总是记在心上，如见到可意的火锅就寄回家送给夫人；有时担心夫人愁闷，就劝其多读书，多出外散心，多和家人交流。

正是从自己的婚姻观出发，梁启超对于徐志摩与张幼仪离婚、与陆小曼结婚颇有微词——徐志摩是梁启超爱其不过的私淑弟子，1922年在张幼仪怀有身孕的情况下徐志摩提出与之离婚，徐家一致反对，梁启超也长书规劝："其一，万不容以他人之痛苦，易自己之快乐。弟之此举，其与弟将来之快乐能得与否，殆茫如捕风，然先已于多数人以无量之苦痛；其二，恋爱神圣为今之少年所乐道。……兹事盖可遇而不可求。……况多情多感之人，其幻象起落鹘突，而（得）满足得宁贴（帖）也极难。所梦想之神圣境界（恐）终不可得，徒以烦恼中终（其）身（已）耳。"但是徐志摩并不悬崖勒马、回心转意。1925年七夕，徐志摩与陆小曼在北京北海举行婚礼，嘉宾云集。在徐父的坚持和胡适的规劝下，梁启超同意主持他们的婚礼，但是出人意料地，梁启超竟然在婚礼之上对徐志摩大加批评："徐志摩，你这个人性情浮躁，所以学问方面没有成就。你这个人用情不专，以致离婚再娶……以后务必痛改前非，重新做人！你们都是离过婚重又结婚的，都是用情不专，今后要痛自悔悟。祝你们这一次是最后一次结婚！"这简直是前无古人、后无来者的证婚词！1926年10月4日，梁给子女们书信谈到为徐志摩证婚事：

我昨天做了一件极不愿意做之事，去替徐志摩证婚。他的新妇是王受庆夫人，与志摩恋爱上，才和受庆离婚，实在是不道德之极。我屡次告诫志摩而无效。……青年为感情冲动，不能节制，任意冲破礼防的罗网，其实乃是自投苦恼的罗网，真是可痛，真是可怜！徐志摩这个人其实聪明，我爱他不过，此次看着他陷于灭顶，还想救他出来，我也有一番苦心。……看着他找得这样一个人做伴侣，怕他将来苦痛更无限，所以想对于那个人当头一棒，盼望他能有觉悟（但恐甚难），免得将来把志摩累死，但恐不过是我极痴的婆心便了。

梁启超感叹道："品性上不曾经过严格的训练，真是可怕，我因今天的感触，专写这一封信给思成、徽因、思忠们看看。"这其实也是对三人别有用心的警告。梁思顺和梁思成的伴侣都是梁启超亲自"看定"的人，他非常得意："我对于你们的婚姻，得意得了不得，我觉得我的方法好极了，由我留心观察看定一个人，给你们介绍，最后的决定在你们自己，我想这真是理想的婚姻制度。好孩子，你想希哲如何，老夫眼力不错罢。徽因又是我第二回的成功。我希望往后你弟弟妹妹们个个都如此。（这是父母对于儿女最后的责任）我希望普天下的婚姻都像我们家孩子一样，唉，但也太费心力了。像你这样有恁多弟弟妹妹，老年心血都会被你们绞尽了，你们两个大的我所尽力总算成功，但也是各人缘法侥幸碰着，如何能确有把握呢？好孩子，你说我往后还是少管你们闲事好呀，还是多操心呢？"[①]

和睦家风的形成也仰仗家长擅于协调家族成员之间的关系。在家庭中，不管李夫人生前身后，王桂荃都能够忍辱负重、顾全大局，自然也离不开梁启超之调解。在他给子女的信中，他对王夫人称呼的变化就可见

① 1923年11月5日《致梁思顺》，《梁启超家书》，中国文联出版社2000年版，第333—334页。

结篇　梁氏家族文化启示

一斑，在早年李夫人在世时，他多称其"王姑娘""来喜"，这是家人共用的称呼，不会伤到李夫人和梁思顺情面；在李夫人故去后，他多称"王姨""娘娘"。即便在晚年，在给不同子女的信中，他也很注意称呼的不同，思顺不是王夫人亲生，而且生年较早，与王夫人年龄相差只有7岁，从小得其照看也不多，所以在给思顺写信时，他多称"王姑娘""王姨"；在给思永写信时，他绝对说"你娘娘"，这样既是对思顺生母的尊重，也是对思永母亲的照拂。思顺在国外一般是给父亲写信，所以梁启超选择合适的时机提醒思顺："王姑娘是我们家庭中极重要的人物。他很能伺候我，分你们许多责任，你不妨常常多写些信给他，令他欢喜。"1925年5月的一天，他吃醉了酒，在给思顺等的信上他描写回到家的情景："偶尔吃了两杯酒回家来，思达说'打电话告姊姊去'，王姑娘也和小思礼说'打电报给亲家'，小思礼便说'打！打！'闹得满屋子都笑了，我也把酒吓醒了。"[①]这让思顺读来自然内心觉得温暖。当梁思庄给王桂荃亲近的阿时写了信，梁启超立即说娘娘看见了很高兴，"娘娘最记挂的是你"。在林长民去世后，给子女信中他都一再强调把林徽因当作自己的女儿，劝勉她节哀顺变，因为担心思成收到父亲家书时会勾起徽因伤感，所以他有时就压抑了自己的亲情表达。当思顺对徽因有意见时，梁启超劝思顺要好好理解对方，当他听说梁思成、林徽因一起去加拿大会见思顺，他非常高兴子女之间这种加强亲密的约会。当思成夫妇回到天津，他在信中一再表扬儿媳聪慧可爱，端庄大方，知书达理，就像自己的女儿一样可爱。思成因为学业忙，好久未给家里写信，对于父亲对自己的工作安排不置一词，梁启超觉得很着急，就让思顺侧面来批评思成；有轻薄的女孩子与思忠交往，他就让思顺、思成多和思忠沟通……这诸般细节，其实都体现着梁启超对于协调家庭各个成员关系的良苦用心，包括他在给子女的信中对他们那种由衷的赞美、欣赏以及他从不掩饰自己的苦恼，都可以看出梁启超对家庭和谐、天伦之乐的珍爱。

梁氏的家庭教育是中国现代教育史上的一笔财富，或许每一位教育从业者都能从这份"家文化"中吸纳有益的成分并转化成教学实践的动力，或许每一位望子成龙的父母都能从梁家的言行上领悟到家庭熏陶的魅力！

---

① 1925年5月《致梁思顺等》，《梁启超家书》，中国文联出版社2000年版，第354页。